Aus dem Programm Huber
Praxis Psychologie

Maja Storch und Frank Krause

Selbstmanagement – ressourcenorientiert

Grundlagen und Trainingsmanual für die Arbeit mit dem Zürcher Ressourcen Modell

ZRM®

Verlag Hans Huber
Bern · Göttingen · Toronto · Seattle

Adressen der Autoren:
Frau Dr. Maja Storch
Universität Zürich
Pädagogisches Institut
Scheuchzerstrasse 21
CH-8006 Zürich

Herr Dr. Frank Krause
Im Baumgarten 21
D-78465 Konstanz

Die Deutsche Bibliothek –
CIP Einheitsaufnahme

Storch, Maja:
Selbstmanagement – ressourcenorientiert : Grundlagen und Trainingsmanual für die Arbeit mit dem Zürcher Ressourcen Modell (ZRM) / Maja Storch und Frank Krause. – 1. Aufl. – Bern ; Göttingen ; Toronto ; Seattle : Huber, 2002
(Aus dem Programm Huber: Praxis Psychologie)
ISBN 3-456-83537-X

Lektorat: Dr. Peter Stehlin
Herstellung: Daniel Berger
Abbildungen: o.r.c.
Umschlag: Atelier Mühlberg, Basel
Satz: sos-buch, Mainz
Druck: AZ Druck und Datentechnik GmbH, Kempten
Printed in Germany

1. Auflage 2002

Anregungen und Zuschriften an:
Verlag Hans Huber
Länggass Strasse 76
CH-3000 Bern 9
Tel: 0041 (0)31 300 4500
Fax: 0041 (0)31 300 4593
E-Mail: verlag@hanshuber.com
Internet: http://www.HansHuber.com

Inhaltsverzeichnis

Teil 2: Trainingsmanual

«Die Herren Ornithologen», versetzte Goethe, «sind wahrscheinlich froh, wenn sie irgendeinen eigentümlichen Vogel nur einigermaßen schicklich untergebracht haben; wogegen aber die Natur ihr freies Spiel treibt und sich um die von beschränkten Menschen gemachten Fächer wenig kümmert».

Aus Johann Peter Eckermann: *Gespräche mit Goethe*

Goethes Äußerung erfolgt anläßlich einer Diskussion mit Eckermann über die ornithologisch korrekte Klassifizierung des Kuckucks

Einleitung

Für wen dieses Buch geschrieben wurde

Wir wollen dieses Buch mit einer Orientierung darüber beginnen, welche Leserinnen und Leser in unseren Augen von dieser Lektüre profitieren können. Wir glauben nämlich, dass das Spektrum der Interessen, die in diesem Buch abgedeckt werden, recht weit reichen kann. Das Zürcher Ressourcen Modell ZRM umfasst zwei Aspekte; einen theoretischen und einen praktischen Aspekt. Entsprechend haben wir dieses Buch in einen theoretischen und in einen praktischen Teil, das Trainingsmanual, gegliedert.

Vom *theoretischen* Teil können alle Leserinnen und Leser profitieren, die sich für aktuelle wissenschaftliche Erkenntnisse über die Vorgänge in der menschlichen Psyche interessieren. Dieser Teil versucht, gut belegte Ergebnisse der Forschung sinnvoll und verständlich zusammenzufassen. Darum ist er natürlich für Expertinnen und Experten geeignet, deren Tätigkeit sich im psychologischen Rahmen bewegt. Dies können vorwiegend wissenschaftlich tätige Personen sein, genauso wie Personen, die praktisch arbeiten. Dieser Personenkreis hat – so unsere Erfahrung – ein großes Bedürfnis nach einer gut belegten Argumentation und Interesse an einer sorgfältigen Dokumentation der verwendeten Literatur. In den letzten Jahren ist aber auch ein zunehmendes Interesse an psychologischen Themen bei Menschen entstanden, die nicht aus dem engeren Kreis der mit Psychologie befassten Personen stammen. Diese Menschen interessieren sich aus Gründen der Allgemeinbildung oder weil sie für sich selbst und ihre eigene Lebensführung psychologisches Wissen nutzen möchten und sind auch bereit, sich intensiv in einen Text zu vertiefen. Sie sind jedoch darauf angewiesen, dass Wissenschaft in einer verständlichen Sprache erklärt wird. Wir glauben, dass der theoretische Teil von beiden Personenkreisen mit Gewinn gelesen werden kann. Wir haben uns bemüht, ihn so zu schreiben, dass wissenschaftlich und psychologisch vorgebildete Fachpersonen die Präzision vorfinden, die sie für ihre Arbeit benötigen. Aber auch interessierte «Laien» kommen mit dem theoretischen Teil gut zurecht, denn jeder Fachausdruck wird verständlich erklärt, wenn er benutzt wird.

Das *Trainingsmanual* zeigt, wie die theoretischen Überlegungen des Zürcher Ressourcen Modells in die Praxis übertragen werden können. Es richtet sich in erster Linie an «Profis», d.h., Personen, die bereits Erfahrungen im Seminar- und Trainingsfeld der Human Ressources oder in gruppentherapeutischen Settings haben. In Frage kommen ErwachsenenbildnerInnen, SupervisorInnen, PsychotherapeutInnen, Coaches, SozialpädagogInnen, LehrerInnen (auch SportlehrerInnen) und ähnlich ausgebildete Menschen, die Anderen bei der Erreichung von selbst gesteckten Zielen zur Seite stehen oder sie in ihrer Persönlichkeitsentwicklung fördern möchten. Diese Personengruppe findet hier konkrete Hinweise auf das Vorgehen in der praktischen Arbeit, mit genauen Angaben zu den einzelnen Übungsschritten, Impulsreferaten, Flipcharts und Trainingsunterlagen. Die einzelnen Arbeitsschritte des ZRM-Trainings sind ausführlich beschrieben. Darum kann das Handbuch von Menschen mit Trainingserfahrung auch im Selbststudium verwendet werden, wenn sie die Entwicklungsprozesse, die das ZRM-Training anregen kann, für sich selbst konkret nachvollziehen wollen. Allerdings empfehlen wir, sich zu diesem Zweck mit einem Tandem-Partner oder in einer Kleingruppe (FreundInnen, PartnerInnen, KollegInnen) zusammenzutun und das Training gemeinsam durchzuführen, weil der soziale Austausch im ZRM-Training ein wesentliches Element darstellt.

Wir haben ein allgemeinpsychologisches Modell und ein entsprechendes Training entwickelt, das für die klinische Psychologie genauso nützlich sein kann wie für die Beratungsarbeit, für die Erwachsenenbildung genauso wie für die Pädagogik. Wir glauben, dass das Zürcher Ressourcen Modell für alle Fachpersonen, die anderen Menschen dabei helfen wollen, selbstbestimmt zu handeln, eine Orientierung sein kann. Auf einer allgemeinpsychologischen Basis kann jede Fachperson entsprechende Anpassung vornehmen an die spezifische Klientel, mit der sie arbeitet. Diese Anpassung wird bei einem Coach von LeistungssportlerInnen anders ausfallen als bei einer Psychotherapeutin auf einer Depressionsstation. Ein Erzieher von verhaltensauffälligen Jugendlichen wird andere Schwerpunkte setzen als eine Trainerin von Führungskräften. Das Zürcher Ressourcen Modell ist deswegen für viele Fachpersonen brauchbar, weil alle KlientInnen *eine wesentliche Gemeinsamkeit* haben: sie sind Menschen. Und für sie gelten einige allgemeinpsychologische Grundprinzipien. Diese haben wir im Zürcher Ressourcen Modell nach bestem Wissen zusammengetragen.

Warum wir das Zürcher Ressourcen Modell entwickelt haben

Ziemlich genau vor 10 Jahren haben wir mit der Arbeit am Zürcher Ressourcen Modell begonnen. «Wir» – das sind Frank Krause und Maja Storch, viele motivierte Studierende und zahlreiche auskunftsfreudige Trainingsteilnehmende, die bereit waren, uns Interviews zu geben, Fragebögen auszufüllen oder abends im Seminarhotel beim Rotwein Anregungen zu liefern. In diesem Kapitel wollen wir einen Überblick über die Gründe geben, die dazu geführt haben, dass wir uns der Aufgabe stellten, ein eigenes Trainingsmodell zu entwickeln. Trotz der Vielzahl an Angeboten auf dem «Markt» gab es keines, das damals den Ansprüchen genügt hätte, die wir an ein solches Modell stellen wollten, darum haben wir selbst einen Versuch unternommen. Das Ergebnis liegt nun erstmals in Buchform vor; wir haben das Gefühl, dass das Zürcher Ressourcen Modell und dessen praktische Umsetzung, das ZRM-Training, ausgereift sind und der Öffentlichkeit vorgestellt werden können. Die wichtigsten Kennzeichen unseres theoretischen Modells und des Trainings, das wir damit einhergehend entwickelt haben, sind: Integrationsabsichten, Ressourcenorientierung und Transfereffizienz. Im folgenden sollen diese drei Punkte näher erläutert werden, denn sie geben wichtige Hinweise auf den größeren Rahmen, in dem wir unsere Arbeit verstanden wissen wollen.

Integrationsabsichten

Das Bedürfnis, verschiedene Ansätze aus psychologischer Theorie und Praxis zu integrieren, ist stark beeinflusst von unserem Werdegang: Im Laufe unserer Studiums, unserer psychologisch-psychotherapeutischen Weiterbildungen und unserer beruflichen Tätigkeit haben wir eine Vielzahl von theoretischen und praktischen Ansätzen kennen gelernt. Maja Storch hat sich im Rahmen ihres Studiums an der Universität Konstanz zunächst intensiv mit Verhaltenstherapie beschäftigt und später Ausbildungen in Psychodrama und in der analytischen Psychologie von C. G. Jung absolviert. Frank Krause verfügt über Ausbildungen in Gesprächstherapie nach Rogers und im Psychodrama. Beide haben wir uns mit systemischen Therapieformen beschäftigt, haben Weiterbildungen in Hypnotherapie besucht und voll Interesse die Entwicklungen auf dem Feld der lösungsorientierten Kurzzeittherapien verfolgt. Frank Krause war viele Jahre in einem Forschungsprojekt an der Universität Konstanz verantwortlich für den Bereich «Handlungstheorien» und ist Mitentwickler eines Trainingsprogramms für Lehrkräfte, des Konstanzer Trainings Modells KTM (Tennstädt, Krause, Humpert & Dann,1987). Er arbeitet seit 15 Jahren als Trainer, Supervisor und Coach in der Erwachsenenbildung. Maja Storch hat eine eigene Praxis für Psychotherapie und Coaching und arbeitet als Projektleiterin an der Universität Zürich. Beide fühlen wir uns in hohem Maße der Praxis verpflichtet. Genauso wichtig ist für uns aber auch die akademisch-psychologische Sicht. Wir sind beide in einer empirisch-wissenschaftlichen Tradition sozialisiert und nehmen den Anspruch sehr ernst, die berufliche Praxis zur abgesicherten akademischen Theorie in Beziehung zu setzen.

Als wir mit der Arbeit am Zürcher Ressourcen Modell begonnen haben, fanden wir eine Vielzahl von Unvereinbarkeiten vor, die wir überwinden wollten. Verhaltenstherapeutische und psychoanalytische Fachpersonen lieferten sich auf Kongressen routinierte Grabenkämpfe. VertreterInnen von kurzzeittherapeutischen Ansätzen lagen im Clinch mit VertreterInnen von Langzeittherapien. Therapieformen, die den Einbezug des Körpers propagierten, wurde im Zuge des Psychotherapeutengesetzes die Anerkennung als wissenschaftlich begründete Verfahren versagt, genauso wie den gesprächstherapeutischen und den systemischen Ansätzen. Die akademische Psychologie veranstaltete ihre eigenen Kongresse, die praktisch tätigen Personen bildeten ebenfalls eine eigene Gemeinschaft. Die Kluft zwischen Wissenschaft und Praxis war eher die Regel als die Ausnahme. Diese äußeren Unvereinbarkeiten spiegelten sich auch in unserem Innenleben. Beide psychodramatisch ausgebildet, hatten wir am eigenen Leib erlebt, wie heilsam diese Methode sein kann. Beide wissenschaftlich sozialisiert, war uns schmerzlich bewusst, dass die psychodramatische Theoriebildung nur unter großen Schwierigkeiten anschlussfähig an das war, was an den Universitäten diskutiert wurde. Für die Psychoanalyse galt dasselbe. Die Erfolge der Verhaltenstherapie waren zwar wissenschaftlich gut belegt, aber was tun mit einem Klienten in der Midlife-Crisis, der gar nicht genau beschreiben konnte, worin sein Problem eigentlich bestand, der nur über ein diffuses Unbehagen berichtete?

Wir waren Wanderer zwischen den Welten. Im Gespräch mit PraktikerInnen bestanden wir auf präziser Begriffsbildung und im Gespräch mit TheoretikerInnen fragten wir unerbittlich nach der ökologischen Validität ihrer Forschung. Im Kreis von VerhaltenstherapeutInnen betonten wir, dass auch unbewussten Motivlagen eine große Bedeutung zukommt, im Kreis von Psychoanalytikerinnen wiesen wir darauf hin, dass das bloße Reflektieren über die Vergangenheit noch lange keine nachhaltige Änderung des Handelns im Hier und Jetzt mit sich bringt. Und immer wieder wunderten wir uns allenthalben, wo denn die Körperarbeit bleibt und beharrten darauf, dass der Mensch aus mehr besteht als nur aus Reflexionen und Kognitionen.

Das Zürcher Ressourcen Modell ist das Ergebnis unserer Wanderungen. Es ist der Versuch, die Unvereinbarkeiten zu versöhnen und zwar auf theoretischer genauso wie auf praktischer Ebene. Weil wir im Zuge unserer Selbsterfahrung und unserer praktischen Arbeit immer wieder erlebt hatten, dass *jede* Therapieform ihre Stärken und ihre Schwächen hat, begannen wir, die Elemente, die uns am meisten überzeugt hatten, zu sammeln und sie in einem integrierenden Modell zu vereinigen. Auswahlkriterium hierbei war der *Nutzen für die Praxis*. Parallel dazu lief die Arbeit an der wissenschaftlichen Theoriebildung zu den von uns ausgewählten Methoden. Hier legten wir großen Wert darauf, dass wir solche Theorien benutzten, die *empirisch solide belegt* waren.

Bei dieser Arbeit kamen uns im Lauf der Jahre einige Publikationen zu Hilfe. Im Jahr 1998 erschien das Buch von Klaus Grawe mit dem Titel «Psychologische Therapie», in dem er einen Entwurf vorlegt, wie auf der Basis akademischer Theoriebildung die alten Schulenstreitigkeiten überwunden werden können. Julius Kuhl hat sich viele Jahre damit beschäftigt, ein integratives Modell der menschlichen Persönlichkeit zu entwickeln. Sein Buch mit dem Titel «Motivation und Persönlichkeit» wurde 2001 publiziert. In den letzten Jahren erschienen auch zunehmend verständlich geschriebene Bücher aus dem Bereich der Neurowissenschaften, die den Versuch unternahmen, ihren Beitrag zur Klärung psychologischer Fragestellungen zu leisten. Sehr wertvoll waren für uns in diesem Zusammenhang die Publikationen von Damasio (1994), Roth (1996, 2001) und Hüther (1997, 2001). Jede dieser Publikationen hat uns auf ihre Weise in unseren Integrationsabsichten ermutigt. Das Zürcher Ressourcen Modell ist der Versuch, diese Integrationsabsichten in die Praxis umzusetzen. Weil wir hoffen, dass wir diese Absichten in zunehmenden Maße mit anderen Menschen teilen werden, verstehen wir unser Modell als eine Art «open source». Wir haben es in den letzten 10 Jahren laufend weiter entwickelt und werden dies auch weiterhin tun. Wenn es anderen Fachpersonen Lust darauf macht, in einen grenzüberschreitenden Dialog zu treten, dann freut uns das sehr.

Ressourcenorientierung

Sowohl in unserem Studium als auch in unseren Therapieausbildungen wurden wir noch hauptsächlich in der klassischen Problemperspektive sozialisiert. Egal, ob psychoanalytische, psychodramatische oder verhaltenstherapeutische Vorgehensweise, im Mittelpunkt der therapeutischen Arbeit stand das Problem. Dann wurde in den Sozialwissenschaften von Badura (1981) der Begriff «Ressource» eingeführt. Badura plädierte damals für eine Abkehr von der Belastungsforschung und forderte stattdessen eine Ressourcenforschung. Er kritisierte das – auch heute noch eher übliche – Vorgehen in der sozialwissenschaftlichen Forschung, das sich in erster Linie an der Pathologie orientiert. So werden zum Beispiel umfangreiche Studien angelegt, welche die präzise Beschreibung verschiedener Krankheitsbilder erlauben. Es ist viel darüber geschrieben worden, welche Faktoren zu Depression führen, welche zu Stress, welche zu einem niedrigen Selbstwertgefühl. Die sozialwissenschaftliche Forschung hat sich viele Jahre am medizinischen Modell orientiert, das sich in erster Linie damit befasst, Ursachen von *Krankheiten* ausfindig zu machen, mit der Absicht, diese dann zu beseitigen.

Im Zuge des Entstehens einer neuen Disziplin in den Sozialwissenschaften, die sich «Gesundheitspsychologie» nannte (Schwenkmezger & Schmidt, 1994), befasste man sich mehr und mehr damit, die Ursachen von *Gesundheit* ausfindig zu machen, um dieses Wissen dann unter der Maxime eines Präventionsgedankens gezielt einsetzen zu können. Udris et al. (1992) untersuchten zum Beispiel in einer Studie der ETH Zürich ihre Versuchpersonen daraufhin, was sie gesund erhielt. Sie analysierten eine Stichprobe von Menschen, die von ihren HausärztInnen als langanhaltend gesund eingestuft worden waren und befragten sie in einem breitangelegten Design hinsichtlich ihres Lebensstils und ihrer Normen und Werthaltungen. Auf diese Weise bekamen sie präzise Hinweise auf bestimmende Merkmale von Gesundheit, die wiederum direkt in der Prävention eingesetzt werden können. Das Augenmerk verschob sich *von der Pathogenese zur Salutogenese.* Statt Defizite zu verzeichnen, zu beschreiben und zu kategorisieren wurde nach Ressourcen gesucht, die es wert sind, erforscht und angewandt zu werden (Toleti & Storch, 1996).

In der Psychotherapie und auch bei uns fand diese neue Ressourcenperspektive begeisterte Aufnahme. Ressourcenorientierung in der Psychotherapie geht davon aus, dass der Mensch die meisten Ressourcen, die er zur Lösung seiner Probleme benötigt, selbst in sich trägt. Die TherapeutInnen helfen dabei, diese Ressourcen zu entdecken und zu entwickeln. Diese Haltung schreibt den PatientInnen selbst ein großes Veränderungspotenzial zu und beschränkt die Rolle der TherapeutInnen auf die eines Wegbegleiters, einer Hebamme oder eines Prozesshelfers. Die Ressourcenperspektive in der Psychotherapie hat Vorläufer in der humanistischen Psychologie mit ihrem festen Glauben an das positive Veränderungspotenzial im Menschen. Auch in den Konzepten von Alfred Adler und C.G. Jung lassen sich Elemente ausmachen, welche die Selbstheilungskräfte von Menschen betonen.

Grawe (1998) bezeichnet aufgrund seiner Forschungen zur Wirksamkeit von Psychotherapie die *Ressourcenaktivierung* als einen wesentlichen Wirkfaktor von erfolgreicher Psychotherapie.

> «Gezielte Ressourcenaktivierung setzt die Einnahme einer Ressourcenperspektive voraus. Es kommt einem Gemeinplatz nahe zu sagen, man könne alles von einer positiven und von einer negativen Seite aus betrachten, aus einer **Ressourcenperspektive** und aus einer **Problemperspektive.** Aber für die Psychotherapie hat dieser Satz einen durchaus nicht selbstverständlichen Gehalt. Dort wird nämlich immer noch traditionell fast alles aus der Problemperspektive betrachtet. Für das Verständnis der Problematik eines Patienten ist die Einnahme einer Problemperspektive natürlich, notwendig und angemessen. Wenn man jedoch glaubt, man könne mit derselben Perspektive auch die **Veränderung** von Problemen konzipieren, befindet man sich auf dem Holzweg. Für die Herbeiführung von Veränderungen kann die Problemperspektive wie ein Bleiklotz am Bein wirken. Woher sollen Kraft und Mut für

> die Veränderung kommen, wenn nicht aus dem, was der Patient und seine Lebenssituation bereits an Intentionen und Möglichkeiten mitbringen bzw. enthalten? Wenn man Veränderungen aus einer Problemperspektive heraus betreiben will, geht man von einem grundlegenden Irrtum aus, nämlich dem, dass der Therapeut es ist, der den Patienten ändert. In Wirklichkeit ändert sich aber in einer erfolgreichen Therapie der Patient in Interaktion mit einem Anstöße gebenden und unterstützenden Therapeuten» (Grawe, 1998, S. 96).

Konsequentes Ressourcendenken mit entsprechendem Methodenrepertoire findet sich in der Psychotherapie jedoch erst in neuerer Zeit, im Zuge der Ansätze im Kreis der Kurzzeittherapien, von denen die lösungsorientierte Kurzzeittherapie von de Shazer (1989) wohl eine der elaboriertesten darstellt. Ahnvater dieser Therapieformen ist unbestritten Erickson (Erickson & Rossi, 1979), der mit seiner hypnotherapeutischen Arbeit viele Nachfolgearbeiten inspirierte. Stierlin beschreibt unter dem Stichwort «Ressourcenselbst» die Ericksonsche Arbeitsweise:

> «Auch für dieses mannigfache Ressourcen enthaltende – aber nicht nutzende – Selbst hat wie wohl kein anderer Milton Erickson den Blick geschärft. Hier geht es darum, im jeweiligen Problemangebot des/der Klienten/in auch schon immer Lösungsangebote und -möglichkeiten zu sehen. In solcher Sicht erweist sich insbesondere der Begriff des Widerstandes als nicht länger brauchbar. Denn was etwa in einem psychoanalytischen Kontext als Widerstand hervortritt, erweist sich nunmehr als Kooperationsangebot... Mit Blick auf das Ressourcenselbst erscheint auch das so genannte Unbewusste in anderem Licht als bei Freud: Dieses läßt sich nun eher als eine ungenutzte persönliche Schatzkammer denn als Tummelplatz unerlaubter, gefährlicher und daher zu verdrängender Triebregungen ansehen» (Stierlin, 1994, S. 108).

Trotz dieser vielversprechenden Ansätze konstatiert Grawe: «Mir sind eine Vielzahl von unterschiedlichen Methoden der Problemanalyse bekannt, aber keine einzige Methode der Ressourcenanalyse. In den meisten Therapieausbildungen sucht man vergeblich nach entsprechenden Ausbildungsbestandteilen» (1998, S. 99). Abgesehen von der traditionellen Problemorientierung, die auch heute noch vielerorts anzutreffen ist, kann die mangelnde Systematik des Einsatzes von Ressourcen, die Grawe moniert, auch daran liegen, dass der Ressourcenbegriff für den psychologischen Bereich bisher nicht genügend präzise definiert wurde. Wenn überhaupt, so wird der Ressourcenbegriff in der Praxis oft eher intuitiv verwendet. Er wird verwendet im Kontext von Worten wie Selbstverwirklichung, Nutzbarmachung eigener Potenziale oder Selbstorganisation. Von Hurrelmann (1991), von Hornung und Gutscher (1994) sowie von Gutscher, Hornung und Flury-Kleuber (1998) liegen jedoch inzwischen gut elaborierte Modelle vor, die es erlauben, das Zusammenspiel von personalen, im Individuum liegenden Ressourcen und sozialen, in der Umwelt liegenden Ressourcen genauer zu kategorisieren. Schiepek und Cremers (2002) geben einen aktuellen Überblick über das Thema «Ressourcenorientierung in der Psychotherapie». Das Zürcher Ressourcen Modell verwendet den Ressourcenbegriff vorrangig in Anlehnung an neurowissenschaftliche Konzepte. Unter Ressourcen werden neuronale Erregungsmuster verstanden, die im Hinblick auf die Absichten, welche die KlientInnen im Laufe ihrer Entwicklung verfolgen, unterstützend wirken können. Diese Sichtweise wird im Kapitel 3 des Theorieteiles ausführlich beschrieben. Im Trainingsmanual wird deutlich, wie eine neurowissenschaftliche Konzeption des Ressourcenbegriffs konkret operationalisiert werden kann. Spezifische Informationen hierzu finden sich im Kapitel «Vom Ziel zu meinem Ressourcenpool».

Transfereffizienz

Mit dem Begriff «Transfer» wird die Übertragung dessen, was im Rahmen einer Maßnahme der Erwachsenenbildung gelernt wurde, auf die berufliche und/oder private Alltagssituation bezeichnet. Zahlreiche Untersuchungen belegen die geringe Transfereffizienz vieler Aus- und Fortbildungsbemühungen (Wahl, 1991; Lemke, 1995; Schmidt, 2001). Dies auch dann, wenn die Teilnehmenden sich zu Veranstaltungsende zufrieden äußern und zuversichtlich sind, das Gelernte im beruflichen und/oder privaten Alltag umsetzen zu können. Ganz offensichtlich geht es beim Thema «Transfer» um eine hochkomplexe und anspruchsvolle Aufgabe. Wichtige Anstöße zur Frage der Umsetzung des im Training Gelernten auf die berufliche und/oder private Alltagssituation erhielten wir durch Diethelm Wahl (Wahl, Wölfing, Rapp & Heger, 1991). Um eine hohe Transfereffizienz zu gewährleisten, widmen wir im ZRM-Training fünf Punkten besondere Aufmerksamkeit.

Eine wesentliche Bedingung dafür, dass Menschen das, was sie im Training erfahren haben, nach dem Training auch anwenden, ist ihre *Motivation.* In vielen Trainings und auch in zahlreichen Psychotherapieformen sind Verhaltensvorsätze ein wesentliches Instrument der Transferplanung. Doch nicht wenige Fachpersonen, die mit diesem Mittel arbeiten, beklagen, dass Ihre KlientInnen die «Hausaufgaben» nicht durchführen. Ein Grund dafür kann darin zu suchen sein, dass die Verhaltensvorsätze zwar vernünftig sind, dass deren Umsetzung aber einfach keinen Spaß macht. In diesen Fällen mangelt es, psychologisch formuliert, an entsprechender Motivation. Sowohl auf der theoretischen Ebene des Zürcher Ressourcen Modells als auch auf der praktischen Ebene des ZRM-Trainings wurde deswegen sorgfältig darauf geachtet, wie von Anfang an eine größtmögliche Motivation der TeilnehmerInnen erreicht werden kann, so dass der Lern- und Entwicklungsprozess als lustvoll und belohnend erlebt wird und nicht als eine beschwerliche Prozedur, die man nur mit Disziplin zu einem erfolgreichen Abschluss bringt.

Wesentlich für den Transfer von neu entwickelten Ideen aus dem Training in das Leben «draußen» ist auch der Umstand, dass die Person, die den Transfer vollziehen soll, über die entsprechenden *Ressourcen verfügt,* um dies auch zu tun. Neben dem motivationalen Aspekt – eine Ressource, welche die Handlungsbereitschaft fördert – bedarf es auch der Verfügbarkeit über diese und weitere, für das gewünschte Handeln notwendigen Ressourcen. Im ZRM-Training werden darum die Ressourcen, mit denen die Teilnehmenden später arbeiten sollen, systematisch so angelegt, dass sie leicht zugänglich sind. Dies kann entweder deswegen der Fall sein, weil die Teilnehmenden bereits über diese Ressourcen verfügen, oder deswegen, weil sie entsprechende Ressourcen problemlos erwerben können.

Den Ressourcen in der Außenwelt wird im ZRM-Training unter dem Stichwort *«social support»* besondere Beachtung geschenkt. In vielen Fällen scheitert der Lerntransfer an einem sozialen Netz, das den Veränderungsbemühungen eines Menschen entweder keine Beachtung oder keine Unterstützung zu Verfügung stellt. In einigen Fällen kann das soziale Netz Veränderungsbemühungen sogar aktiv verhindern. Wenn Menschen anfangen möchten, Dinge anders zu tun als bisher, kann es geschehen, dass sie mit einer gewissen Trägheit ihres sozialen Netzes unliebsame Bekanntschaft machen müssen. Umlernen ist stets mit einem gewissen Grad an Verunsicherung verbunden. Insbesondere dann, wenn die Veränderungsabsichten persönliche Themen betreffen, sind Menschen zu Beginn eines solchen Entwicklungsprozesses oft besonders verletzlich. Unter identitätstheoretischer Perspektive kann man davon sprechen, dass die Identität neu balanciert werden muss. Da Identitätsarbeit zu einem wesentlichen Teil auch durch soziale Spiegelung ermöglicht wird, können entsprechende Ansätze unter Umständen im Keim erstickt werden, wenn diese sozialen Prozesse nicht stattfinden. Darum wird im ZRM-Training systematisch darauf geachtet, dass die Teilnehmenden individuelle Maßnahmen in die Wege leiten, um sich die soziale Unterstützung zu sichern, die sie für ihre Entwicklung benötigen.

Im ZRM-Training achten wir von Anfang an auf größtmögliche *Expertenunabhängigkeit* unserer Teilnehmenden. Denn nur diese Haltung ermöglicht die Hilfe zur Selbsthilfe, wie sie für den Selbstmanagementansatz typisch ist und wie sie schon von Kanfer, Reinecker und Schmelzer (1990) gefordert wurde. Solange ein Klient glaubt, dass er ohne seinen Coach oder seine Therapeutin keine eigenen Schritte unternehmen kann, findet Selbstmanagement in diesem Sinne nicht statt. Um bei den Teilnehmenden Expertenunabhängigkeit zu erreichen, ist zum einen eine entsprechende Haltung der TrainerInnen vonnöten, die ihre eigentliche Aufgabe darin sehen, sich selbst überflüssig zu machen. Zum anderen sollten die Teilnehmenden schon während des Trainings selbst die Lernerfahrung machen, dass sie sich bei den wesentlichen Schritten des Trainings selbst und/oder untereinander erfolgreich coachen können. Dies wird im ZRM-Training dadurch erreicht, dass für alle wichtigen Arbeitsschritte sorgfältige Kleingruppenarrangements ausgearbeitet wurden, die dieses Erfolgserlebnis mit hoher Wahrscheinlichkeit ermöglichen. Nicht zuletzt sorgen die TrainerInnen im ZRM auch dafür, dass die Teilnehmenden selbst in den Besitz von Expertenwissen gelangen. Das ZRM-Training besteht deswegen nicht nur aus einer Abfolge von Übungen, sondern auch aus zahlreichen Impulsreferaten und Lehrbeispielen. Wenn die Teilnehmenden das ZRM-Training abgeschlossen haben, dann haben sie zum einen ein wichtiges Thema für sich persönlich erarbeitet, zum anderen haben sie aber auch konkretes Wissen über psychologische Vorgänge erworben, das ihnen dabei hilft, problematische Situationen eigenständig zu analysieren und zu bewältigen.

Auch wenn alle Punkte, die wir bisher besprochen haben, sorgfältig beachtet wurden, kann es trotzdem geschehen, dass Menschen in Situationen, in denen sie ihr neues Wissen gerne zielgerichtet in Handlung umsetzen würden, in alte Muster geraten. Solche Erlebnisse, die im Anschluss an ein Training oder an eine Therapie eigentlich fast unausweichlich auftreten, können im schlimmsten Fall dazu führen, dass die KlientInnen aus Enttäuschung über ihr persönliches Versagen oder das vermeintliche Versagen der Trainerin oder des Therapeuten das Projekt «persönliche Entwicklung» ad acta legen. Um zu erreichen, dass alte Muster nachhaltig durch zielgerichtetes Handeln ersetzt werden können, stützt sich das Zürcher Ressourcen Modell theoretisch und praktisch auf neurowissenschaftliche Ergebnisse zur Entstehung und zur *handlungssteuernden Funktion von unbewusst verlaufenden Automatismen.* Diese neurowissenschaftlichen Themen werden in Zusammenhang gebracht mit effektiven psychologisch-psychotherapeutischen Methoden und mit gut abgesicherten psychologischen Theorien. In diesem fünften Punkt treffen sich unsere Bemühungen um Transfereffizienz mit unseren Integrationsabsichten. Im Zürcher Ressourcen Modell haben wir sowohl praktisch als auch theoretisch all das zusammengetragen, was uns vernünftig und machbar erscheint und was den Menschen, die an diesem Training teilnehmen, dabei hilft, immer öfter so zu handeln, wie sie es selbst wirklich wollen.

Wie dieses Buch benutzt werden kann

Dieses Buch besteht aus zwei Teilen: einem Theorieteil und einem Trainingsmanual. Diese Einteilung haben wir vorgenommen, um das Buch für LeserInnen mit verschiedenen Interessen optimal handhabbar zu machen. LeserInnen, die sich über die neurowissenschaftlichen und psychologischen Hintergründe des Zürcher Ressourcen Modells informieren möchten, können mit dem Theorieteil beginnen. Das erste Kapitel des Theorieteils befasst sich mit den neurowissenschaftlichen Grundlagen, auf denen das Zürcher Ressourcen Modell aufbaut. Es ist für Menschen geschrieben, die sich auf diesem Gebiet vertiefte Kenntnisse erwerben wollen. Wer sich mehr für psychologische Theorien interessiert, kann direkt mit dem zweiten Kapitel des Theorieteils beginnen. Dort wird der Rubikon-Prozess vorgestellt, eine motivationspsychologische Konzeption, an der sich die Vorgehensweise des ZRM-Trainings orientiert. In dritten Kapitel des Theorieteils werden dann die wissenschaftlich-psychologischen Grundlagen, die den einzelnen Arbeitsphasen des Trainings zugrunde liegen, im einzelnen besprochen. Die neurowissenschaftlichen Begriffe, die im zweiten und dritten Kapitel des Theorieteils benutzt werden, sind dort jeweils noch einmal erklärt, so dass diese Texte auch verstanden werden können, wenn man das einleitende neurowissenschaftliche Kapitel nicht gelesen hat.

PraktikerInnen, die ihre eigene Arbeitsweise durch Elemente des Zürcher Ressourcen Modells ergänzen möchten, und zu Beginn hauptsächlich wissen möchten, wie dieses Selbstmanagement-Training denn nun «gemacht» wird, können ihre Lektüre auch direkt mit dem Trainingsmanual beginnen. Im Trainingsmanual findet sich die praktische Umsetzung des ZRM im Ablauf dargestellt, mit genauen Angaben zum Vorgehen im Training selbst. Auch hier sind alle wesentlichen Begriffe aus der psychologischen und der neurowissenschaftlichen Theorie noch einmal erklärt, wenn dies für das Verständnis benötigt wird. PraktikerInnen können den Theorieteil im Anschluss an das Trainingsmanual ohne weiteres auch nur auszugsweise lesen, indem sie den Angaben folgen, die vom Trainingsmanual auf entsprechende Passagen des Theorieteils verweisen. Dies kann zum Beispiel nützlich sein, um die theoretischen Hintergründe zu einem bestimmten Arbeitsschritt zu vertiefen, oder um sich auf ein Impulsreferat eingehender vorzubereiten.

Und nicht zuletzt kann das ganze Buch natürlich auch von vorne bis hinten durchgelesen werden. Da wir sehr viele verschiedene Theorien darstellen, kann es geschehen, dass man an der einen oder anderen Stelle das Gefühl hat, etwas noch nicht ganz verstanden zu haben. In diesem Fall empfehlen wir, zunächst einfach weiter zu lesen. Da die wichtigen Begriffe in den einzelnen Teilen aus verschiedenen Perspektiven immer wieder auftauchen und anhand von Fallbeispielen erklärt werden, entsteht im Laufe des Lesens eine Gesamtgestalt. Am Schluss des Buches hat man dann, so glauben wir, vom theoretischen und praktischen Ansatz des Zürcher Ressourcen Modells ein vollständiges Bild.

Wir haben viele Anregungen für das Zürcher Ressourcen Modell zunächst aus dem psychotherapeutischen Methodenrepertoire genommen. Darum taucht der Begriff «Psychotherapie» im Theorieteil dieses Buches öfter auf, als uns eigentlich lieb ist. Viele Zitate, die wir ausgewählt haben, sprechen von «Patienten». Diejenigen Fachpersonen, die ZRM im Beratungssetting oder im Coaching anwenden möchten, bitten wir, diese Begriffe mental zu ersetzen. Statt «Psychotherapie» kann man «Beratung», «Training» oder «Coaching» denken, statt «Patient» empfiehlt sich «Klient». In den Fallbeispielen, die wir im Laufe des Buches zur Illustration heranziehen, haben wir uns bemüht, die Anwendungsfelder des Zürcher Ressourcen Modells möglichst vielfältig darzustellen, um das breite Spektrum der Nutzungsmöglichkeiten deutlich werden zu lassen.

Und jetzt wünschen wir viel Spaß beim Lesen!

Teil 1: Theorie

1.1 Die Sichtweise der Neurowissenschaften

1.1.1 Das Gehirn ist ein selbstorganisierender Erfahrungsspeicher

Die Neurowissenschaften stellen der Psychologie seit einiger Zeit empirisch zuverlässig abgesichertes Wissen zur Verfügung, das dabei hilft, den Prozess der menschlichen Handlungssteuerung besser zu verstehen. Wesentliche Komponenten dieses Wissens sind

- die Erkenntnis, dass das Gehirn als selbstorganisierender Erfahrungsspeicher arbeitet,
- Wissen darüber, wie Gedächtnis auf neuronaler Ebene entsteht,
- Kenntnisse über die Rolle von Gefühlen und körperlichen Signalen bei Bewertungs- und Entscheidungsprozessen und
- die Tatsache, dass das menschliche Gehirn zeitlebens lernfähig ist.

Das menschliche Gehirn wird in den Neurowissenschaften heutzutage als ein dynamisches, selbstorganisierendes System verstanden. Das Nervensystem, so ist man sich weitgehend einig, besitzt *grundsätzlich* kein «oberstes Wahrnehmungs- und Verhaltenssteuerungszentrum» (Roth, 1996, S. 151). Auch die Vorstellung, dass einzelne Kompetenzen von isoliert arbeitenden Zentren gesteuert werden, ist in dieser Form nicht mehr haltbar. «Heute können wir mit Gewissheit sagen, dass keine einzelnen ‹Zentren› für Sehen oder Sprache oder auch Vernunft und Sozialverhalten existieren. Vielmehr gibt es ‹Systeme›, die aus mehreren untereinander verbundenen Gehirnabschnitten bestehen», sagt der Neurowissenschaftler Damasio (1994, S. 40). An anderer Stelle entwirft Damasio die eindrückliche Vorstellung vom Gehirn als einem «Supersystem von Systemen» (ebd., S. 59). Auch eine Metapher benutzt Damasio, um zu erläutern, wie das Gehirn aufgrund selbstorganisierender Prozesse Verhalten erzeugt: «Stellen Sie sich das Verhalten eines Organismus als die

Darbietung eines Orchesterstückes vor, dessen Partitur während der Aufführung erfunden wird» (2001, S. 110).

Nach welchen Regeln vollzieht sich die Selbstorganisation des Gehirns? Es geht, vereinfacht gesagt, darum, dass der Organismus, dem das Gehirn gehört, im Rahmen der gegebenen Verhältnisse gut überlebt. Koukkou und Lehmann formulieren: «Das primäre organisierende und motivierende Prinzip und das primäre Ziel der dynamischen Beteiligung des Individuums an seinen Realitäten ist das Erhalten und/oder die Wiederherstellung der psychobiologischen Gesundheit (des psychobiologischen Wohlbefindens) innerhalb dieser Realitäten» (1998b, S. 298).

Wie gelingt es dem Gehirn, dafür zu sorgen, dass sein Besitzer oder seine Besitzerin möglichst viel psychobiologisches Wohlbefinden erleben kann? Auch dies lässt sich in einfachen Worten ausdrücken. Dies gelingt, indem das Gehirn dafür sorgt, dass die Dinge, die dem Individuum widerfahren, bewertet werden im Hinblick darauf, ob sie dem Wohlbefinden zuträglich oder abträglich waren, indem es dieses Wissen speichert, um es dann – je nach Situation – entweder ad hoc oder zur Handlungsplanung einzusetzen. «Jedes Lebewesen, auch ein einfaches, benötigt in seinem Nervensystem dafür eine Instanz, welche dasjenige, was der Organismus tut, nach seinen Konsequenzen für den Organismus bewertet. Das Resultat dieser Bewertung wird dann im Gedächtnis festgehalten und für das weitere Verhalten benutzt» (Roth, 1996, S. 198).

Die Grundlage für die selbstorganisierenden Prozesse des Gehirns sind, mit anderen Worten, Erfahrungen. Zum Glück muss nicht jedes menschliche Gehirn alle Erfahrungen selbst von neuem machen, das menschliche Gehirn hat auch schon einige wichtige Erfahrungen gespeichert, die von unseren Vorfahren gemacht wurden. Auf diesen «Ahnenschatz» können wir aufbauen und ihn um unsere eigenen Erfahrungen ergänzen. «Manche dieser Erfahrungen sind so allgemeiner Natur, dass sie bereits im Lauf unserer stammesgeschichtlichen Entwicklung in Form bestimmter genetischer Programme ausgelesen wurden, die die Herausformung ganz bestimmter Verschaltungsmuster in unserem Gehirn lenken. Andere Erfahrungen werden erst dadurch, dass wir sie selbst im Lauf unseres eigenen Lebens machen, in unserem Gehirn verankert» (Hüther, 2001, S. 112).

Neben dem Ahnenschatz greift das Gehirn also auch auf selbst Erlebtes zurück, wenn es darum geht, Wohlbefinden zu sichern. Koukkou und Lehmann sprechen davon, dass das «Supersystem»

Gehirn «sich selbst und sein Verhalten auf der Basis der eigenen Biografie organisiert» (1998b, S. 169). Das Wissen, welches sich das Individuum in der Begegnung mit seiner Umwelt erwirbt, wird im Gehirn «mittels chemischer, elektrischer oder struktureller Veränderungen kodiert und dann dynamisch, adaptiv und individuell-spezifisch zur Kreierung des Verhaltens benutzt» (ebd., S. 171). Im Rahmen dieser Sichtweise ist es folgerichtig, die menschliche Psyche letztendlich als eine Art umfassendes und reichhaltiges Gedächtnis von gemachten Erfahrungen zu bezeichnen. Koukkou und Lehmann, beide neurowissenschaftlich und psychoanalytisch ausgebildet, schlagen dies auch vor. «Die Interaktion des wachsenden Individuums mit den eigenen externen und internen Realitäten produziert eigenes Wissen (das Gedächtnis, die Biografie), oder in der Sprache der Psychoanalyse, den psychischen Apparat» (Koukkou & Lehmann, 1998b, S.175).

Ein Teil unseres Wissens stammt aus dem Ahnenschatz, einen anderen Teil erwerben wir im Laufe des Aufwachsens. Von entscheidender Bedeutung sind bei diesem Lernprozess die frühen Jahre. «Wie alle lernfähigen Gehirne ist auch das menschliche Gehirn am tiefsten und nachhaltigsten während der Phase der Hirnentwicklung programmierbar» (Hüther, 2001, S. 23). Das Gehirn eines kleinen Organismus, der zum Beispiel in der Kindheit viel Angst und Stress erlebt, speichert von Anfang an die Erfahrungen im Umgang mit diesen Zuständen und nutzt diese Erfahrungen bis auf weiteres, um das Wohlbefinden zu sichern, so gut es geht. «Je früher sich diese prägenden Erfahrungen im Umgang mit der Angst in das Gehirn eingraben können, je verformbarer die Verschaltungen des Gehirns also zu dem Zeitpunkt sind, zu dem diese Erfahrungen gemacht werden, desto besser sitzen sie für den Rest des Lebens. Sie sehen dann aus wie angeborene Instinkte, lassen sich auslösen wie angeborene Instinkte, sind aber keine angeborenen Instinkte, sondern in das Gehirn eingegrabene, während der frühen Kindheit gemachte Erfahrungen bei der Bewältigung von Angst und Stress» (Hüther, 2001, S. 51). Genauso bleibend können natürlich auch positive Erfahrungen im Gehirn gespeichert werden. Dieser Umstand zeigt interessante Parallelen zu dem psychoanalytischen Konzept des «Urvertrauens».

Aus dieser neurowissenschaftlichen Sicht, die den psychischen Apparat als einen Wissensspeicher von Erfahrungen begreift, ergibt sich auch eine präzise Vorstellung davon, was psychische Krankheit und was psychische Gesundheit ausmacht. Wenn der psychische

Apparat aus Wissen besteht, das zur Verhaltenssteuerung des Individuums eingesetzt wird, um dessen Wohlbefinden zu sichern, dann beruht neurotisches Verhalten letztendlich auf einer Wissensstruktur, die dem Gehirn für diese Aufgabe keine optimalen Grundlagen liefert. Koukkou und Lehmann sehen diese neurowissenschaftliche Sichtweise zum Beispiel als Alternative zum psychoanalytischen Konfliktmodell. «Die Pathogenese der Neurose wird nicht durch Konflikte zwischen ‹Trieben› und Sozialisation erklärt, sondern durch die Qualität des Wissens, welches das Individuum aus seinen Interaktionen mit alterswichtigen sozialen Realitäten erwirbt und kreiert, das heisst durch die allgemeine Adaptabilität der Hirnmechanismen» (1998a, S. 287).

Die neurowissenschaftliche Sichtweise ist für die Psychotherapie deswegen von großem Interesse, weil sie neurotisches Verhalten sehr pragmatisch erklärt. Nach dieser Auffassung muss nicht länger nach geheimnisvollen inneren Instanzen geforscht werden, über deren Vorhandensein und genaue Beschaffenheit nur ExpertInnen Bescheid wissen und über die verschiedene psychotherapeutische Schulen sich zerstreiten müssen. Wenn ein Mensch sich auf eine Art und Weise verhält, die seinem psychobiologischen Wohlbefinden abträglich ist, dann hat er ungeeignetes Wissen darüber, wie man diesen erwünschten Zustand herstellen kann. «Psychische Störungen... sind ‹Produkte› (Gedanken und/oder Emotionen und/oder Handlungen und/oder Phantasien, Träume, Entscheidungen, Funktionszustände verschiedener Organe) der wissens- und kontextgesteuerten informationsverarbeitenden Hirnprozesse, denen maladaptives Wissen zu Verfügung steht» (ebd., S. 176).

Mit dem Begriff «maladaptives Wissen» bezeichnen Koukkou & Lehmann Erfahrungen, die ein Individuum über den Umgang mit bestimmten Situationen gesammelt hat, dann, wenn sie für die Sicherung des psychobiologischen Wohlbefindens des Individuums nicht nützlich sind. In dieser Sichtweise gibt es kein «krank» und kein «gesund», es gibt nur unnützes (maladaptives) und nützliches (wohladaptives) Wissen. Die Brauchbarkeit der Erfahrungen, die ein Individuum gesammelt hat, wird im Konzept von Koukkou & Lehmann *ausschließlich* daran gemessen, ob dieses Wissen in einer aktuellen Situation zum Erhalt des psychobiologischen Wohlbefindens eines Individuums beitragen kann, oder nicht. Neben ihrer integrativen theoretischen Potenz kann eine solche Sichtweise zusätzlich dabei helfen, PatientInnen vom Stigma der psychischen Krankheit zu entlasten, denn mit diesem Stigma müssen sie sich bei der Sprachregelung, die im Moment in der klinischen Psychologie verwendet wird, zusätzlich zum Leiden an ihren Symptomen auch noch auseinandersetzen.

1.1.2 Wie Erfahrungen im Gehirn gespeichert werden

Nachdem nun klar geworden ist, wie wichtig die Erfahrungen, die ein Mensch im Laufe seines Aufwachsens macht, für das psychobiologische Wohlbefinden sein können, erhebt sich die Frage, wie denn diese Erfahrungen in das Gehirn eingespeichert werden. Mit anderen Worten: Wie entsteht Gedächtnis auf der Ebene der Nervenzellen? Das heute allgemein anerkannte Modell dafür ist das Modell der «Hebbschen Plastizität». Hebbs (1949) Modell ist einfach und elegant. Das Phänomen der Hebbschen Plastizität entsteht, wenn zwei oder mehr Nervenzellen gleichzeitig feuern. Als Standardregel kann man sich den Merksatz einprägen: «cells that fire together, wire together.» Die Übersetzung könnte lauten: Zellen, die gleichzeitig feuern, verdrahten sich. Hebb legte das Konzept der plastischen Synapsen vor, die ihre Übertragungsbereitschaft desto mehr verstärken, je öfter sie benutzt werden. Eine Synapse ist der Punkt, an dem zwei Nervenzellen durch chemische Botenstoffe, die Transmitter, in Verbindung treten und Signale austauschen können. Durch jede gemeinsame Erregung wird die synaptische Verbindung zwischen Nervenzellen verstärkt, und damit wird die Informationsübertragung verbessert. Man kann sich die Vorgänge im Gehirn vorstellen wie die Vorgänge in der Muskulatur, wenn bestimmte Muskeln im Fitness-Studio trainiert werden. Der Aufbau von einem Waschbrettbauch funktioniert nach einem ähnlichen Prinzip. Wenn Muskeln oft beansprucht werden, erhöhen sie ihre Leistung. Umgekehrt gilt: Muskelgruppen, die selten beansprucht werden, verringern ihre Leistungsfähigkeit. Im Fall der Nervenzellen zeigt sich die erhöhte beziehungsweise verminderte Leistungsfähigkeit in der leichteren beziehungsweise schlechteren Aktivierbarkeit.

Wenn die synaptische Verbindung zwischen Nervenzellen durch häufige Benutzung verstärkt wurde, spricht man in den Neurowissenschaften von «Bahnung». Hüther (1997) verwendet für den Vorgang der Bahnung das Bild eines Weges, der durch unwegsames Gelände gebahnt wird. Der Weg wird desto breiter, je häufiger er benutzt wird. Nach vielen Jahren der Benutzung findet man dann eine breite, gut begehbare Strasse vor. Wege, die selten oder gar nicht mehr benutzt werden, verschwinden wieder von der Erdoberfläche. Sie verwildern und wachsen zu. In Hüthers Bild kann man sich im Gehirn die gut gebahnten Verbindungen zwischen einzelnen Nervenzellen als gut ausgebaute breite Wege vorstellen. Verbindungen zwischen Nervenzellen, die nicht benutzt werden, verschwinden wieder aus der Gehirnlandschaft, indem sich ihre leichte Aktivierbarkeit und ihre verbesserte Übertragungsleistung zurückbildet. Damit ist die Antwort auf die eingangs gestellte Frage nach der neuronalen Grundlage von Gedächtnis geklärt. «Das «Einspeichern» eines Gedächtnisinhaltes beruht auf der Leistungssteigerung synaptischer Übertragungsmechanismen» (Roth, 2001, S. 161).

Alle Gedächtnisleistungen haben eines gemeinsam: «Sie beruhen auf Veränderungen in unserem Gehirn, die *erfahrungsabhängig* sind und die Grundlage von *Lernen* bilden» (Roth, 2001, S. 150). Statt von Gedächtnisprozessen können wir also auch von Lernen sprechen. Das Einspeichern eines Inhaltes ins Gedächtnis ist ein Lernvorgang, auch wenn mit dem Begriff «Lernen» im Alltagsgebrauch eher Assoziationen wie knirschende Kreide auf Schiefertafeln, muffige Klassenzimmer und öde Nachmittage über Schulheften einhergehen. Auf neurowissenschaftlicher Ebene jedenfalls findet durch die Hebbschen plastischen Veränderungen ein Lernvorgang statt, so dass der Neurowissenschaftler LeDoux (2001) schreiben kann: «Lernen besteht in der Verstärkung synaptischer Verbindungen zwischen Neuronen» (S. 229). Jeder Lernvorgang, den ein Mensch tätigt, beruht auf diesem Mechanismus, gleichgültig, ob es sich darum handelt, Französischvokabeln zu büffeln, Schwarzwälderkirschtorte zu backen oder Salsa zu tanzen. Wir werden später noch ausführlich darauf eingehen, wie fruchtbar es für die Psychotherapie sein kann, auch die Thematik der Persönlichkeitsentwicklung unter der Perspektive des Lernens zu sehen.

Die Vorstellungen, die momentan darüber bestehen, auf welche Art und Weise Nervenzellen sich verändern, wenn etwas gelernt wird, veranschaulicht **Abbildung 1**. Zur Erinnerung: Lernen in neurowissenschaftlichem Sinn bedeutet «häufige gemeinsame Benutzung von Nervenzellen». Auf der linken Seite der Grafik sehen Sie den Zustand einer Synapse vor dem Lernen, auf der rechten Seite sind die Veränderungsmöglichkeiten abgebildet. Beispiel A zeigt, dass die Übertragungseffizienz der neuronalen Verbindung sich durch eine erhöhte Ausschüttung der Transmitterstoffe steigert. Die Beispiele

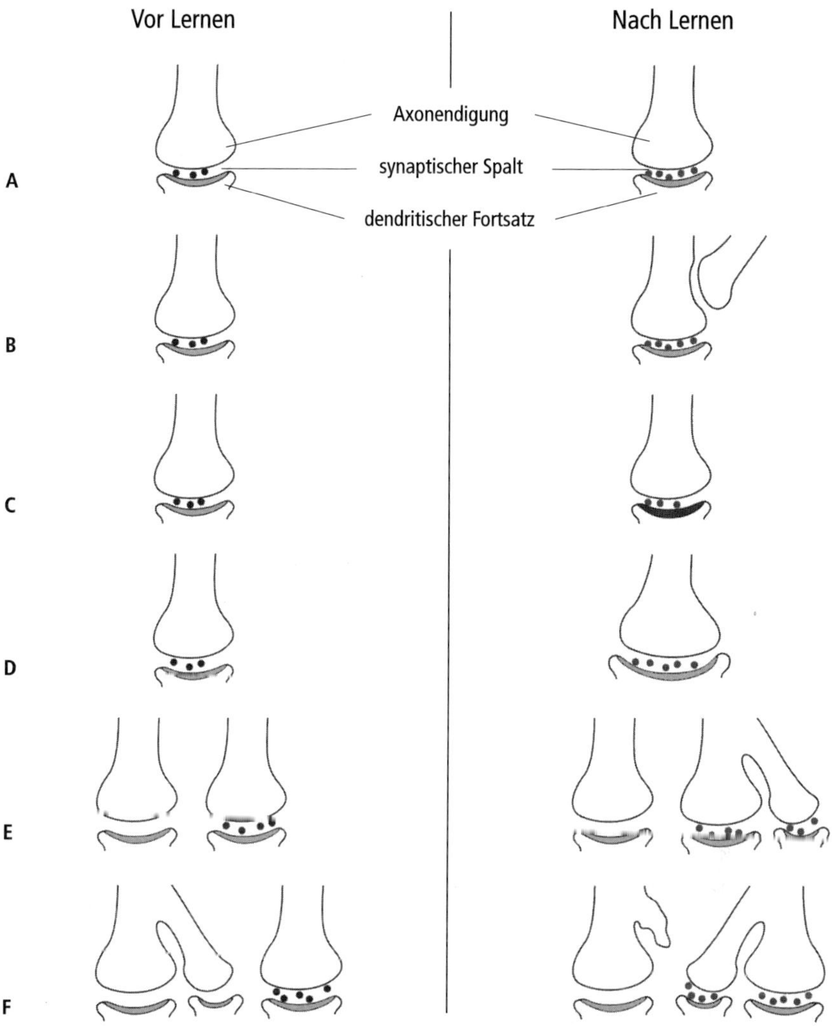

Abbildung 1: Synaptische Veränderungen, die Grundlage für Speicherung sein können. A Nach einer Trainingsprozedur führt jeder neue Impuls im betroffenen neuronalen System zu einer verstärkten Ausschüttung von Transmittermolekülen (symbolisiert durch Punkte). **B** Ein Interneuron moduliert die Polarisation der Axonendigung und löst die Ausschüttung vermehrter Transmittermoleküle pro nervalen Impuls aus. **C** Modifikation der postsynaptischen Rezeptormembran führt zu einer verstärkten Reaktion auf dasselbe Ausmaß von Transmittersubstanz. **D** Die Fläche des synaptischen Kontakts erhöht sich mit Training. **E** Ein Erregungskreis, der öfters benützt wird, erhöht die Anzahl der synaptischen Kontakte. **F** Eine häufig benutzte neuronale Verbindung ‹übernimmt› vorher weniger benützte Synapsen. (Nach Birbaumer & Schmidt, 1996, S. 577)

B und E zeigen, dass sogar ganz neue Kontakte wachsen können. Beispiel C zeigt eine Synapse, bei der nach der häufigen Benutzung zwar die Transmittermenge gleich bleibt, dadurch, dass aber die postsynaptische Rezeptoroberfläche sensibler wird, reagiert sie schneller als früher auf dasselbe chemische Signal. Beispiel D ist ein schönes Beispiel für den eingangs erwähnten Vergleich mit dem Muskeltraining. Die Synapse nach dem Lernen wirkt wie ein Bizeps, der durch das Training prall und dick wurde. Beispiel F ist besonders interessant für die Psychologie: Oft geht es bei menschlichem Verhalten ja nicht nur darum, etwas Neues zu lernen, gleichzeitig muss auch etwas Altes *verlernt* werden. Ein Klient möchte zum Beispiel gerne in Streitsituationen etwas gelassener sein und nicht immer so schnell ausrasten. In diesem Fall muss parallel zum Erwerb des neuen ein altes Verhaltensmuster verlernt werden. Dies kann erreicht werden, indem man das alte neuronale Netz so wenig wie möglich benutzt. Beispiel F zeigt, was mit einer Nervenverbindung passiert, die nicht mehr benutzt wird: Sie bildet sich zurück, neue neuronale Verbindungen übernehmen ihren Platz. In der Psychologie würde man dann von einem gelungenen Schritt im Sinne der psychischen Entwicklung sprechen.

1.1.3 Gedächtnis beruht auf neuronalen Netzen

Bisher haben wir immer nur zwei Nervenzellen angeschaut, um das Prinzip der Hebbschen Plastizität zu verstehen. Durch plastische Veränderungen im Gehirn werden jedoch nicht nur zwei Nervenzellen miteinander verbunden, sondern auch ganze Gruppen. Man schätzt die Zahl der Nervenzellen im menschlichen Gehirn auf circa 100 Milliarden. Die einzelnen Nervenzellen sind via Synapsen und Dendriten untereinander verbunden. Auf der Ebene der Nervenzellen kann man sich das Wissen, das unsere Gedächtnisinhalte ausmacht, als Bereitschaften zur Aktivierung ganz bestimmter neuronaler Erregungsmuster in diesem riesigen neuronalen Netzwerk vorstellen. Diese Erregungsmuster sind in so genannten «neuronalen Netzen» organisiert, der englischer Begriff dafür heißt «cell assemblies». Sie sind die Bausteine unseres Gedächtnisvermögens. Ohne «cell assemblies» würden wir in einem Meer von Sinnesdaten untergehen; wir wären nicht in der Lage, die ungeheure Menge von Informationen, die jede Sekunde auf uns einströmt, sinnvoll zu ordnen und abzurufen.

Neuronale Netze entstehen dadurch, dass als Reaktion auf einen Reiz bestimmte Muster gemeinsam ausgelöst werden. Geschieht dies wiederholt, stärkt sich dieser gesamte Nervenkomplex und wird in Zukunft immer leichter aktivierbar. Edelman (1987) hat diesen Vorgang in seinem Konzept des «reentrant mapping» beschrieben. Ratey (2001) veranschaulicht den Vorgang des«reentrant mapping» am Beispiel der Entstehung des neuronalen Netzes zum Thema «Großmutter». Edelmans Theorie zufolge «beruht die Wahrnehmung eines Stuhls oder der eigenen Großmutter auf wiedereintretenden Signalen, die die Tätigkeit mehrerer Karten von Hirnregionen kombinieren… Jede Hirnregion trägt zum Wiedererkennen eines Stuhls oder der Großmutter bei, und das erklärt, warum Wiedererkennen durch eine Vielzahl unterschiedlicher Sinneseindrücke ausgelöst werden kann: durch den Geruch von Mottenkugeln, den Geschmack von Paprika, eine grauhaarige Frau, eine häkelnd im Schaukelstuhl sitzende Gestalt, eine alternde weibliche Stimme» (S. 173f). In der Fachsprache sagt man, wenn man darüber sprechen will, dass in einem neuronalen Netz Informationen aus den verschiedensten Hirnregionen zu Einheiten verbunden sind: Neuronale Netze sind *multicodiert*. Koukkou und Lehmann (1998a) schreiben: «Die mnemonischen Repräsentationen [neuronale Netze, Anm. d. Aut.] sind in den individuell erworbenen Symbolen der Sprache, den anderen nicht-verbalen Repräsentationen wie Formen, Farben etc. sowie in dem individuell erworbenen emotionalen Wissen kodiert» (S. 352).

Es gibt zum Thema «Multicodierung» jedoch noch weitere interessante Standpunkte. Ratey und Koukkou & Lehmann verweisen in ihren Definitionen der Multicodierung auf Sinneseindrücke (sensorische Signale), sprachlich-kognitive Aspekte und emotionale Aspekte. Damasio fügt den Aufzählungen von Ratey und Koukkou & Lehmann noch einen weiteren Aspekt hinzu, der zur Multicodierung eines neuronalen Netzes beiträgt. Er weist nachdrücklich auf den körperlichen Aspekt hin, den neuronale Netze außer sensorischer, kognitiver und emotionaler Information beinhalten. Damasio schreibt: «Zu diesen… Erinnerungen an ein Objekt, das einmal real wahrgenommen wurde, gehören nicht nur Aufzeichnungen der sensorischen Aspekte wie Farbe, Form oder Klang, sondern auch Aufzeichnungen der Anpassungsreaktion, welche die Sammlung der sensorischen Signale notwendig begleiten. Ferner enthalten die Erinnerungen auch Aufzeichnungen der unvermeidlichen emotionalen Reaktionen auf das Objekt. Wenn wir uns nun an ein Objekt erinnern…, dann rufen wir also nicht nur sensorische Daten ab, sondern auch die begleitenden motorischen und emotionalen Daten. Wenn wir uns an ein Objekt erinnern, rufen wir nicht nur die sensorischen Besonderheiten eines realen Objekts ab, sondern auch die früheren Reaktionen des Organismus auf das Objekt» (2001, S. 195). Neuronale Netze kodieren also auch Informationen auf Körperebene. Am Beispiel von Rateys Großmutter würde dies bedeuten, dass sich bei der Erinnerung an die Oma auf emotionaler Ebene zum Beispiel ein Geborgenheitsgefühl einstellt und sich auf körperlicher Ebene zum Beispiel auch eine wohlige Empfindung im Bauch breit macht.

Auch für Gruppen von Nervenzellen gilt die Hebbsche Plastizität. Ist ein bestimmtes Erregungsmuster durch häufige Wiederholung gut gebahnt worden und damit zu einer «cell assembly» verbunden, wird diese Gruppe von Nervenzellen immer leichter aktivierbar. Für die Psychologie interessant ist hierbei eine bestimmte Eigenschaft des Gehirns: die Fähigkeit zur Komplettierung, die auch schon von der Gestaltpsychologie unter dem Stichwort «Musterergänzung» beschrieben wurde (Tschacher, 1997). Mit fortschreitender Bahnung des neuronalen Netzes kann das Erregungsmuster immer einfacher von ganz verschiedenen Stellen aus und mit immer weniger Anhaltspunkten aktiviert werden. Aus dem Alltag ist uns allen dieser Vorgang in seiner freudvollen Ausprägung bekannt, wenn man das Lied wieder hört, zu dem man den ersten Kuss erlebt hat und alle zu dieser Situation gehörigen schönen Gefühle und Erinnerungen schlagartig auftauchen.

In seiner unangenehmen Ausprägung kennen viele dieses Phänomen, wenn sie den «typischen Krankenhausgeruch» riechen und bei sich selbst sofort eine große Anzahl unangenehmer Assoziationen beobachten können. Roth (1996) schreibt: «Es genügen zum Teil nur Bruchstücke von aktuellen Sinnesdaten, um in uns ein vollständiges Wahrnehmungsbild zu erzeugen, das dann gar nicht von den Sinnesorganen, sondern aus dem Gedächtnis stammt» (S. 267). Bei Grawe (1998) liest sich das so: «Der einzelne Gedächtnisinhalt ist durch ein bestimmtes neuronales Erregungsmuster repräsentiert, für das aufgrund vorangegangener Bahnung eine erhöhte Bereitschaft in Form synaptischer Verbindungsgewichte vorliegt, so wie Hebb es in seinem Konzept der cell assemblies beschrieben hat. Wenn wir uns an etwas erinnern, wird ein früherer neuronaler Erregungszustand unter dem Einfluss aktueller Kontextbedingungen reinstantiiert» (S. 230).

1.1.4 Neuronale Netze gestalten psychisches Geschehen

Bis jetzt haben wir uns damit befasst, wie Gedächtnis entsteht und wie auf neuronaler Ebene die Bausteine des Gedächtnisses miteinander verschaltet sind. Nun wird es Zeit, die Verbindung zur Psychologie herzustellen. Erinnern wir uns: Aus neurowissenschaftlicher Sicht entstehen «alle Aspekte des psychischen normalen wie auch des neurotischen Verhaltens... aus den normal funktionierenden mnemonischen [gedächtnisbezogenen, Anm. d. Aut.] Funktionen des menschlichen Gehirns» (Koukkou & Lehmann, 1998a, S. 294). Außerdem gilt: «Der... Organisator der Genese, Koordination und Kontrolle der Qualität aller Dimensionen des menschlichen Verhaltens, in allen Alters- und Bewusstseinslagen, ist die Menge und die Qualität des im Gehirn des Individuums erworbenen und kreierten Wissens» (ebd., S. 301). Dem Gedächtnis und dem darin gespeicherten Wissen kommt eine entscheidende Bedeutung zu, sowohl was die menschliche Psyche betrifft als auch was die Verhaltenssteuerung angeht.

In der Psychologie gibt es einen Begriff, der das «Verbundphänomen» beschreibt, das gemeinsame Auftreten vieler Komponenten in einer Einheit, das in neurowissenschaftlicher Terminologie mit dem Begriff der neuronalen Netze erfasst wird: Dies ist der Begriff «Schema». Grawe (1998) schreibt: «Die cell assemblies von Hebb, die neuronalen Gruppen im Sinn von Edelman, das heißt vorgebahnte neuronale Erregungsbereitschaften, wären das, was von Piaget (1976), Bartlett (1932) oder Neisser (1974, 1976) als Schema bezeichnet wurde» (S. 213). In der Psychologie, so Grawe, wird der Schemabegriff im Sinne einer Bereitschaft eines neuronalen Netzes, aktiv zu werden, in mindestens vier verschiedenen Zusammenhängen benutzt: Im Sinne einer Wahrnehmungsbereitschaft, einer Handlungsbereitschaft, einer Emotionsbereitschaft und einer motivationalen Bereitschaft. **(1)**

Den Einfluss, den ein Schema auf die Wahrnehmung nimmt, kann man sich so vorstellen: «Die Wahrnehmung wird aufgrund des als Gedächtnisinhalt bereitliegenden Erregungsmusters «konstruiert», wobei die tatsächlichen Umgebungsbedingungen gemeinsam mit den vorgebahnten Erregungsmustern auf die tatsächlich entstehende Wahrnehmung Einfluss nehmen» (Grawe, 1998, S. 213). Zur Verdeutlichung dieser Konzeption wenden wir das Wissen über die schemagesteuerte Konstruktion von Wahrnehmung auf Rateys Großmutter an. Rateys Großmutter roch offenbar nach Mottenkugeln, kochte irgendein Paprikagericht, das auf den kleinen Ratey einen nachhaltigen Eindruck hinterliess (ob er es besonders gerne gemocht hat oder damit immer wieder tyrannisiert wurde, können wir nicht wissen, weil Ratey uns die emotionale Bewertung seiner Erinnerung nicht mitgeteilt hat). Sie saß häkelnd im Schaukelstuhl und hatte die Stimme einer alten Frau. Ferner ist sie auf kognitiver Ebene sprachlich vercodet als «Großmutter», außerdem hat Ratey auf emotionaler Ebene diverse Gefühle gespeichert, zum Beispiel die schon erwähnte Gemütlichkeit und auf somatischer Ebene diverse Körpersensationen, die zum Thema «Großmutter» gehören (die wohlige Empfindung im Bauch). Weil der kleine Ratey seine Großmutter oft gesehen hat, wurden alle diese verschiedenen Sinneseindrücke, die in unterschiedlichen Hirnregionen wahrgenommen werden, durch «reentrant mapping» zu einem neuronalen Großmutternetz verbunden. In der Sprache der Psychologie würden wir von einem *Großmutterschema* sprechen, das kognitiv-emotional-somatisch multicodiert ist.

Koukkou und Lehmann (1998a) stellen im Rahmen einer solchen wahrnehmungstheoretischen Konzeption den aus der Psychoanalyse stammenden Begriff der Übertragung auf eine neurowissenschaftliche Grundlage (S. 362f). Das Gehirn hat, so haben wir gesehen, die Fähigkeit zur Komplettierung. Nur ein Element eines neuronalen Netzes kann, wenn das Netz gut gebahnt ist, ausreichen, um das gesamte Netz zu aktivieren. Wenn nun zum Beispiel Herr Ratey in Analyse kommt und ein oder zwei Elemente bei seiner Analytikerin zu verzeichnen sind, die sein neuronales Großmutternetz aktivieren (z. B. die Stimme einer alten Frau oder die grauen Haare), wird seine Wahrnehmung durch die «Großmutterbrille» bestimmt. Damit gehen dann entsprechende Handlungsbereitschaften, passende emotionale Bereitschaften, sowie motivationale Bereitschaften einher. In der psychoanalytischen Terminologie würde man in dieser Situation dann von einer «Großmutterübertragung» sprechen.

Grawe geht davon aus, dass neuronale Netze, sprich Schemata, sowohl hierarchisch, als auch parallel arbeiten können. Ein sehr umfassendes Schema eher an der Spitze der Hierarchie angesiedelt, könnte zum Beispiel eine Intention sein. Die feste Absicht, etwas zu tun, zum Beispiel der Vorsatz: «Ich will gesund leben!» kann vielfältigen Einfluss auf Wahrnehmung und Handeln ausüben, weil dieses übergeordnete Schema mehrere untergeordnete Schemata mit sich verbindet. Im Falle des gesunden Lebens könnten untergeordnete Schemata zum Beispiel sein: «Heroisch an der Konditorei vorbeigehen», «Sonnenschein zum Joggen und nicht zum Faulenzen benutzen» oder «aufrechte Sitzhaltung im Bürostuhl einnehmen.» Grawe schlägt sogar vor, auch den Begriff des «Selbst» in diesem Sinne schematheoretisch zu fassen: «Wenn wir uns Schemata hierarchisch organisiert vorstellen,... müssen wir an der Spitze der Hierarchie schließlich so etwas wie ein übergreifendes Selbstschema konzipieren, dass die psychische Aktivität des Individuums maßgeblich bestimmt» (1998, S. 226).

Auf jeden Fall können wir festhalten, dass die neuronalen Prozesse, welche die Schemata erzeugen, immer die gleichen sind, egal, welche Position in der handlungssteuernden Hierarchie ein Schema hat. Auch Grawe ist der Ansicht, «...dass allen unseren psychischen Prozessen und Inhalten, auch unseren Gedächtnisinhalten, ganz bestimmte neuronale Erregungsmuster zugrunde liegen. Die Anzahl und Variabilität der möglichen Erregungsmuster ist praktisch unbegrenzt. Ein einzelnes Wort kann genauso durch ein bestimmtes Erregungsmuster repräsentiert werden wie das Verfolgen einer komplexen Intention» (ebd., S. 229). Und neben hierarchisch eher übergeordneten Schemata, die imstande sind, langfristige und umfassende Handlungsabfolgen zu dirigieren, wie sie zum Beispiel mit der Intention verbunden sind «Dieses Semester will ich gute Noten bekommen!», müssen wir davon ausgehen, dass Schemata auch parallel aktiv sein müssen, wenn wir unseren ganz normalen Alltag bewältigen wollen. Wenn die Studentin, die dieses Semester gute Noten bekommen will, morgens aufsteht, aktiviert sie parallel zum Beispiel die neuronalen Netze für «Kaffeewasser aufsetzen», «Körper recken und strecken», «Freund küssen» und wenn das übergreifende Schema «gute Noten» aktiv ist, auch wieder «sich schweren Herzens vom warmem, kuscheligen Freund losreißen und ins Bad gehen».Wir können also davon ausgehen, dass im Gehirn gleichzeitig hierarchische *und* parallele Prozesse ablaufen. «Es leuchtet auch unmittelbar ein, dass es so etwas wie ein Prinzip der hierarchischen Organisation geben muss, indem übergeordnete und übergreifende Erregungsmuster auf umschriebenen aufbauen und sie gleichzeitig in ein übergeordnetes Muster einbinden. Außerdem ist von vornherein klar, dass viele Erregungsmuster gleichzeitig aktiviert sein müssen, um erklären zu können, wie wir zum Beispiel gleichzeitig unsere Körperhaltung und unsere Bewegungen koordinieren, uns etwas vorstellen, darüber reden und die Reaktion darauf beobachten können» (Grawe, ebd., S. 229).

1.1.5 Das Gedächtnis hat ein emotionales Bewertungssystem

Nachdem wir uns nun damit befasst haben, wie Lernen und Gedächtnis auf neuronaler Ebene funktionieren, können wir uns jetzt darum kümmern, wie die Informationen, die in Form von neuronalen Netzen im Gedächtnis gespeichert sind, vom Organismus ausgewertet werden. Erinnern wir uns: Informationen beziehungsweise Erfahrungen werden gespeichert, um dem Individuum zu ermöglichen, sich so zu verhalten, dass es ein möglichst großes Ausmass an psychobiologischem Wohlbefinden erreichen kann. Die Erfahrungen werden also unmittelbar verhaltensrelevant. «Gedächtnis ist die Fähigkeit des Menschen, Informationen über sich und die Umwelt zu behalten, das heisst zu lernen und das Gelernte dynamisch, adaptiv und individuell spezifisch für die Organisation des Verhaltens zu benutzen» (Koukkou & Lehmann, 1998a, S. 315).

Um die gespeicherten Informationen zur Organisation des Verhaltens nutzen zu können, bedarf es zusätzlich zur Speicherung der Informationen auch einer Art Bewertungssystem. Die Erfahrungen, die das Individuum macht, müssen bewertet werden. Damasio (2001) geht davon aus, dass dieses Bewertungssystem keineswegs nur beim Menschen, sondern bei allen lebenden Organismen vorzufinden ist. Da es das Anliegen des Gehirns ist, für ein größtmögliches Ausmaß an psychobiologischem Wohlbefinden zu sorgen, liegt es nahe, die Bewertung der Erfahrungen danach vorzunehmen, ob die Erfahrungen dem psychobiologischen Wohlbefinden zu- oder abträglich waren. Darum geht Damasio davon aus, dass das Bewertungssystem in seiner ursprünglichen Form nur zwei Kategorien kennt: «gut» oder «schlecht». Damasio nennt dieses Phänomen «Dualität».

Er schreibt: «Diese fundamentale Dualität offenbart sich schon bei einem so einfachen und vermutlich unbewussten Lebewesen wie einer Seeanemone. Ihr Organismus, der kein Gehirn besitzt und nur über ein einfaches Nervensystem verfügt, ist kaum mehr als ein Darmkanal mit zwei Öffnungen und zwei Muskelsystemen, das eine kreisförmig, das andere in Längsrichtung angeordnet. Die Umstände, denen die Seeanemone ausgesetzt ist, bestimmen, was der gesamte Organismus tut: ob er sich der Welt öffnet, wie eine blühende Blume – damit Wasser und Nährstoffe in ihren Körper eindringen und ihn mit Energie versorgen können – oder ob er sich zu einer kompakten flachen Form verschließt, fast unerkennbar für andere.

Das Prinzip von Freude und Trauer, Annäherung und Vermeidung, Verwundbarkeit und Sicherheit ist in dieser schlichten Dichotomie von hirnlosem Verhalten ebenso sichtbar wie in dem lebhaften emotionalen Wechsel eines spielenden Kindes.»

Erfahrungen werden, so Damasio, nach einem ganz einfachen Prinzip ausgewertet. Das Prinzip heisst: «Gut für mich/schlecht für mich». «Annähern/Vermeiden». «Plus/Minus». Auf der Basis dieser einfachen Dualität kann die Seeanemone ihr Verhalten regulieren, beim Menschen ergibt sich aus der Ordnung «Plus/Minus» die ganze Bandbreite einer differenzierten Skala von Gefühlen. Roth (1996) fasst das duale Prinzip des Bewertungssystems in folgende Worte: «Die Bewertung einer Erfahrung als «schädlich» oder «angenehm» kann von primärer Unlust und Lust bis hin zu subtilem Ärger und Vergnügen reichen» (S. 212).

Ausgeführt wird dieser Bewertungsvorgang vom limbischen System. Der Begriff «limbisches System» wird benutzt, um eine Anzahl evolutionär ältere Strukturen des Gehirns zu bezeichnen, die das gesamte Gehirn durchziehen. Roth (1996) schreibt: «Die allgemeine Funktion des limbischen Systems besteht in der Bewertung dessen, was das Gehirn tut (S. 209)... Das Wirken des limbischen Systems erleben wir als begleitende Gefühle, die uns entweder vor bestimmten Handlungen warnen oder unsere Handlungsplanung in bestimmte Richtungen lenken. Gefühle sind somit «konzentrierte Erfahrungen»; ohne sie ist vernünftiges Handeln unmöglich. Wer nicht fühlt, kann auch nicht vernünftig entscheiden oder handeln» (212). In den Neurowissenschaften wird derzeit darüber debattiert, ob der Begriff «limbisches System» eine sinnvolle Sammelbezeichnung darstellt oder nicht (Le Doux, 2001, S.100f, Roth, 2001, S.232). Für unsere psychologischen Belange ist diese Debatte nebensächlich. Wichtig für die Psychologie ist die Aussage der Neurowissenschaften, dass die Bewertung von Handlungsergebnissen nicht ausschließlich von der Vernunft und über rationales Denken gesteuert wird, sondern dass bei diesem Vorgang Gefühle eine entscheidende Rolle spielen. Die nachfolgende Abbildung zeigt die wichtigsten Systeme im Gehirn, die mit dem Auslösen von Emotionen in Zusammenhang stehen **(Abb. 2)**. **(2)**

LeDoux (2001) konnte am Beispiel der Furchtkonditionierung zeigen, dass es ein emotionales Erfahrungsgedächtnis gibt, mit dessen Hilfe sich Organismen blitzschnell und unterhalb der Bewusstseinsschwelle gefühlsmäßig orientieren können. Die höheren kognitiven

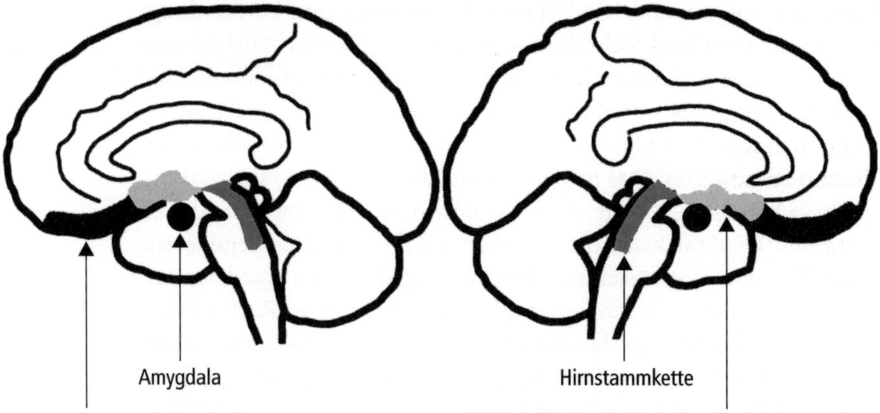

Abbildung 2: Hauptregionen der Emotionsauslösung. Nur eine dieser vier Regionen ist auf der Oberfläche des Gehirns sichtbar (die ventromediale präfrontale Region). Die anderen Gebiete sind subkortikal. Sie befinden sich alle nahe der Mittellinie des Gehirns. (Nach Damasio, 2001, S.81)

Funktionen arbeiten deutlich langsamer. LeDoux beschreibt dies am Beispiel der Schreckreaktion. Er bringt das Beispiel der unwillkürlichen Schreckreaktion auf eine «Schlange», die sich beim genauen Hinsehen später als ein entsprechend geformter Stock herausstellt. In diesem Fall reagiert der Organismus zunächst mit einem so genannten «primären Affekt». Dieser wird hervorgebracht von einem angeborenen und automatisch ablaufenden Wahrnehmungs- und Reaktionssystem, das auf Schlüsselreize in Sekundenschnelle mit einer emotionalen Reaktion und daran anschließendem Verhalten reagiert. Die primären Affekte stellen den «Ahnenschatz» der Erfahrungen dar, von dem wir eingangs gesprochen haben.

Um in einem nächsten Schritt die «Schlange» als Stock zu identifizieren, muss die eingegangene Information erst noch in anderen Gehirnstrukturen verarbeitet werden. Dieser Verarbeitungsprozess, der dem entspricht, was wir in der Psychologie «Vernunft» nennen, braucht jedoch mehr Zeit als die emotionale Reaktion. LeDoux erklärt sehr einleuchtend, wieso die Evolution solche gefühlsgesteuerten Automatismen hervorgebracht hat. Er schreibt unter der Kapitelüberschrift «Die Schnellen und die Toten»: «Langfristig ist es vorteilhafter, einen Stock irrtümlich für eine Schlange zu halten, als eine Schlange für einen Stock zu halten» (2001, S. 178). **Abbildung 3** verdeutlicht die beiden unterschiedlichen Verarbeitungswege eines

Reizes am Beispiel der Furchtreaktion, für deren Verarbeitung die Amygdala eine entscheidende Rolle spielt.

Neben den angeborenen primären Affekten aus dem Ahnenschatz verfügen Menschen auch noch über das System der sekundären Gefühle. Damasio (1994, S. 187) bezeichnet damit alle gefühlsmäßigen Reaktionen, die wir im Laufe unseres Lebens selbst erworben haben, sie sind im eigentlichen Sinne gelernt. Sie treten auf, sobald wir systematische Verknüpfungen zwischen Kategorien von Objekten und Situationen auf der einen und primären Affekten auf der anderen

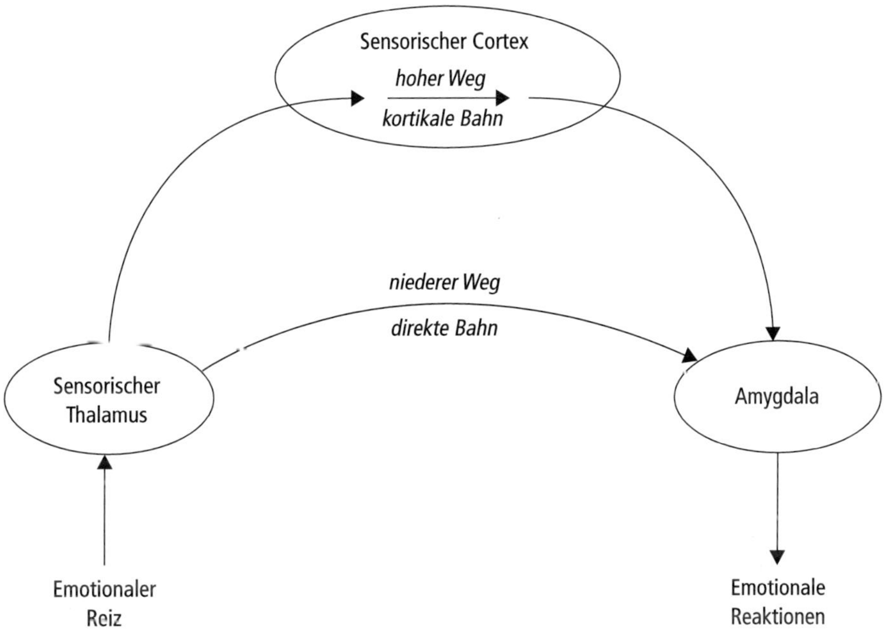

Abbildung 3: Der hohe und der niedere Weg der Informationsverarbeitung. Informationen über äußere Reize gelangen auf zwei Wegen zur Amygdala; einmal durch direkte Bahnen vom Thalamus (den niederen Weg), zum anderen durch Bahnen, die vom Thalamus zum Cortex und von dort zur Amygdala verlaufen (den hohen Weg). Die direkte Bahn vom Thalamus zur Amygdala ist ein kürzerer und deshalb schnellerer Übertragungsweg als die kortikale Bahn vom Thalamus über den Cortex zur Amygdala. Sie kann aber, da sie den Cortex ausläßt, nicht von der kortikalen Verarbeitung profitieren. Deshalb kann sie der Amygdala nur eine grobe Repräsentation des Reizes liefern. Sie ist daher eine *schnelle* und *ungenaue* Verarbeitungsbahn. Dank der direkten Bahn können wir auf potenziell gefährliche Reize schon reagieren, bevor wir uns über den Reiz ein vollständiges Bild gemacht haben. Der hohe Weg über den Cortex ist eine langsamere, dafür aber präzisere Verarbeitungsbahn. (Nach LeDoux, 2001, S. 175)

Seite herstellen. Um noch einmal Herrn Rateys Großmutter zu bemühen: Wenn Herr Ratey auf eine grünlich-verschimmelte Speise mit Ekel reagiert, würde man diese Reaktion unter die primären Affekte einordnen, während das Ekelgefühl, das zum Beispiel aus der Erinnerung an die erzwungenen glitschig-feuchten Küsse seiner Großmutter resultiert, zu den sekundären Gefühlen gezählt würde. Für die Psychologie interessant ist die Tatsache, dass primäre Affekte und sekundäre Gefühle zwar verschiedenen Ursprungs sind, dass sie jedoch in gleicher Weise funktionieren und dass sie beide auf das Verhalten des Organismus Einfluss nehmen. Egal, ob primäre Affekte oder sekundäre Gefühle, die Neurowissenschaften gehen davon aus, dass in evolutionär älteren Gehirnstrukturen, über das emotionale System, fortwährend Reaktionsselektionen stattfinden, «deren sich der Organismus nicht bewusst ist und die infolgedessen auch nicht willentlich vorgenommen werden» (Damasio, 1994, S. 178).

1.1.6 Das emotionale Bewertungssystem und die somatischen Marker

Das Bewertungssystem des Gedächtnisses ist an Emotionen gekoppelt, die auf das Verhalten des Organismus Einfluss nehmen, indem sie aufgrund angeborener «Schaltkreise» oder aufgrund von Erfahrungen aus allen Reaktions- und Verhaltensweisen, die dem Organismus zur Verfügung stehen, eine Auswahl treffen. Auf welche Weise signalisiert das emotionale System dem Organismus diese Verhaltensauswahl? Verhalten hat mit Aktion zu tun. Um Aktionen auszuführen, brauchen wir unseren Körper. Darum liegt es nahe, für dieses Signalsystem eine enge Koppelung von emotionaler Bewertung und körperlichen Reaktionen zu vermuten. Die Neurowissenschaften bestätigen dies. Damasio formuliert als eine wesentliche Prämisse seiner Überlegungen: «Das menschliche Gehirn und der restliche Körper bilden einen unauflöslichen Organismus, integriert durch wechselseitig aufeinander einwirkende biochemische und neuronale Regelkreise, zu denen unter anderem das Hormon-, das Immun- und das autonome Nervensystem gehören» (1994, S. 18). Auch für die Signale des emotionalen Systems spielt der Körper eine wichtige Rolle, dies gilt für primäre Affekte und für sekundäre Gefühle gleichermaßen. Damasio schreibt: «Da die Natur, wie ein passionierter Bastler, immer auf die Wiederverwertung des vorhandenen Materials bedacht ist, hat sie keine unabhängigen Mechanismen zur

Äußerung der primären und der sekundären Gefühle gewählt. Sie lässt die sekundären Gefühle über den gleichen Kanal zum Ausdruck kommen, den sie für die Manifestation der primären Gefühle angelegt hat» (1994, S. 192). Der Kanal, über den sich Affekte genauso wie Gefühle äußern, ist der Körper. Damasio bringt den Zusammenhang von Emotion und Körpererleben folgendermaßen auf den Punkt: «Nach meiner Ansicht liegt das Wesen des Gefühls in zahlreichen Veränderungen von Körperzuständen, die in unzähligen Organen durch Nervenendigungen hervorgerufen werden» (1994, S. 192). An anderer Stelle formuliert er diesen Sachverhalt ein wenig poetischer: «Die Seele atmet durch den Körper, und Leiden findet im Fleisch statt, egal, ob es in der Haut oder in der Vorstellung beginnt» (1994, S. 19). Er nennt den Körper auch «die Bühne der Gefühle» (1994, S. 213).

Damasio beschreibt genau, wie man sich diesen Zusammenhang im einzelnen vorzustellen hat: «Bei einer typischen Emotion senden ... bestimmte Gehirnregionen, die zu einem weit gehend vorprogrammierten System gehören, nicht nur Befehle an andere Hirngebiete, sondern an fast jeden Ort des übrigen Körpers. Die Befehle werden auf zwei Wegen übertragen. Der eine ist die Blutbahn, wo die Übertragung durch chemische Moleküle erfolgt, die auf die Rezeptoren von Zellen in Körpergeweben einwirken. Den anderen Weg bilden Nervenzellbahnen, und die Befehle auf dieser Route nehmen die Gestalt elektrochemischer Signale an, die auf andere Neuronen, Muskelfasern oder Organe (etwa die Nebenniere) einwirken, die ihrerseits chemische Stoffe in die Blutbahn abgeben können. Das Ergebnis dieser konzertierten chemischen und neuronalen Kommandos ist eine globale Veränderung im Zustand des Organismus» (2001, S. 87).

Die enge Vernetzung von Emotionen, Körperempfindungen und Reaktionsselektion wurde von Damasio durch seine Forschungen bestätigt. Er hat sie in seiner Theorie der somatischen Marker zusammengefasst. Damasio geht davon, aus, dass aufgrund von Konditionierungsprozessen «praktisch jedes Objekt und jede Situation unserer Erfahrung» mit Emotionen und den begleitenden Körperzuständen verknüpft werden (2001, S. 77). Wenden wir das Konzept der somatischen Marker auf das an, was wir über das Entstehen von neuronalen Netzen gelernt haben. Wenn ein Organismus einem Objekt oder einer Situation ausgesetzt ist, werden nicht nur die entsprechenden Informationen über das entsprechende Objekt oder die Situation in einem neuronalen Netz gespeichert, sondern auch die Emotionen und die Körperempfindungen, die sich aus der Begegnung mit diesem Objekt oder dieser Situation ergeben haben. Erinnern wir uns, dass das Bewertungssystem in seiner ursprünglichen Art dual angelegt ist. Im Hinblick auf das primäre Ziel, das psychobiologische Wohlbefinden, können Begegnungen «gut» oder «schlecht» für den Organismus sein.

Entsprechend einfach (und darum bestechend elegant) konzipiert Damasio auch das System der somatischen Marker. Jedes Objekt oder jede Situation, mit denen ein Organismus Erfahrungen gesammelt hat, hinterlassen einen somatischen Marker, der eine Bewertung dieser Begegnung speichert. Die Bewertung findet statt nach dem System «Gut gewesen, wieder aufsuchen» oder «Schlecht gewesen, das nächste Mal lieber meiden». Wenn der Organismus sich dann wieder in einer entsprechenden Situation befindet, oder sich in einem vorausschauenden Planungsprozess darüber Gedanken machen muss, wie er mit einer bestimmten Situation umgehen soll, erfährt er über somatische Marker blitzschnell, was zu dieser Thematik bisher an Erfahrungen gesammelt wurde. Natürlich ist die Vernunft bei einem Entscheidungsprozess immer auch beteiligt, aber sie kommt erst zum Einsatz, nachdem die somatischen Marker schon lange tätig waren. Lassen wir Damasio (1994) selber sprechen, um eine genauere Vorstellung davon zu bekommen, wie das System der somatischen Marker arbeitet.

In einer Entscheidungssituation «reagiert das Gehirn eines normalen, intelligenten und gebildeten Erwachsenen, indem es rasch Szenarien denkbarer Reaktionsmöglichkeiten und der entsprechenden Ergebnisse heraufbeschwört. Für unser Bewusstsein bestehen die Szenarien aus vielfältigen Vorstellungsszenen, die keinen zusammenhängenden Film bilden, sondern nur Schlüsselbilder dieser Szenen aufblitzen lassen, jähe Schnitte, die in raschem Nebeneinander von einem Bild zum anderen springen» (S. 234)… «Die Schlüsselelemente entfalten sich in unserer Vorstellung sofort, in großen Umrissen und praktisch gleichzeitig, viel zu schnell, um die Einzelheiten klar herauszuarbeiten … Bevor Sie die Prämissen einer Kosten-Nutzen-Analyse unterziehen und bevor Sie logische Überlegungen zur Lösung des Problems anstellen, geschieht etwas sehr Wichtiges: Wenn das unerwünschte Ergebnis, das mit einer gegebenen Reaktionsmöglichkeit verknüpft ist, in Ihrer Vorstellung auftaucht, haben Sie, und wenn auch nur ganz kurz, eine unangenehme Empfindung im Bauch … da die Empfindung den Körper betrifft, habe ich dem Phänomen den Terminus somatischer Zustand gegeben (soma ist das griechische Wort für Körper); und da sie ein Vorstellungsbild kennzeichnet oder «markiert», bezeichne ich sie als Marker...Was bewirkt der somatische Marker? Er lenkt die Aufmerksamkeit auf das negative Ergebnis, das eine bestimmte Handlungsweise nach sich ziehen kann» (S. 237)... «Das automatische Signal schützt Sie ohne weitere Umstände vor künftigen Verlusten und gestattet Ihnen dann, unter weniger Alternativen zu wählen. Sie haben immer noch Gelegenheit, eine Kosten-Nutzen-Analyse durchzuführen und saubere Schlussfolgerungen zu ziehen, aber erst nachdem der automatische Schritt die Zahl der Wahlmöglichkeiten erheblich vermindert hat» (S.238).

Damasios Beispiel bezieht sich auf den Fall, dass Verhaltensweisen, die aufgrund der Erfahrungen, die ein Organismus gesammelt hat, unerwünschte Ergebnisse nach sich ziehen würden, mit Hilfe von negativen somatischen Markern aus der Palette der Wahlmöglichkeiten ausgeschieden werden. Für die Psychologie sind aber natürlich auch die positiven somatischen Marker von höchstem Interesse. In den mit positiven somatischen Markern verbundenen emotionalen Reaktionen plus den begleitenden Körperreaktionen (der guten Empfindung im Bauch) vermutet man die *neurobiologische Basis des Motivationssystems.* «Emotionen greifen in die Verhaltensplanung und -steuerung ein, indem sie bei der Handlungsauswahl mitwirken und bestimmte Verhaltensweisen befördern. Als Wille «energetisieren» sie die Handlungen bei ihrer Ausführung und unterdrücken als Furcht oder Abneigung andere» (Roth, 2001, S. 7). Aus eigener Erfahrung können Sie diese Erkenntnis sicher bestätigen. Wenn Sie sich an eine Situation erinnern, in der sie bewusst den starken Willen verspürt haben, etwas zu tun, dann war dieser Willensakt mit Sicherheit von einem starken Gefühl und/oder von einer Körperempfindung begleitet. Planungsvorgänge ohne körperliche und gefühlsmäßige Begleiterscheinungen bleiben intellektuelles Geplänkel im Kopf, das typischerweise nicht zum Vollzug einer Handlung führt. Für die Psychologie heisst dies, dass vor allem in der Phase der Motivationsarbeit den positiven somatischen Markern eine entscheidende Stellung zukommt. Diese neurowissenschaftliche Perspektive auf das Phänomen der Motivation erlaubt es, die entsprechenden Vorgänge in der menschlichen Psyche unter neuen Aspekten zu operationalisieren.

Somatische Marker müssen nicht bewusst wahrgenommen werden, um zu wirken. In einem Experiment mit Spielkarten hat Damasio dies belegt (1994, S.285f). Die Spielkarten waren in mehren

Stapeln verschieden gemischt, einmal zugunsten der Probanden, einmal zuungunsten der Probanden. Nach einiger Zeit, in denen sie Erfahrungen mit den Kartenstapeln sammelten, entschieden die Probanden «mit dem Bauch», mit welchen Karten sie spielten. Noch lange bevor ihnen ihre Entscheidung für oder gegen einen bestimmten Kartenstapel bewusst wurde, hatten ihre somatischen Marker ihnen mitgeteilt, was «gut» und was «schlecht» für sie war. Die körperlichen Begleiterscheinungen der somatischen Marker wurden von Damasio mittels eines physiologischen Maßes, des Hautwiderstandes, ermittelt. Alle Menschen verfügen über dieses System der somatischen Marker und würden in Damasios Experiment Veränderungen des Hautwiderstandes zeigen, aber nicht alle verfügen über eine Körperwahrnehmung, die genügend trainiert ist, um die körperlichen Signale auch bewusst wahrzunehmen. Für die Wirksamkeit der Selektionsleistung dieses Bewertungssystems ist es jedoch unwesentlich, ob ihr Vorkommen bewusst wahrgenommen wird oder nicht. Die Bewusstmachung von somatischen Markern kann aber für die Psychologie immer dann wichtig werden, wenn Menschen dabei unterstützt werden sollen, ihre «guten» Entscheidungen bewusst zu treffen, damit sie auch argumentativ vertreten werden können.

Wesentlich für die Psychologie ist auch ein weiteres Faktum zum Thema «somatische Marker»: Somatische Marker können nicht nur in real stattfindenden Situationen, wie in Damasios Kartenexperiment, ausgelöst werden, sondern auch durch Vorstellungen, wie sie bei Menschen in Phasen des bewussten Abwägens und Planens stattfinden. Damasio nennt diesen Vorgang die «Als-ob-Schleife» (1994, S. 238). «In bestimmten Situationen ist es möglich, sich vorzustellen, wie eine körperliche Rückmeldung sich anfühlen würde, wenn sie einträte» (LeDoux, 2001, S. 318). Dies ist natürlich nur möglich, wenn das Gehirn schon etliche reale Rückmeldungen erlebt hat, so dass die Art und Weise, wie eine Rückmeldung sich anfühlt, imaginiert werden kann, weil das Gehirn auf entsprechendes Wissen zurückgreifen kann.

Die «Als-ob- Schleife» ist für die Psychologie und die Arbeit mit KlientInnen besonders interessant. Aufgrund dieses Phänomens können in der Psychologie auch dann, wenn wir mit KlientInnen im virtuellen Erfahrungsraum des psychologischen Gesprächs Verhaltensalternativen gegeneinander abwägen, damit rechnen, dass das System der somatischen Marker aktiviert wird. Dabei können wir davon ausgehen, dass somatische Marker hochindividuell angelegt sind, denn sie entstehen durch Erfahrung. Damasio schreibt: «Die entscheidenden prägenden Reize für die somatische Paarung werden zweifellos in Kindheit und Jugend erworben. Doch die Akkumulation der somatisch markierten Reize endet erst mit dem Ende des Lebens, und deshalb darf man diesen Zuwachs wohl als einen Prozess des fortwährenden Lernens beschreiben» (1994, S. 246). Somatische Marker alleine reichen natürlich für die meisten menschlichen Entscheidungsprozesse nicht aus. Im Anschluss an die Vorauswahl, welche von diesem «biologischen Bewertungssystem» getroffen wird, finden in vielen, wenn auch nicht in allen Fällen noch logische Denkprozesse und eine abschließende Selektion statt. Es gelang Damasio jedoch nachzuweisen, dass Patienten mit Läsionen im präfrontalen Cortex, dem Verarbeitungsort der somatischen Marker, nicht in der Lage sind, Entscheidungen zu treffen. Sie bleiben in einem nicht endenden Prozess im rationalen Abwägen von «Für und Wider» stecken und kommen zu keinem Entschluss. Damasio hat mit seinen Untersuchungen gezeigt, dass Emotionen und die entsprechenden körperlichen Begleiterscheinungen ein *integraler Anteil* von Entscheidungsprozessen und damit unentbehrlich für rationales Verhalten sind.

Die Erkenntnis, dass Körperempfindungen und Emotion rationale Entscheidungen nicht nur unterstützen sondern dieselben *erst ermöglichen,* ist schon spannend genug. Die Ergebnisse von Damasio haben jedoch noch weitere Konsequenzen, die für die Psychologie von höchstem Interesse sind. Denn Damasios Überlegungen passen auffallend gut zu den Funktionen, die das Selbstsystem aus persönlichkeitspsychologischer Sicht innehat. Der Motivations- und Persönlichkeitspsychologe Kuhl verweist darum bei seinen Überlegungen zur Funktionsweise des Selbstsystems ebenfalls auf Damasios Konzepte. Nach Kuhl (2001) soll das Selbstsystem «die persönliche Relevanz von Handlungsfolgen (z.B. ihr Bedürfnisbefriedigungspotenzial) registrieren und bei zukünftigen Gelegenheiten in die Handlungssteuerung einspeisen. Dazu müssen nicht nur die bei früheren Gelegenheiten ausgeführten Handlungen und ihre Ergebnisse, sondern auch die emotionalen Begleiterscheinungen der Handlungsergebnisse in integrierter Form repräsentiert werden. Ohne diese emotionalen Begleiterscheinungen muss es schwer sein, sich bei einer Wiederkehr ähnlicher Situationen für eine der verschiedenen Reaktionen, die man bei früheren Gelegenheiten schon einmal ausprobiert hat, zu entscheiden» (S. 153). Hierbei gehören Körperempfindungen «offensichtlich zu den Signalen, die dem Selbstsystem dabei helfen, sich zwischen den vielen früher schon einmal ausprobierten Handlungsoptionen zu entscheiden» (ebd, S. 153).

In der Sprache der Psychologie formuliert kann man davon ausgehen, dass das emotionale System nicht nur generell eine Unterstützung bei Entscheidungsprozessen bietet, dass es nicht nur dabei hilft, durch positive somatische Marker Motivation und Willensakte auszulösen, sondern dass es auch direkte Spiegelung dessen ist, was tiefstes Selbsterleben ausmacht. Das heisst als Konsequenz: Das Auftauchen von positiven somatischen Markern ist ein direkter Wegweiser zu den Themen, Inhalten, Absichten und Plänen, die von dem Selbstsystem unserer KlientInnen unterstützt werden. Somatische Marker können in diesem Zusammenhang also als *diagnostisches Leitsystem für Selbstkongruenz* eingesetzt werden. Sie zeigen an, wann eine Mensch eine Entscheidung gefällt hat, die er als zu sich selbst passend erlebt. Der große Vorteil für die Psychologie, wenn sie mit somatischen Markern als diagnostischem Leitsystem arbeitet, ist der, dass somatische Marker auf Körperzuständen beruhen. Das heisst, sie sind relativ einfach beobachtbar, messbar und damit objektivierbar. Der schwer operationalisierbare Begriff des «Selbst» könnte durch das Leitsystem der somatischen Marker wissenschaftlicher Forschung und therapeutischer Praxis besser zugänglich werden.

1.1.7 Wer entscheidet – Gefühl oder Verstand?

Bis zu diesem Punkt haben wir uns mit dem Gedanken vertraut gemacht, dass Emotionen über das körperliche Signalsystem der somatischen Marker bei der Bewertung von Erfahrungen und bei der Entscheidungsfindung eine wesentliche Rolle spielen. Als nächster Schritt wäre zu klären, welche Rolle denn der Vernunft aus neurowissenschaftlicher Sicht überhaupt noch zukommt. Roth (2001) spitzt diese Frage in einer Kapitelüberschrift folgendermaßen zu: «Verstand und Gefühle – wer beherrscht wen?» (S. 318).

Um diese Frage zu beantworten, ziehen wir eine Systematik von Roth (2001) heran, die das Zusammenspiel von Vernunft und Emotion einleuchtend erklärt. Wir wissen, dass bei der Erzeugung von Emotionen das limbische System eine entscheidende Rolle spielt. Roth unterscheidet 2 Ebenen des limbischen Systems: die kortikale Ebene und die subkortikale Ebene. Auf der kortikalen Ebene finden bewusste und bewusstseinsfähige Lern- und Bewertungsvorgänge statt, die dem entsprechen, was wir in der Alltagssprache mit dem Begriff «Vernunft» bezeichnen. Hier finden sich bewusste und detaillierte Wahrnehmungen sowie autobiographische Gedächtnisinhalte, die «durch Erziehung stark beeinflusst werden und in der Regel in gesellschaftliche Normen und Moralvorstellungen einmünden» (Roth, 2001, S. 320).

Die Vorgänge auf der subkortikalen Ebene verlaufen unbewusst. Die subkortikale Ebene des limbischen Systems umfasst nach Roth zwei Elemente: zum einen sind dies die primären Affekte, die Zustände wie zum Beispiel Wut, Furcht, Lust, reaktive Aggression zur Verteidigung oder Flucht hervorbringen. Diese «unterste» Ebene des limbischen Systems ist durch bewusste Einflussnahme nicht einfach zu erreichen. Roth schreibt: «Diese Ebene ist nur sehr schwer bewusst zu steuern, und die in ihr ablaufenden Prozesse stellen zu einem guten Teil das dar, was wir Persönlichkeit nennen» (2001, S. 318). Zum anderen finden sich auf der subkortikalen Ebene des limbischen Systems die sekundären Gefühle, die Roth das «emotionale Erfahrungsgedächtnis» nennt. Das emotionale Erfahrungsgedächtnis beruht auf Konditionierungsprozessen und beginnt seine Arbeit «bereits im Mutterleib, also weit vor dem Einsatz des bewussten Denkens» (Roth, 2001, S. 320) Es bewertet «alles, was der Körper tut, nach den positiven und negativen Konsequenzen dieses Tuns» (ebd.) und speichert diese Bewertungen ab. Auch auf diese Ebene hat das Bewusstsein nur beschränkte Einflussmöglichkeiten.

Wenn es nun darum geht, zu beschreiben, wie das Zusammenspiel von kortikaler und subkortikaler Ebene funktioniert, kann man generell davon ausgehen, dass «die Wirkungen von unten nach oben stärker sind als die in umgekehrter Richtung» (Roth, 2001, S. 321). Ratey (2001) schreibt: «Es gibt sehr viel mehr Verbindungen von dem kleinen, für Emotionen zuständigen limbischen Zentrum zu den großen, für logisches und rationales Denken zuständigen Zentren der Hirnrinde als umgekehrt» (S. 273). Roth erläutert die Folgen dieses Unterschiedes an einem einleuchtenden Beispiel: «Ein konstitutionell oder aufgrund frühkindlicher Konditionierung ängstlicher Mensch kann sich nur wenig damit beruhigen, dass er sich sagt, von der anstehenden Prüfung hänge «eigentlich» gar nichts ab; angstfrei wird er durch diese Erkenntnis bestimmt nicht» (2001, S. 320).

Roth bringt diese Erkenntnisse der Neurowissenschaften in Zusammenhang mit Freuds Vorstellungen von der Wirkungsweise des Unbewussten und schreibt: «Das unbewusste, limbische Erfahrungsgedächtnis lenkt – hierin ist Freud zweifellos zuzustimmen –

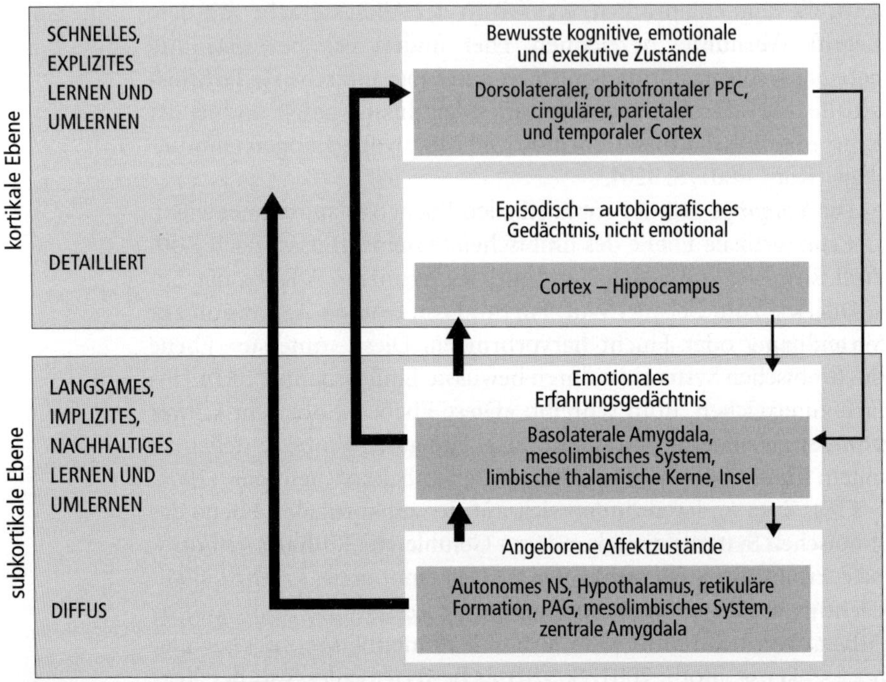

Abbildung 4: Das Zusammenspiel von kortikaler und subkortikaler Ebene (nach Roth, 2001, S.319)

unser Handeln stärker als unser bewusstes Ich; es äußert sich als Motive, Zu- und Abneigungen, Stimmungen, Antriebe, Wünsche und Pläne, die als relativ diffus und detailarm empfunden werden» (2001, S. 373). **Abbildung 4** zeigt mit dicken und dünnen Pfeilen, wie Roth sich die Stärke der Einwirkung, die die kortikale und die subkortikale Ebene wechselseitig vornehmen können, vorstellt.

Auch dem Verstand – der kortikalen Ebene – kommt eine wichtige Rolle bei der Verhaltenssteuerung zu. Der Verstand wird immer dann benötigt, «wenn sich das Gehirn mit Problemen konfrontiert sieht, für die das emotionale Gedächtnis noch keine Vorgaben machen kann... In einer solchen Situation muss uns dann neben den Versatzstücken vergangener Erfahrungen das Nachdenken über möglicherweise eintretende Ereignisse und Verhaltensweisen helfen. Ebenso wichtig ist der Verstand, wenn es um langfristige Planungen geht, in denen viele verschiedene Gesichtspunkte und Erfahrungen miteinander kombiniert werden müssen» (Roth, 2001, S. 321). Wie wir von den Überlegungen Damasios wissen, sind jedoch auch diese bewussten Verstandesprozesse wiederum auf die mit dem emotionalen Erfahrungsgedächtnis gekoppelten somatischen Marker als Bezugssystem angewiesen, um nach einer Phase des Abwägens letztendlich zu einem Entschluss zu kommen. Darum hat Roth das Zusammenspiel zwischen kortikaler und subkortikaler Ebene in seiner grafischen Darstellung auch als zirkuläre Verläufe abgebildet. Kortikale und subkortikale Prozesse bilden bei der Verhaltenssteuerung eine Einheit, wenn auch mit unterschiedlichen Wirkungsstärken der Einflussnahme.

Deneke (2001) bringt diesen Zusammenhang mit deutlichen Worten auf den Punkt und äußert sich damit auch zu einer Debatte, die in der Psychologie eine lange Tradition hat: «In der kognitiven Psychologie hat man sich die Frage gestellt (vgl. Goller, 1992), ob primär die Gedanken die Gefühle anstoßen oder umgekehrt. Diese so genannte Kognitions-Emotions-Debatte scheint mir überflüssig wie ein Kropf zu sein, wenn man auf neurophysiologischer Ebene die Komplexität und den Wechselwirkungscharakter der Teilprozesse betrachtet, die uns fühlen lassen» (S. 109). Weil Emotionen, wie wir schon gesehen haben, immer mit Körperprozessen einhergehen, müssen wir davon ausgehen, dass die «Kognitions-Emotions-Debatte», die Deneke erwähnt, sowieso zu kurz greift, denn in diese Überlegungen muss auch die körperliche Ebene mit einbezogen werden. Folgerichtig entwickeln Koukkou und Lehmann einen ganzheitlichen Ansatz (1998a): «Emotionen setzen vegetativ-hormonelle Veränderungen oder Kognitionen... weder voraus noch sind sie die Folge davon, da sie untrennbare Teile der Synthese sind, die all diese Aspekte beinhaltet» (S. 355).

Auch wenn wir uns diesen Entwürfen anschließen und davon ausgehen, dass die verschiedenen Ebenen von Kognition, Emotion und körperlichen Prozessen in einem großartigen wechselseitigen Zusammenspiel funktionieren, bleibt doch für die Psychologie die Frage der Steuerungsmöglichkeiten von größtem Interesse. Wenn der von Roth zitierte Mensch mit Prüfungsangst zu uns in die Praxis kommt, erwartet er, dass die Psychologie eine Vorgehensweise anzubieten hat, mit der sein subkortikales System beeinflusst werden kann, so dass er seine Angst in den Griff bekommt. Einen lapidaren Hinweis darauf, dass nun mal leider die Einflussnahme der subkortikalen Systeme auf den Organismus größer sei als der Einfluss bewusster Überlegungen würde unser Klient vermutlich nicht als die erhoffte Hilfe akzeptieren. Wir wollen uns darum im folgenden damit befassen, welche Zugriffsmöglichkeiten auf das subkortikale

System bekannt sind. Denn hier müssen wir, so die Erkenntnis aus den Ergebnissen der Neurowissenschaften, ansetzen, wenn wir Wahrnehmungs- und Reaktionsbereitschaften und damit letztendlich Verhalten nachhaltig ändern wollen.

1.1.8 Psychische Entwicklung aus neurowissenschaftlicher Sicht

Wir haben uns am Anfang dieses Kapitels damit befasst, dass das psychische System als Gedächtnis aufgefasst werden kann, das durch Lernen bestimmte Inhalte erwirbt, die dann zur Verhaltenssteuerung eingesetzt werden. Bleibt man in diesem Modell von Psyche, so kann man psychische Entwicklung als Erweiterung von Gedächtnisinhalten und damit als Lernen beschreiben. Folgerichtig schlägt Grawe (1998) vor, Psychotherapie «als das Verändern von Gedächtnisinhalten» (S. 269) zu betrachten. An anderer Stelle schreibt er: «Jede Psychotherapie richtet sich zu einem wesentlichen Teil auf die dauerhafte Veränderung willkürlich steuerbaren Verhaltens aus. Solche Veränderungen müssen als ein komplexer Lernprozess betrachtet werden. Deshalb brauchen wir in der Psychotherapie Modelle, die diesem komplexen … Lernprozess gerecht werden» (S. 276). Nach Grawe ist das Ziel von Psychotherapie, willkürlich steuerbares Verhalten zu beeinflussen. Wie wir am Beispiel des Menschen mit Prüfungsangst gesehen haben, ist dies aufgrund der Funktionsweise unseres Gehirns jedoch nicht immer so einfach. Wie sollen wir den Anteil willkürlich steuerbaren Verhaltens erhöhen, wenn unbewusst arbeitende Systeme des Gehirns einen so mächtigen Einfluss auf das Verhalten nehmen?

Um diese Frage zu beantworten, ist es sinnvoll, zunächst zwei Begriffe einzuführen, die in der entsprechenden Literatur zum Thema «Gedächtnis» weit verbreitet sind. Hierzu lassen wir wieder Roth (2001) zu Wort kommen: «Nach Jahrzehnten intensiver Erforschung des Gedächtnisses des Menschen und anderer Primaten herrscht derzeit überraschende Einigkeit über die Klassifikation von Gedächtnisleistungen. Zwei Grundtypen werden dabei unterschieden. Der amerikanische Psychologe Larry Squire (1987) prägte in den achtziger Jahren des zwanzigsten Jahrhunderts das Gegensatzpaar «deklaratives» versus «prozedurales» Gedächtnis, sein Kollege Daniel Schacter stellte «explizites» und «implizites Gedächtnis» gegenüber; andere Gegensatzpaare sind «kontrolliert» versus «auto-

matisiert». Gemeinsam ist allen ersteren Begriffen, dass sie sich auf Gedächtnisinhalte beziehen, die von Bewusstsein begleitet sein und sprachlich berichtet werden können, während dies für die letzteren Begriffe nicht oder nicht notwendig gilt» (S. 152).
Die Funktionsweise der beiden Gedächtnisarten ist verschieden, sie beruht auch hirnanatomisch auf verschiedenen Strukturen. Explizite Prozesse benötigen Zeit und Aufmerksamkeit, implizite Prozesse können automatisiert in Sekundenschnelle abgerufen werden. Explizite Prozesse sind störungsanfällig, implizite Prozesse laufen, wenn sie einmal ausgelöst wurden, mit hoher Zuverlässigkeit ab. Da explizite Prozesse energetisch-stoffwechselphysiologisch sehr viel «teurer» sind als implizite Prozesse, bezeichnet Roth (2001) sie als ein «besonderes Werkzeug des Gehirns» (S. 231). Bewusstsein ist aus der Sicht des Organismus ein Zustand, «der tunlichst vermieden und nur im Notfall einzusetzen ist» (Roth, 2001, S. 231). Explizite, mit Bewusstsein verbundene Prozesse werden vom Gehirn nur dann aufgerufen, wenn in einem unterhalb der Bewusstseinsschwelle verlaufenden Prozess, der in den Neurowissenschaften «präattentive Wahrnehmung» genannt wird, ein Objekt oder eine Situation als «neu» und/oder als «wichtig» eingestuft wurde. Wenn die präattentive Wahrnehmung einen Sachverhalt als «bekannt» und/oder «unwichtig» einstuft, wird der implizite Verarbeitungsmodus eingeschaltet. Das Gehirn ist darauf aus, auch Inhalte, für deren Bearbeitung zunächst viel Aufmerksamkeit und «teure» Bewusstheit nötig war, so bald als möglich ins implizite Gedächtnis zu überführen. Dies geschieht durch Wiederholung und Übung. In dem Maße, in dem Leistungen wiederholt werden, sich einüben und schließlich mehr oder weniger automatisiert und damit müheloser werden, schwindet auch der Aufwand an Bewusstheit und Aufmerksamkeit, bis am Ende – wenn überhaupt – nur ein begleitendes Bewusstsein übrig bleibt. Wenn Sie an den Unterschied von Ihrer ersten Fahrstunde zu der Art und Weise, wie Sie heute Auto fahren, denken, wird ihnen der Unterschied zwischen expliziten und impliziten Prozessen vermutlich ohne weiteres deutlich. Grundsätzlich ist die Fähigkeit des Gehirns, viele Dinge im impliziten Modus automatisiert abzuwickeln, meistens von Vorteil. Für psychologische Prozesse allerdings kann diese Fähigkeit manchmal zum Problem werden.

Bleiben wir beim Beispiel des Menschen mit Prüfungsangst, dem wir gerne helfen wollen. In welchem der beiden Gedächtnissysteme ist seine Prüfungsangst gespeichert? Wo haben wir uns den Sitz des emotionalen Erfahrungsgedächtnisses vorzustellen? Die Antwort der Neurowissenschaften ist eindeutig: Für das emotionale Erfahrungsgedächtnis gilt, dass emotionales Lernen in seinen wesentlichen Teilen implizit verläuft. Das emotionale Erfahrungsgedächtnis ist also ein Teil des impliziten Gedächtnissystems. Dies ist aus der Sicht des Gehirns auch gut so, denn, wie Roth schreibt: «unsere konditionierten Gefühle sind ja nichts anderes als konzentrierte Lebenserfahrung» (S. 321). Der Organismus tut darum gut daran, diese konzentrierte Lebenserfahrung in dem schnell abrufbaren und mit höchster Zuverlässigkeit arbeitenden impliziten Modus zur Verfügung zu stellen. An dieser Stelle sei noch einmal der Spruch von LeDoux: «Die Schnellen und die Toten» in Erinnerung gerufen. In die Quere kommt uns dieser an sich sinnvolle Vorgang nur dann, wenn im emotionalen Erfahrungsgedächtnis etwas gespeichert ist, das automatisch und damit sehr schnell und zuverlässig abläuft, das aber nicht zum psychobiologischen Wohlbefinden des Organismus beiträgt. In diesen Fällen muss die Psychologie daran arbeiten, den unwillkommenen Automatismus durch einen neuen, im Sinne des psychobiologischen Wohlbefindens nützlicheren Automatismus zu ersetzen. Wie sieht dieser Vorgang auf neuronaler Ebene aus?

Die Gedächtnisinhalte sind, das haben wir schon gesehen, auf neuronaler Ebene in Form von neuronalen Netzen und entsprechenden Erregungsmustern gespeichert. Diese Tatsache gilt für das explizite und für das implizite Gedächtnis gleichermaßen. Auch psychisches Geschehen kann in dieser Terminologie gefasst werden. Grawe (1998) geht davon aus, dass « allen Eigenarten des psychischen Geschehens bestimmte neuronale Erregungsmuster (S. 265)» zugrunde liegen. «Die Bereitschaften zu diesen Erregungsmustern sind in verschiedenen Gedächtnisarten gespeichert» (ebd). Außerdem wissen wir, dass bei Erregungsmustern, die stark gebahnt sind, die Aktivierung eines Teils «wegen der starken Vorbahnung zur Aktivierung des ganzen Zellverbandes» (ebd.) führt. Eine beabsichtigte Reaktions- oder Verhaltensänderung wäre in diesem Sinne ein neues neuronales Netz, das so stark gebahnt werden muss, dass es als neuer Automatismus den alten, unerwünschten Automatismus ersetzt. Das erwünschte neuronale Erregungsmuster muss aus dem expliziten Modus in den impliziten Modus überführt werden, wo es zuverlässig und störungsfrei ablaufen kann.

Dies ist vom Prinzip her wiederum sehr einfach und elegant zu beschreiben, darum ist die neurowissenschaftliche Sichtweise auch so hilfreich als Orientierungshilfe für die Psychologie. Von der Umsetzung her ist das Erlernen und Automatisieren eines neuen neuronalen Erregungsmusters natürlich mit all den Schwierigkeiten und Mühen verbunden, die für Lernen allgemein gelten: Zeit, Geduld und Ausdauer werden benötigt. Autofahren lernt man schließlich auch nicht an einem Tag. Grawe schreibt hierzu: «Solange solche neu entstandenen Erregungsmuster noch nicht eingespielt sind, benötigen sie bewusste Verarbeitungskapazität. Durch häufige Wiederholungen werden die neu entstandenen Verbindungen aber immer besser gebahnt. Sie sind immer leichter aktivierbar und gewinnen so immer leichter Einfluss auf die psychische Aktivität, ohne dass dies mit Bewusstsein verbunden ist» (1998, S. 266).

Anmerkungen

(1) Obwohl nach Grawe (1998, S. 244) der Schemabegriff in der Psychologie im Hinblick auf eine präzise Operationalisierbarkeit einer Differenzierung bedarf, ist es doch angemessen, ihn im Zusammenhang mit dem hier vorzustellenden Argumentarium zu benutzen, bei dem es zunächst darum gehen soll, mögliche sinnvolle Verbindungen zwischen neurowissenschaftlichen und psychologischen Konzepten herzustellen.

(2) Die Begriffe «Affekt», «Gefühl» und «Emotion» werden in der Literatur unterschiedlich verwendet. Im vorliegenden Text wird der Begriff «Affekt» für primäre, angeborene Gefühle benutzt, der Begriff «Gefühl» für sekundäre, erworbene Gefühle und der Begriff «Emotion» übergreifend für alle Prozesse, die mit Gefühlen verbunden sind, egal ob primär oder sekundär, egal ob bewusst oder unbewusst.

1.2 Der Rubikon-Prozess

Das ZRM-Training orientiert sich in seinem Ablauf an einer Erweiterung des von Heckhausen (1989) und Gollwitzer (1990) entwickelten Rubikon-Modells, wie sie von Grawe (1998) vorgeschlagen wurde. Beim Rubikon-Modell in seiner ursprünglichen Form handelt es sich um ein motivationspsychologisches Prozessmodell zielrealisierenden Handelns. Dieses Prozessmodell erlaubt es, ein Handlungsziel, etwas, das ein Mensch gerne tun würde, auf seiner Reise durch die Zeit zu begleiten. Es gibt einen Überblick über die verschiedenen «Reifungsstadien», die ein Wunsch, ist er einmal im Bewusstsein aufgetaucht, durchlaufen muss, bis der betreffende Mensch soweit mobilisiert, motiviert und aktiviert ist, damit dieser Wunsch zum Ziel wird, mit Willenskraft verfolgt und aktiv in Handlung umgesetzt. Man kann sich am eigenen Beispiel schnell klarmachen, dass Bedürfnisse, Wünsche oder Ziele tatsächlich mehrere Reifungsstadien durchlaufen müssen, bis daraus eine Handlung resultiert.
Vergegenwärtigen Sie sich einfach einen Moment lang Ihre eigene innere «Bedürfnis- und Ziellandschaft». Sie werden eine Menge möglicher Handlungsziele vorfinden, die sich in einigen Dingen unterscheiden. Zum Beispiel im Grad der Ausarbeitung. Manche Bedürfnisse sind eher als diffuse Anmutung vorhanden, andere sind glasklar als Ziel formuliert, ein entsprechender Umsetzungsplan liegt bereits schon vor. Sie können sich auch im Grad der Gefühlsaktivierung unterscheiden, die Ihnen zur Umsetzung dieses Ziels zur Verfügung steht. Bei einigen Themen wissen Sie vielleicht noch gar nicht genau, um was es eigentlich geht, Sie spüren nur «dass sich da «irgendwie» etwas anbahnt» und dass Sie sich demnächst mal darum kümmern müssen. Bei anderen Themen würden Sie kämpfen bis zum Umfallen, Sie würden alles geben, um sicherzustellen, dass dieses Ziel in Handlung umgesetzt wird.

Für einen Menschen, der mitten in einem persönlichen Entwicklungsprozess steht, kann diese innere Ziellandschaft schnell einmal verwirrend und unübersichtlich werden. Dies umso mehr, als Menschen normalerweise mehrere Ziele gleichzeitig verfolgen. Diese

Ziele können sich in unterschiedlichen Reifungsstadien befinden. Sie müssen auch nicht unbedingt miteinander harmonieren, sie können durchaus auch im Widerstreit liegen. Als Beispiel für einen solchen Motivkonflikt, den sicher die meisten Menschen kennen, sei der Kampf zwischen dem inneren Schweinehund, der es lieber bequem und gemütlich hat und dem inneren Antreiber, der für Disziplin sorgt und einen großen Tatendrang an den Tag legt, erwähnt. Falls auch noch schwerwiegende Lebensthemen im Spiel sind, wie zum Beispiel Berufswahl, Partnerschaft oder langfristige finanzielle Investitionen, kann die innere Bedürfnis- und Ziellandschaft schnell zum Labyrinth werden.

Das Rubikon-Modell ist gewissermaßen der roten Faden in diesem Labyrinth. Heckhausen hat eine schlüssige und wissenschaftlich gut abgesicherte Beschreibung der Entwicklung von Handlungszielen vorgelegt, die Laien wie professionellen BeraterInnen dabei hilft, die richtige Route zu finden. Den Begriff des Rubikon wählte Heckhausen in Anlehnung an Julius Caesar, der im Jahre 49 vor Christus mit den Worten «alea jacta est» (lat: der Würfel ist gefallen), kundtat, dass er nach einer Phase das Abwägens den Entschluss gefasst hatte, mit seinen Soldaten einen Fluss mit dem Namen «Rubikon» zu überschreiten und damit einen Krieg begann. Das Rubikonmodell wurde natürlich nicht entwickelt, um zu erklären, wie Kriege entstehen. Die Rubikon-Metapher wurde gewählt, um, «die Grundprobleme einer jeden Motivationspsychologie, nämlich die Wahl von Handlungszielen einerseits und die Realisierung dieser Ziele andererseits» (Gollwitzer, 1991, S. 39) zu analysieren. Mit anderen Worten: «Welche Karriere müssen Wünsche durchlaufen, damit sie effektiv in relevante Handlungen umgesetzt werden können?» (Gollwitzer, 1991, S. 39).

Beim Rubikonmodell in seiner ursprünglichen Form handelt es sich um ein vierphasiges Modell. Grawe (1998) schlägt vor, dieses Modell um eine Phase zu erweitern. Er kritisiert als Schwäche des ursprünglichen Modells, dass es in seiner Phasenbeschreibung erst bei bereits bewusst wahrgenommenen Motiven, Wünschen oder Befürchtungen ansetzt. «Darüber, wo die Wünsche und Befürchtungen herkommen, macht das Rubikon-Modell keine Aussagen. Sie werden einfach vorausgesetzt. Darin liegt eine Schwäche des Modells, wenn wir es auf therapeutische Problemstellungen anwenden wollen. Wir könnten das Modell aber einfach nach links erweitern um eine Konzeption, wie es dazu kommt, dass ein bestimmter Mensch gerade diese Wünsche und Befürchtungen hat» (Grawe,

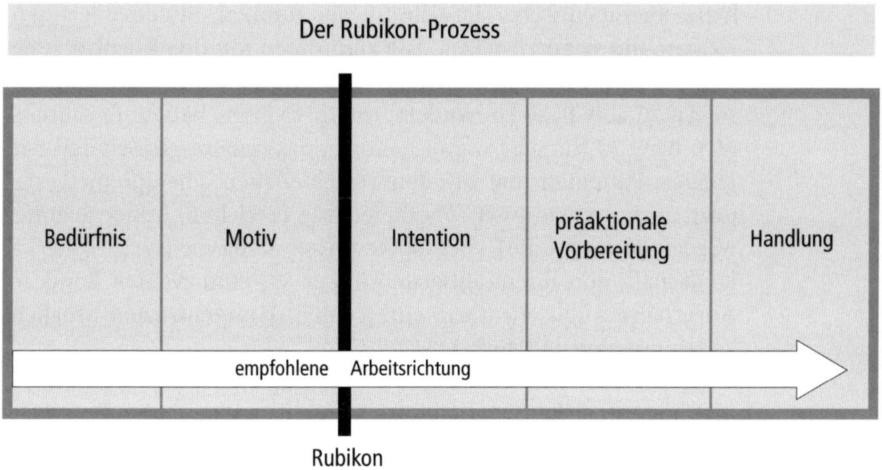

Abbildung 5: Der Rubikon-Prozess

1998, S. 71). In diesem Sinne sollte nach Grawe der Phase des bewusst gewordenen Motivs eine Phase, welche die unbewussten und vorbewussten Bedürfnisse beinhaltet, vorgeschaltet werden. Auch Kuhl (2001) geht davon aus, dass jedem bewusst gewordenen Motiv ein unbewusster «Bedürfniskern» (S. 553) zugrunde liegt. Im folgenden ist das um eine Phase erweiterte Rubikon-Modell, so, wie es die Vorgehensweise des ZRM bestimmt, grafisch dargestellt. Dieses Modell unterscheidet zwischen Bedürfnis, Motiv, Intention, präaktionaler Vorbereitungsphase und Handlung. Um zu verdeutlichen, dass im Rahmen des ZRM-Training ein systematisch angelegter Prozess durchlaufen wird, nennen wir die erweiterte Form des ursprünglichen Rubikon-Modells, so, wie es für Praxiszwecke von uns modifiziert wurde, den Rubikon-Prozess **(Abb. 5)**.

Nach Grawe ist die Systematik der Rubikonlandschaft in ihrer erweiterten Form ein Orientierungsrahmen mit großer integrativer Potenz für therapeutisches und beraterisches Handeln im Dienste der Persönlichkeitsentwicklung und der Verhaltensänderung. Er geht davon aus, dass die einzelnen Therapieformen mit ihren unterschiedlichen methodischen und theoretischen Schwerpunkten – betrachtet man sie im Rahmen der Rubikonlandschaft – sich auf unterschiedliche Phasen im Ablauf dieses Prozesses von zielrealisierendem Handeln beziehen. Diese unterschiedlichen Ansatzpunkte sind, so Grawe, wesentliche Gründe für die Verständnisschwierigkeiten innerhalb der Psychotherapieszene. Grawe schlägt vor, jegliches therapeutische Handeln an der Rubikon-Systematik auszurichten, um sicherzustellen, dass zusammen mit den Klienten systematisch jede mögliche Störungsquelle bearbeitet werden kann, die sie davon abhält, so zu handeln, wie sie es gerne hätten. Er schreibt: «Ich halte es für sehr wahrscheinlich, dass einem großen Teil derjenigen Patienten, die bei den verschiedenen Therapiemethoden jetzt noch keinen guten Therapieerfolg erreichen, besser geholfen werden könnte, wenn Therapeuten regelmäßig die ganze Rubikonlandschaft, von ihrem äußersten linken bis zum rechten Rand, im Auge hätten und alle darin enthaltenen therapeutischen Möglichkeiten nutzten» (1998, S. 115).

1.2.1 Das Bedürfnis

Der Rubikon-Prozess beginnt mit dem «äußersten linken Rand des linken Ufers, dort, wo Wünsche und Befürchtungen entstehen und vergehen» (Grawe, 1998, S. 108). In diesem Reifestadium befinden sich Wünsche und Bedürfnisse, die noch nicht oder noch nicht ausreichend bewusst sind. Nach Grawe (1998) ist es «selbstverständlich, ... dass der Großteil psychischer Prozesse unbewusst abläuft» (S. 74). Es liegt daher auf der Hand, zu Beginn des Prozesses, der KlientInnen dabei helfen soll, ihre Wünsche in Handlung umzusetzen, zunächst sorgfältig zu explorieren, ob auf unbewusster Ebene Bedürfnisse vorhanden sind, die in den Entwicklungsprozess einbezogen werden sollten.

Wie wir aus den Neurowissenschaften wissen, werden Bedürfnisse, Antriebe und Wünsche zu einem wesentlichen Teil vom limbischen System erzeugt. Hier befindet sich der Sitz des emotionalen Erfahrungsgedächtnisses, in dem gespeichert ist, was dem psychobiologischen Wohlbefinden des Individuums dienlich war und was nicht. Dieses Wissen ist zwar gespeichert, dies heisst aber nicht, dass dieses Wissen auch jederzeit bewusst verfügbar ist. Roth (2001) schreibt: «Allerdings müssen wir dabei berücksichtigen, dass emotionale Zustände des limbischen Systems keineswegs immer bewusst wahrgenommen werden... Sie können dennoch – als Komponenten des Unbewussten – wirksam sein, ohne dass dies bis in unser Bewusstsein dringt» (S. 270).

Solange die Inhalte des emotionalen Erfahrungsgedächtnisses aber noch nicht bewusst sind, können sie nicht für die bewusste Handlungsplanung eingesetzt werden. Dies kann weit reichende

Folgen haben. «Wir müssen etwas, das uns aus dem Unbewussten aufsteigend antreibt, als *Wunsch* oder *Bedürfnis* empfinden, damit dieser Wunsch beziehungsweise dieses Bedürfnis zusammen mit der bewussten Analyse der Sachlage… zu einem vernünftigen oder zumindest emotionale akzeptablen Handlungsentwurf vereinigt werden können. Geschieht dieses Bewusstwerden der Motive nicht, so ist ein solcher Abgleich nicht möglich; wir würden uns sehr wundern, dass wir eine Handlung bewusst planen, aber – aufgrund unbewusster Motive – etwas ganz Anderes tun» (Roth, 2001, S. 446).

Für Fachpersonen, die von der psychoanalytisch-psychodynamischen Richtung her kommen, ist der Fokus auf unbewusste Bedürfnislagen und deren Bewusstmachung ein Schwerpunkt der therapeutischen Arbeit. Diese Therapierichtung hat zu diesem Zweck auch ein reichhaltiges Methodenrepertoire entwickelt. Für zwei Typen von Problemstellungen ist es besonders angebracht, das erste Reifestadium ausführlich zu bearbeiten. Ein Beispiel ist das, mit dem Roth im vorigen Abschnitt zitiert wurde. Es handelt sich hierbei um Menschen, die zwar über ein bewusstes Motiv verfügen, dies aber aus Gründen, die ihnen selbst unerklärlich sind, nicht in Handlung umsetzen können. Diese Unfähigkeit kann, wie wir noch sehen werden, mehrere Gründe haben, die in verschiedenen Stadien des Rubikon-Prozesses anzusiedeln sind. Ein erster Grund, der die Bedürfnisthematik betrifft, kann darin zu suchen sein, dass ein bisher noch unbewusstes Bedürfnis die Umsetzung des bewussten Motivs verhindert. Meistens steht das unbewusste Bedürfnis im Gegensatz zum bewussten Motiv, so dass ein Motivkonflikt entsteht. Ein typisches Beispiel ist ein Mensch, der das bewusste Motiv äussert, sich besser abgrenzen zu wollen und öfter «Nein» zu sagen. Aus unerklärlichen Gründen gelingt ihm dies aber nicht, obwohl er das wirklich gerne möchte und wegen völliger Arbeitsüberlastung auch genau weiss, dass Abgrenzung das Thema Nummer 1 für den Erhalt des psychobiologischen Wohlbefindens ist. In diesen Fällen taucht bei der Exploration zum Beispiel oft ein unbewusstes Bedürfnis nach Nähe und Geliebtwerden auf, das dem Motiv «Abgrenzen» jedes Mal in die Quere kommt, wenn es aktiviert wird und den Menschen dazu bringt, immer wieder «Ja» zu sagen, obwohl doch eigentlich «Nein» geplant war.

Der zweite Typ von KlientInnen, bei dem das erste Reifestadium eine wichtige Rolle spielt, sind Menschen, die gar nicht genau berichten können, was eigentlich ihr Problem darstellt. Diese KlientInnen klagen über diffuse «schlechte Gefühle» oder über ein «generelles Unbehagen», ohne präzisere Angaben machen zu können. Der typische Klient einer Individuationsanalyse in der Lebensmitte, wie sie C.G. Jung beschrieben hat, würde unter diese Kategorie fallen. Diese KlientInnen sind noch gar nicht in der Lage, einen Prozess des zielrealisierenden Handelns in die Wege zu leiten, weil alle wesentlichen Bedürfnisse noch unbewusst sind und darum nicht in die bewusste Handlungsplanung mit einbezogen werden können. In diesen Fällen wird eine als sehr quälend empfundene allgemeine Stimmungslage beschrieben, die umso unerträglicher wirkt, weil mit bewusster Überlegung keine Abhilfe geschaffen werden kann. In diesen Fällen muss das Bedürfnis überhaupt erst einmal in die Welt «geboren» werden, es muss greifbar und fassbar werden, damit die Lebensgestaltung danach ausgerichtet werden kann.

1.2.2 Das Motiv

Wenn das erste Reifestadium erfolgreich durchlaufen wurde, hat sich das Bedürfnis zum Motiv gewandelt. Kennzeichen eines Motivs im Rahmen dieses Reifungsmodells ist die bewusste Verfügbarkeit. Ein Handlungsziel in der Motivform kann kommuniziert werden. Auch möglicherweise vorhandene Motivkonflikte sind in diesem Reifestadium bewusst geworden und stehen als sich widersprechende Motive im Raum. Falls die Motive, die aus den unbewussten Bedürfnissen heraus entstanden sind, miteinander harmonieren, dann hat man Glück und wird im Prozess zielrealisierenden Handelns sehr schnell zum nächsten Stadium übergehen. Motive können aber auch miteinander in Konflikt liegen, dann muss der Übergang zum nächsten Stadium noch eine Weile warten, denn die verschiedenen Motive müssen zuerst in irgendeiner Form gegeneinander auf- und abgewogen werden. Verschiedene attraktive Dinge gäbe es zu tun, aber welchem gibt man den Vorrang? Der Lebensqualität oder dem Geldverdienen? Der Abenteuerlust oder dem Bedürfnis nach Sicherheit? Dem Freiheitsdrang oder dem Wunsch nach Geborgenheit? Wo soll man wohnen? In der eleganten Stadtwohnung oder im Bauernhaus auf dem Land? Welches Auto soll man kaufen? Den flotten Flitzer oder den vernünftigen Gebrauchten? In dieses Stadium des Rubikon-Prozesses «fällt das Wünschen und Wägen» (Gollwitzer, 1991, S. 40).

Aus eigener Erfahrung kennen viele professionelle Beratungspersonen diesen Verlauf des «Wünschens und Wägens» sicher genauso gut, wie aus der Arbeit mit KlientInnen. Dies ist die Zeit des Sammelns von Informationen. Bücher werden angeschafft, das Internet wird durchstreift, Freunde werden zu Diskussionen des «Für und Wider» herangezogen. Im günstigen Fall findet diese Abwägephase irgendwann ihr Ende und ein Motiv setzt sich durch. Oftmals ergibt sich aufgrund des intensiven Reflexionsprozesses auch eine Lösung, indem man aus scheinbar widersprüchlichen Motiven eine «Kombipackung» bastelt, die es erlaubt, beide Motive gleichzeitig zu verfolgen. Wenn man sich zum Beispiel eine Wohnung in einem Vorort sucht, hat man die Nähe zur Natur und über die S-Bahn die schnelle Anbindung an die Innenstadt; so könnte eine mögliche «Kombi-Lösung» für das Stadtwohnungs- Bauernhausproblem aussehen.

Im ungünstigen Fall bleibt man sehr lange in der Abwägephase stecken und kommt zu keinem Entschluss. Keinem Motiv gelingt es, die Oberhand zu bekommen, sich durchzusetzen und ins nächste Reifestadium zu gelangen. Alle Motive sind gleich stark, das Nachdenken darüber hindert am Einschlafen. Die Freunde fangen an, den Kontakt zu meiden, weil sie seit Wochen auf die immer gleichen Fragen antworten sollen. Der Schreibtisch ist übersät mit verschiedenen Listen, in denen versucht wurde, die Vor- und Nachteile der konkurrierenden Möglichkeiten mittels verschiedener Punktesysteme in den Griff zu bekommen. Auch das hilft nicht, denn die Vor- und Nachteile halten sich die Waage, egal, welches Punktesystem man benutzt. Dies ist dann oft die Zeit, in der ein Mensch professionelle Beratung aufsucht, weil er merkt, dass er «feststeckt» und alleine nicht mehr weiterkommt. Die Menschen, deren Motive einfach und leicht ins nächste Reifestadium gelangen, bekommt eine Fachperson für Psychologie eher selten zu Gesicht. Darum ist es für die Psychologie von großem Interesse, mehr darüber zu wissen, wie die Abwägephase zu einem sinnvollen Abschluss gebracht werden kann. Grawe sieht folgerichtig eine wichtige Funktion der Psychotherapie darin, zu motivationalen Klärungsprozessen im Dienste der Herausbildung eindeutiger Intentionen beizutragen. Er ist der Ansicht, dass der «im Rubikon-Modell vor der Intentionsbildung liegende Abwägungs- und Wahlprozess ein geeigneter Ansatzpunkt für die Herbeiführung therapeutischer Veränderungen sein kann» (1998, S. 80). Der Übergang vom Motiv zur Intention hat dem ursprünglichen Rubikon-Modell seinen Namen gegeben: Dies ist der Schritt über den psychologischen Rubikon. Wir wollen uns darum im folgenden die Vorgänge an den beiden Ufern des Rubikon genauer betrachten.

1.2.3 Der Übergang über den Rubikon

Auf dem linken Ufer des Rubikon finden sich Motive, auf dem rechten Ufer findet sich eine Intention. Vom menschlichen Erleben her wird der Unterschied zwischen Motiven und eindeutiger Intention charakterisiert als der Unterschied zwischen «Wählen (goal setting) und Wollen (goal striving)» (Gollwitzer, 1991, S. 31). Der Unterschied zwischen diesen beiden Stadien ist entscheidend durch Gefühle bestimmt. Der Abwäge- und Suchprozess wird ins Wollen überführt durch «ein Gefühl des Entschlossenseins und eine Handlungsgewissheit (Michotte und Prüm, 1910). Das ... Ziel erwirbt Verbindlichkeitscharakter, so dass man sich verpflichtet fühlt, dieses Ziel anzustreben.» (Gollwitzer, 1991, S. 42). Auch Kuhl (1996, 1998) beschreibt den willensbahnenden Einfluss positiver Affekte. Ein starker positiver Affekt, ein gutes Gefühl ist es, was Menschen dabei hilft, den Rubikon zu überqueren. Wenn das gute Gefühl sich einstellt, ist entschieden, was gewollt wird, und dann kann zur Tat geschritten werden.

An dieser Stelle ergibt sich die Möglichkeit, eine wichtige Parallele zu den Neurowissenschaften herzustellen. Damasio (1994) hat in seiner Theorie der somatischen Marker beschrieben, dass im emotionalen Erfahrungsgedächtnis jede Begebenheit, die einem Menschen im Laufe seines Lebens widerfahren ist, mit einem somatischen Marker bewertet wird. Das System der somatischen Marker ist dual angelegt, es bewertet Situationen nach «gut» oder «schlecht» im Hinblick auf das psychobiologische Wohlbefinden des Menschen. Es wird wahrgenommen über körperliche Signale und/oder über Gefühle. Damasios Untersuchungen haben ergeben, dass den somatischen Markern in Entscheidungssituationen eine zentrale Rolle zukommt. Körpersignale oder Emotionen, so diese Theorie, sind die entscheidenden «Stop» oder «Go» Signale bei Motivationsprozessen. Es liegt daher nahe, zu vermuten, dass die positiven Gefühle, von denen die Motivationspsychologie weiss, dass sie den Schritt über den Rubikon ermöglichen, identisch sind mit den positiven somatischen Markern, wie sie die Neurowissenschaft nachgewiesen hat. Damasio hat außerdem gezeigt, dass nicht alle Menschen ihre somatischen Marker wahrnehmen, obwohl deren Auftreten mit physiologischen Maßen, zum Beispiel Hautwiderstandmessungen, nachgewiesen werden kann. Um Menschen dabei zu helfen, den Rubikon zu überschreiten und das Feststecken im Abwägeprozess zu beenden, kann ein Schlüssel für die psychologische Beratungsmethodik darin liegen, den Beratungsfokus auf das Auftauchen von somatischen Markern, die aus dem Unbewussten kommen, zu richten, anstatt weiter mit dem Bewusstsein nach Lösungen zu grübeln. Wenn wir davon ausgehen, dass das unterhalb der Bewusstseinsschwelle arbeitende System der somatischen Marker den entscheidenden «Go!»– Befehl über den Rubikon erteilt, ergeben sich außerdem im Fall von konfligierenden Motiven ganz bestimmte psychologische Vorgehensweisen. Positive Gefühle werden eher durch bildhafte Vorstellungen als durch Sprache ausgelöst (Kuhl, 2001, S.166). Um zu erstrebenswerten «Kombinationslösungen» zu kommen, sind darum Verfahren angezeigt, die das unbewusste System in einer Bildsprache stimulieren. Dies sind zum Beispiel Kreativitätstechniken, hypnotherapeutische Verfahren oder körperorientierte Übungen.

1.2.4 Die Intention

Nach dem Überschreiten des Rubikon liegt das, was der Mensch gerne tun möchte, in einem neuen Reifungsstadium vor, es wurde eine Intention gebildet. Auf dem rechten Ufer des Rubikon befindet sich der Mensch in einer grundsätzlich anderen Verfassung als auf dem linken Ufer. Durch ein starkes positives Gefühl wurde sein Wille gebahnt, er hat jetzt die feste Absicht, sein Ziel in Handlung umzusetzen. Aus der Vielfalt der Motive rechts des Rubikon wurde eine Auswahl getroffen und eine eindeutige Präferenz gebildet. Jetzt geht es nicht mehr darum, auszusortieren, sondern darum, das einmal gewählte Ziel konsequent zu verfolgen. Grawe schreibt hierzu: «Jenseits des Rubikon herrscht Parteilichkeit... Situationen werden nicht neutral, realitätsorientiert wahrgenommen, sondern je nach ihrer Bedeutung für die aktualisierte Intention… Wahrnehmung, Emotionen, Denken und Handeln stehen im Dienste der jeweiligen Intention» (1998, S. 69). Kuhl (2001, S.143) spricht davon, dass eine Intention von Informationen, die deren Realisierung gefährden könnten, «abgeschirmt» wird. Gollwitzer (1991) nennt diesen Effekt die «voreingenommene Auswertung» von neuen Informationen (S.73). Es wurde experimentell nachgewiesen, dass in diesem Stadium absichtsgefährdende Informationen durch selektive Nichtbeachtung und Abwertung aus der innerpsychischen Bedürfnis- und Ziellandschaft ausgeblendet werden. Durch diese hochspezifische Informationsaufnahme rechts des Rubikon wird die einmal getroffene Entscheidung bestätigt und stabilisiert. Intentionen sind dann besonders handlungswirksam, wenn sie besonders stark gewollt werden. In der Motivationspsychologie spricht man von der «Volitionsstärke» einer Intention. Auch die oben beschriebenen Spezialisierungseffekte der Informationsaufnahme treten desto stärker auf, je höher die Volitionsstärke einer Intention ist. Wenn psychologische Beratung Menschen dabei unterstützen soll, ihre Intention möglichst effektiv und konsequent in Handlung umzusetzen, muss sie also dafür sorgen, dass eine möglichst hohe Volitionsstärke erreicht wird. Auch darüber, wie eine hohe Volitionsstärke erreicht werden kann, liegen zahlreiche gut gesicherte wissenschaftliche Ergebnisse vor. In der Sprache der Motivationspsychologie ist die Volitionsstärke einer Intention ein Produkt aus Wünschbarkeit und Realisierbarkeit. Je attraktiver ein Ziel erscheint und je höher die Wahrscheinlichkeit ist, dass es durch eigenes Handeln realisiert werden kann, desto stärker ist der Wille, die Umsetzung dieses Ziels in Angriff zu nehmen.

Die beiden Faktoren «Wünschbarkeit» und «Realisierbarkeit» können im psychologischen Prozess durch entsprechende Interventionen gut gefördert werden. Die Wünschbarkeit eines Ziels wird dann erhöht, wenn «man den erwarteten Nutzen erwägt und sich Gedanken darüber macht, welche positiven und negativen, unmittelbaren und langfristigen Folgen (Anreize) mit welcher Wahrscheinlichkeit mit der Realisierung des Wunsches verknüpft sind» (Gollwitzer, 1991, S. 41). Von Damasios Theorie der somatischen Marker wissen wir, dass diese Bewertung des langfristigen Nutzens von Handlungen zu einem wesentlichen Teil über unbewusste Prozesse verläuft, die ihr Ergebnis über somatische Marker mitteilen. Die Wünschbarkeit eines Zieles wäre also dann gegeben, wenn ein positiver somatischer Marker eindeutig identifiziert werden kann.

Auch die Realisierbarkeit einer Intention kann durch psychologische Interventionen gefördert werden. «Bei der Analyse der Realisierbarkeit sieht man sich vor die Frage gestellt, ob man die gewünschten Ergebnisse durch eigenes Handeln herbeiführen kann (Handlungs-Ergebnis-Erwartung)» (Gollwitzer, 1991, S. 40). Das Schlüsselelement des Erlebens von Realisierbarkeit ist, ob das *eigene Handeln* zur Verwirklichung der Intention beitragen kann. Die Realisierbarkeit einer Intention kann also dadurch herausgearbeitet werden, dass die Aufmerksamkeit der KlientInnen systematisch auf diejenigen Elemente der Intention gerichtet wird, auf deren Veränderung sie *selbst* Einfluss nehmen können.

1.2.5 Die präaktionale Vorbereitung

Viele Menschen können sofort mit dem zielrealisierenden Handeln beginnen, wenn sie eine eindeutige Intention gebildet haben. In manchen Fällen reicht die Intentionsbildung alleine hierfür jedoch nicht aus. Obwohl ein Mensch sich ein Ziel gesetzt hat, das von einem positiven somatischen Marker begleitet ist, in hohem Maße wünschbar und auch von ihm selbst realisierbar, kommt es trotzdem immer wieder vor, dass der Alltag die guten Vorsätze gewissermaßen «verschluckt». In den Fällen, in denen trotz einer erfolgreichen Intentionsbildung die entsprechende Handlungssteuerung noch nicht befriedigend gelingt, muss im Rahmen der Systematik des Rubikon-Prozesses jetzt der präaktionalen Vorbereitung verstärkte Aufmerksamkeit gewidmet werden. Jetzt werden Vorbereitungen getroffen, welche die Wahrscheinlichkeit erhöhen, dass die neue Intention im Ernstfall auch in Handlung umgesetzt werden kann.

Ein wesentlicher Grund für die mangelnde Umsetzung einer neu gebildeten Intention kann darin bestehen, dass für das neue Handlungsmuster, das mit der neu entwickelten Intention korrespondiert, noch keine genügend elaborierten und neuronal gebahnten Automatismen vorliegen. Wie man aus den Neurowissenschaften weiss, stammen «wesentliche Anteile unserer Handlungssteuerung aus Teilen unseres Gehirns, die dem Bewusstsein grundsätzlich unzugänglich sind» (Roth 1996, S. 306). In Anlehnung an eine Unterscheidung von Schacter (1987) wird die unbewusst verlaufende Handlungssteuerung über «implizite» Prozesse geregelt. Ihnen gegenüber gestellt werden «explizite» Prozesse. Hierbei handelt es sich um eine Komponente der Handlungssteuerung, die mit Bewusstsein verbunden ist und sprachlich vermittelt werden kann. «Da implizites Wissen keine Aufmerksamkeit benötigt und im Gegensatz zu explizitem Wissen keine logischen, bewussten Operationen benötigt, wird es vor allem in chaotischen, zeitkritischen Situationen handlungsleitend, in denen wenig Zeit für explizites Problemlösen vorhanden ist. Explizites Wissen hingegen ist vor allem dann von Bedeutung, wenn genügend Zeit für reflektiertes Vorgehen vorhanden ist» (Büssing et al., 2001, S. 177).

Um zu gewährleisten, dass die neu entwickelte Intention auch in kritischen Situationen in Handlung umgesetzt werden kann, ist es also notwendig, sie in den impliziten Modus zu überführen. Solange sie nur im expliziten Modus zur Verfügung steht, besteht die Gefahr, dass sie in schwierigen Situationen, also eigentlich genau dann, wenn es darauf ankommt, nicht zur Handlungssteuerung eingesetzt wird, weil das Gehirn dann auf den impliziten Modus umschaltet. Man geht davon aus, dass implizites Wissen über zwei Wege erlernt werden kann (Seeger, 1994). Der erste Weg ist die Bildung von *Automatismen*. Er verläuft über häufige Wiederholung, Üben und Trainieren. Die Art und Weise, wie Autofahren gelernt wird, ist ein gutes Beispiel für die allmähliche Herausbildung von Automatismen auf diesem Weg. Für einen Menschen, der eine neu gebildete Intention in Handlung umsetzen will, ist dieser Weg eine langfristige gangbare Lösung, die aber spezifischer Maßnahmen bedarf. Wir werden dieses Problem im Kapitel «Handlung» besprechen, da die allmähliche Herstellung neuer Automatismen über *bewusstes* Lernen, Trainieren und Üben bereits an die Ausführung der entsprechenden Handlung gekoppelt ist.

Für die präaktionale Vorbereitung, die in der Systematik des Rubikon-Prozesses, zeitlich gesehen, *vor* der eigentlichen Handlung angesiedelt wird, ist der zweite Weg des Erwerbs von implizitem Wissen zunächst interessanter. Dieser Weg verläuft über eine bestimmte Form von *unbewusstem* Lernen, das so genannte *Priming* (eine Übersicht findet sich bei Higgins, 1996). Der Sozialpsychologe Bargh hat in zahlreichen Experimenten gezeigt, wie durch Priming Emotionen, Einstellungen, Ziele und Absichten unbewusst aktiviert werden können und dass diese unbewusste Aktivierung nachweisbaren Einfluss darauf hat, wie Menschen in entsprechenden Situationen denken und handeln. Das nachfolgende Beispiel soll illustrieren, wie Priming-Prozesse eingeleitet werden können und wie ihre Auswirkungen untersucht wurden.

In einem seiner bekanntesten Experimente luden Bargh und seine Kollegen (1996) die Versuchspersonen zu einem Sprachtest ein. Aus vorgegebenen Worten sollten Sätze gebildet werden. Eine Gruppe von Versuchspersonen bekam Worte, die sich auf alte Menschen bezogen. Auf diese Weise induzierte Bargh bei dieser Gruppe, ohne dass diese davon wusste, ein Priming zum Thema «Alter». Dadurch, dass das Gehirn dieser Versuchspersonen «gezwungen» wurde, neuronale Netze zum Thema «Alter» zu aktivieren, wurden diese neuronalen Netze gebahnt. Die andere Gruppe bekam Worte zu neutralen Themen für die Satzergänzung. Beobachtet wurde von Bargh nun jedoch nicht, wie viele Sätze gebildet wurden, sondern wie viel Zeit die Versuchspersonen benötigten, um nach Verlassen des Experimentalraumes den Korridor hinunter zu gehen. Hierbei zeigte sich, dass die Gruppe mit dem Alters-Priming für den Gang zum anderen Ende des Korridors signifikant mehr Zeit brauchte, als die Gruppe, die sich mit neutralen Worten befasst hatte. Ohne dass es den Versuchspersonen bewusst wurde, war in der Priming-Situation das Thema «Alter» neuronal aktiv geworden. Und die vergleichsweise geringfügige Intervention der Satzergänzungsübung hatte sofort konkrete Auswirkungen auf das Handeln der Versuchspersonen, ohne dass ihnen in ihrem Bewusstsein irgendetwas davon zur Kenntnis gelangt wäre.

Auf den ersten Blick mag es seltsam erscheinen, warum Menschen, die einen Korridor langsamer herunterlaufen als andere, für die Motivationspsychologie von Belang sein sollten. Für den Rubikon-Prozess sind die Untersuchungen zum Priming deswegen interessant, weil, wie gezeigt werden konnte, diese Art von unbewusstem Lernen auch im Dienste zielrealisierenden Handelns eingesetzt werden kann. Zum Thema «nonconscious activation und pursuit of behavioral goals» haben Bargh et al. (2001) zahlreiche Experimente durchgeführt. Sie kommen zu dem Schluss, dass «mental representations of goals can become activated without an act of conscious will, such that the subsequent behavior is then guided by these goals within the situational context faced by the individual» (S. 1014). *Unbewusst* verlaufendes Priming, das *Ziele* zum Inhalt hat, kann auf das zielrealisierende *Handeln* von Menschen ähnliche Effekte haben, wie es Ziele mit sich bringen, die von Menschen *bewusst* verfolgt werden. Wenn ein Mensch das Ziel hat, in einer bestimmten Situation «ruhig und gelassen» zu handeln, kann er dafür sorgen, ein entsprechendes Priming sicherzustellen. Die wissenschaftlichen Ergebnisse sprechen dafür, dass wegen der unbewusst verlaufenden Lernprozesse, die in den Primingstudien untersucht wurden, die Wahrscheinlichkeit des Auftretens von zieladäquaten Handlungen deutlich erhöht werden kann.

Bargh spricht darum auch vom «automatisierten Willen». Er geht davon aus, dass es gerade in schwierigen Situationen günstig sein kann, von der bewussten Zielverfolgung auf eine automatisierte Zielverfolgung umzuschalten. «Because of the limitations of conscious processing, and the strain on these limited resources in times of difficult self-regulation tasks, to shift the regulation of goal pursuit from conscious control to automatic control can be an adaptive way of ensuring effective goal pursuit even under new, complex, or difficult circumstances» (Bargh et al., 2002, S.1025). Für Menschen, die sich nach der Intentionsbildung noch nicht in der Lage sehen, ihr entsprechendes Ziel auch nachhaltig in Handlung umzusetzen, kann es präaktional sehr empfehlenswert sein, dafür zu sorgen, dass vor und während den entscheidenden Situationen gute Priming-Prozesse installiert werden, damit der implizite Modus gut «instruiert» ist.

Eine andere praxistaugliche Möglichkeit, die sich für die präaktionale Phase aus den wissenschaftlichen Untersuchungen zur Umsetzung von neu gebildeten Intentionen ergibt, betrifft die bewusste Handlungsplanung. In Anlehnung an Gollwitzer (1993) kann man zwischen Zielintentionen und Ausführungsintentionen unterscheiden. Zielintentionen haben die Form: «Ich beabsichtige X zu tun.» Ausführungsintentionen dagegen haben die Form: «Ich beabsichtige, in folgender Weise X zu tun, wenn folgende Situation Y eintritt.» Ausführungsintentionen sind also wesentlich präziser geplant als bloße Zielintentionen. Gollwitzer (1999) gibt in einem neueren Artikel einen Überblick darüber, welch vielfältige Vorteile es haben kann, präaktional mit Hilfe bewusster Überlegungen sorgfältige Ausführungsintentionen zu bilden. Zum einen wird das persönliche Gefühl der Verpflichtung durch die Bildung eines Ausführungszieles deutlich erhöht. Dieser Umstand ist besonders relevant für Ziele, die das Gesundheitsverhalten betreffen, wie zum Beispiel mit dem Rauchen aufzuhören, abzunehmen oder mehr Sport zu treiben (Renner & Schwarzer, 2000). Außerdem helfen Ausführungsintentionen den Menschen dabei, mit zielgerichteten Handlungen zu beginnen. Zielintentionen, die in Ausführungsintentionen umgewandelt wurden, werden dreimal so oft in Handlung umgesetzt, wie Zielintentionen, bei denen dies nicht der Fall war. Weil sie an situationale Bedingungen gekoppelt sind, haben Ausführungsintentionen nachhaltige Effekte. Sie entfalten ihre Wirkung auch noch lange Zeit, nachdem die Intention gebildet wurde, wenn die spezifische Situation eintritt.

Gollwitzer führt diesen positiven Effekt von Ausführungsintentionen darauf zurück, dass situationsspezifische Schlüsselmerkmale leichter entdeckt werden, wenn in der präaktionalen Phase dafür bereits ein Konzept gebahnt wurde. In der Vorbereitungsphase werden mental bereits bestimmte situationale Bedingungen an die erwünschten Handlungsmuster gekoppelt. Tritt die entscheidende Situation dann ein, kann diese Situation für die Handlungssteuerung den Charakter eines Auslösers annehmen. Durch eine vorbereitend durchgeführte Ausführungsintention dient die Situation als auslösender Reiz für die geplante Reaktion. Die Handlungsinitiierung wird dann automatisch ausgelöst, es braucht nur wenig oder gar keine bewussten Verarbeitungsprozesse. Durch die vorbereitende Planung kann der implizite Modus direkt angesteuert werden. Gollwitzer (1999) schreibt: «Once people have formed implementation intentions, goal-directed behavior will be triggered automatically when the specified situation is encountered» (S. 501). Die Bildung von Ausführungsintentionen automatisiert den Beginn von zielrealisierenden Handlungen. Damit ist dies eine zweite Möglichkeit, wie ein Mensch bereits bei der präaktionalen Vorbereitung den impliziten Modus gezielt im Sinne der erwünschten Handlung präparieren kann.

1.2.6 Die Handlung

Wenn ein Mensch dafür gesorgt hat, dass für die neu entwickelte Zielintention präzise Ausführungsintentionen geplant und genügend Gelegenheiten zum Priming hergestellt wurden, dann sollte er in der Lage sein, endgültig mit dem zielrealisierenden Handeln zu beginnen. In der Tat schaffen alle diese Vorbereitungen optimale Bedingungen für zielrealisierendes Handeln. In vielen Fällen berichten die Menschen spätestens nach Beendigung der präaktionalen Vorbereitung über deutlich wahrnehmbare Erfolge, die gewünschte Handlung wird vollzogen. Trotzdem kann es immer noch geschehen, dass in bestimmten Situationen die Ausführung der gewünschten Handlung nicht gelingt. Dies ist vor allem in solchen Situationen der Fall, die *überraschend* und nicht *vorhersehbar* eintreten. Durch die Tatsache, dass er nicht vorhersehbar ist, kann dieser Situationstyp präaktional eigentlich nicht in die Planung miteinbezogen werden, denn er ist ja gerade dadurch definiert, dass etwas passiert, das völlig ungeplant verläuft. «Das Verkaufsgespräch verlief bestens, aber auf einmal hat der Kunde über sein Handy einen Anruf erhalten und ab da war er so gereizt, dass ich wieder einmal in mein altes, unsicheres Verhalten zurückgefallen bin.»

Auch dieser Situationstyp ist wissenschaftlich gut erforscht. Eine der besten Analysen hierzu stammt von Wahl (1991), sein Buch hat den Titel «Handeln unter Druck». Er hat die Analyse dieses Situationstyps zunächst am Beispiel des zielrealisierenden Handelns von Lehrkräften entwickelt. Inzwischen wurden seine Untersuchungen aber auch auf «Weltklasse-Athleten in Sportarten wie Tischtennis und Karate» (Wahl, 2001, S. 170) ausgedehnt. In Anlehnung an die bekannte Lohhausen-Studie von Dörner und seinen MitarbeiterInnen (1983) präzisiert Wahl (1991, S. 9f) für pädagogische Kontexte, wie ein solcher Situationstyp in der Lage ist, trotz guter Vorbereitung und präziser Ausführungsintentionen einen Menschen davon abzubringen, entsprechend seiner Zielsetzung zu handeln. Im folgenden ist Wahls Analyse einer Unterrichtssituation dargestellt.

- Die *Komplexität* der Situation ist sehr hoch. Von der Lehrkraft berücksichtigt werden müssen: Raumgrösse, Sitzordnung der Lernenden, Zeitvorgaben, Lerninhalte, die transportiert werden sollen, didaktische Gestaltung des Unterrichts, Regeln für den Umgang der beteiligten Personen untereinander, Vorwissen der Lernenden, persönliche Eigenschaften der Lehrkraft und der Lernenden, Motivation, Ängste, Hoffnungen etc.
- Zwischen den einzelnen Komponenten dieser komplexen Situation können vielfältige *Vernetzungszusammenhänge* mit unterschiedlichsten Kausalitätsverbindungen bestehen.
- Ein Teil der Komponenten ist der Lehrkraft bekannt, ein Teil nicht. Gleiches gilt für die Vernetzungszusammenhänge. Dies Situation ist daher bis zu einem gewissen Grad durch *Intransparenz* gekennzeichnet.
- Die Lehrkraft verfolgt nicht nur ein Ziel, sondern viele Ziele gleichzeitig: Lernstoff vermitteln, Zeit einhalten, angenehme Atmosphäre schaffen, guten Kontakt zu den Lernenden halten, sie will als kompetent wahrgenommen werden, zu aktiver Mitarbeit motivieren etc. In Anlehnung an Dörner (1983) nennt Wahl dieses Situationsmerkmal *Polytelie.*
- Nicht genug, dass pädagogische Situationen meistens polytelisch sind, es kommt noch schlimmer: die zahlreichen Ziele sind *oftmals unklar definiert,* die Lehrkraft arbeitet dann in einer Art Nebelfeld.
- In vielen Fällen sind die Ziele *kontradiktorisch,* so dass die Lehrkraft, wenn sie ein Ziel verfolgt, ein anderes verunmöglicht oder aufgeben muss. Starke Betonung der stofflichen Ziele kann sich negativ auf das Lernklima auswirken, ein intensives Eingehen auf individuelle Beiträge kann vom Thema wegführen, eine stark strukturierte Planung wiederum kann sich negativ auf die Spontaneität und Motivation der Lernenden auswirken etc.
- Das Geschehen in diesen Situationen entwickelt sich außerdem nicht linear-vorhersehbar, sondern es verändert sich im Rahmen von selbstorganisierenden Prozessen. Die ablaufenden Prozesse haben eine akteurunabhängige *Eigendynamik.*
- Die Eigendynamik des Systems bringt die Lehrkraft immer wieder in unvorhersehbare Situationen. Die Lehrkraft muss dann reagieren,

steht dabei zusätzlich aber oft unter hohem *Erwartungs- und Bewertungsdruck.*

- Gleichzeitig sind die Entscheidungszeiten knapp bemessen, die Lehrkraft handelt also auch noch unter *Zeitdruck.*

Abgesehen davon, dass all diese Elemente auf jede ganz normale Schulstunde zutreffen und keineswegs dem anekdotischen Gruselkabinett der LehrerInnenbildung entsprungen sind, weist Wahl darauf hin, dass nicht nur Lehrkräfte zwecks Ausübung ihres Berufs in derartige Situationen gestellt sind. Im Management finden wir Ähnliches, genauso wie in der Notfallchirurgie, FluglotsInnen kennen diese Situationen, wie auch zahlreiche Arten von Menschen, die zu Wettkämpfen in beliebigen Disziplinen antreten. Dann und Krause (1988) schreiben: «Überschreiten spezifische Belastungsbedingungen eine kritische Schwelle, so kommt es zur Desorganisation der Handlung. Dabei verliert die übergeordnete zielorientierte Steuerung ihre koordinierende Funktion, und routiniert-reflexhafte Verhaltensmuster verselbständigen sich» (S. 274). Aufgrund solcher Überlegungen entwickelt Wahl seine Definition von «Handeln unter Druck». Diese Art des Handelns ist dadurch gekennzeichnet, «dass ohne Ausnützen aller verfügbaren externen und internen Informationen, sowie ohne Ausschöpfen der eigenen Problemlösungskompetenzen bei variierender emotionaler Beteiligung der Akteur sich im Realitätsausschnitt orientieren und sich für das Ergreifen oder Unterlassen von Maßnahmen entscheiden muss.» (Wahl, 1991, S. 11)

Wesentlich ist für Wahl die Frage danach, wie Menschen darin ausgebildet werden können, auch in derlei schwierigen Situationen Handelnde zu bleiben, das heisst menschliche Wesen, die zielgerichtet und im Einklang mit ihren persönlichen Motiven und Interessen sowie unter sinnvoller Einbeziehung der Systemkomponenten, innerhalb derer sie tätig sind, diejenigen Handlungen vollziehen, die sie gerne vollziehen wollen. In der Handlungstheorie differenziert man in dieser Hinsicht zwischen reaktivem *Verhalten* und zielgerichtetem *Handeln.* Krause (1982) beschreibt den Unterschied zwischen reaktivem Verhalten und Handeln folgendermaßen: «Reaktives Verhalten ist reizgesteuert und vor allem an vorangegangenen Erfahrungen orientiert, die bei häufiger Wiederholung von Reaktionsreihen zur Bildung von Routinen führen... Handlungen hingegen werden von Aufgaben gesteuert. Sie sind durch ihren zielgerichteten Verlauf charakterisiert... Handlungen schließen allerdings reaktive Verhaltensanteile (Routinen und Reflexe) in sich ein, die jedoch im Gegensatz zum oben genannten rein reaktiven Verhalten nunmehr vom Akteur gezielt auf die Aufgabenbewältigung hin eingesetzt werden» (S. 97). Was die Situationen des Handelns unter Druck betrifft, so muss daran gearbeitet werden, die alte, unerwünschte Verhaltensroutine durch eine neue Handlungsroutine zu ersetzen. Handlungsroutinen laufen zwar, wenn sie gut trainiert sind, genauso automatisiert ab wie Verhaltensroutinen. Im Unterschied zu den unerwünschten Verhaltensroutinen sind sie jedoch erwünscht und ermöglichen zielgerichtete Aktivität.

Um auf diesem Gebiet nachhaltige Trainingserfolge zu erreichen, bedarf es der Ausdauer, kurzfristige Erfolge sind hier eher die Ausnahme als die Regel. Wahl schreibt: «Solche Änderungen zu erreichen, das ist schwierig. Denn hier greift man in Strukturen ein, die – wie Messner und Reusser (2000, S. 282f) klar herausstellen – dem Akteur selbst in hohem Maße verborgen sind. Diese Strukturen sind zwar eindeutig bewusstseinfähig und reflexiv bearbeitbar, aber dafür müssen erst die entsprechenden Voraussetzungen geschaffen werden» (2001, S.160). Nach den Erkenntnissen, die zum Erwerb von implizitem Wissen vorliegen, das in schwierigen Situationen die Handlungssteuerung übernimmt, muss für den Erwerb solcher Automatismen, die auch in schwierigen *und* überraschenden Situationen zuverlässig greifen, der lang dauernde Weg des bewussten Lernens, Übens und Trainierens beschritten werden, der im vorigen Kapitel schon angesprochen wurde. Von einer neu gebildeten Intention kann nicht erwartet werden, dass sie in Situationen des Handelns unter Druck nachhaltig wirkt, selbst wenn gute Primingbedingungen und präzise formulierte Ausführungsintentionen vorliegen. Für einen Menschen, der damit beginnt, auf eine neue Art zu handeln, kann es sehr entlastend sein, dies zu wissen. Die Kenntnis der verschiedenen Stufen, in denen der implizite Handlungsmodus sich entwickelt, erzeugt «recovery self-efficacy» im Sinne von Marlatt et al. (1995). Mit diesem Begriff beschreiben die Autoren die Fähigkeit, auch angesichts von Misserfolgen und Rückschlägen das Selbstwirksamkeitserleben aufrecht zu erhalten. Hat ein Mensch hierzu keine Konzepte zur Verfügung, besteht die Gefahr, aus einer Enttäuschung heraus das einmal gefasste Ziel – unnötigerweise! – zu früh aufzugeben.

1.3 Die Phasen des Zürcher Ressourcen Modells

Das ZRM-Training ist in fünf Phasen aufgeteilt, deren theoretischer Hintergrund auf dem Zürcher Ressourcen Modell beruht. Im folgenden Text werden die theoretischen Hintergründe der fünf Phasen des ZRM-Trainings dargestellt. Die Reihenfolge der Darstellung orientiert sich am Ablauf des Trainings. Wie hängen der Rubikon-Prozess und das Zürcher Ressourcen Modell zusammen? Das Zürcher Ressourcen Modell und das ZRM-Training orientieren sich an der allgemeinen Arbeitsrichtung, die der Rubikon-Prozess vorgibt. Dieses Vorgehen ermöglicht es, im Laufe des Trainings alle Problemkonstellationen, die gemäß der Überlegungen, wie sie der Rubikon-Prozess beinhaltet, dazu beitragen können, dass ein Mensch nicht zielrealisierend handeln kann, systematisch zu bearbeiten. Weil der Rubikon-Prozess ein theoretisches System darstellt, das Zürcher Ressourcen Modell jedoch im Hinblick auf praktische Umsetzung entwickelt wurde, werden die einzelnen Phasen teilweise unterschiedlich stark gewichtet und bearbeitet.

Phase 1 des Zürcher Ressourcen Modells befasst sich mit dem Übergang vom Bedürfnis zum Motiv. Phase 2 hat das Überschreiten des Rubikon zum Thema. In Phase 3 des Zürcher Ressourcen Modells wird ein Ressourcenpool erarbeitet, dies fällt in der Logik des Rubikon-Prozesses unter das Thema «präaktionale Vorbereitung», mit dem Fokus auf der Vorbereitung der Automatisierung des Zieles auf verschiedenen Ebenen. Auch Phase 4 des Zürcher Ressourcen Modells befasst sich noch mit der präaktionalen Vorbereitung, allerdings mit dem Schwerpunkt auf Ausführungsintentionen. Im Rubikon-Prozess erfolgt im Anschluss an die präaktionale Vorbereitung die Handlung. Die Handlung selbst kann jedoch strenggenommen nicht mehr Thema eines Trainings sein, da die Teilnehmenden sich zu diesem Zeitpunkt ja nicht mehr innerhalb des Trainings befinden. Trotzdem ist es möglich, bereits im Training noch zusätzliche transfersichernde Maßnahmen in die Wege zu leiten, die sicherstellen, dass auch «draußen» im Alltag noch Unterstützung bereitsteht.

Dies ist Thema der Phase 5 des Zürcher Ressourcen Modell, das sich mit sozialen Ressourcen befasst. Der Rubikon-Prozess selbst wird im ZRM-Training meistens nicht explizit thematisiert, darum findet er sich auch im Trainingsmanual nicht wieder. Er dient auf theoretischer Ebene als handlungsleitende Basistheorie, die ein systematisches Vorgehen erlaubt. Je nach Interessenlage der Teilnehmenden und zur Verfügung stehendem Zeitbudget ist es aber auch gut möglich, die Theorie des Rubikon-Prozesses im Verlauf des ZRM-Trainings in einem Impulsreferat einzuführen; dies bleibt jedoch fakultativ, für den Ablauf des Trainings selbst ist dies nicht zwingend notwendig.

1.3.1 ZRM-Phase 1: Das Thema

In der ersten Phase des ZRM-Trainings geht es darum, gleich zu Beginn die Ressourcen der KlientInnen zu aktivieren und dadurch Änderungsmotivation aufzubauen. Ressourcenaktivierung ist nach Grawe (1998) einer der wichtigsten Wirkfaktoren von erfolgreicher Psychotherapie. Um Ressourcenaktivierung zu erzeugen, kann grundsätzlich mit einem sehr breit gefassten Ressourcenbegriff gearbeitet werden. Als Ressource kann nach Grawe «jeder Aspekt des seelischen Geschehens und darüber hinaus der gesamten Lebenssituation eines Patienten aufgefasst werden, also zum Beispiel motivationale Bereitschaften, Ziele, Wünsche, Abneigungen, Interessen, Überzeugungen, Werthaltungen, Geschmack, Einstellungen, Wissen, Bildung, Fähigkeiten, Gewohnheiten, Interaktionsstile, physische Merkmale wie Aussehen, Kraft, Ausdauer, finanzielle Möglichkeiten und das ganze Potenzial der zwischenmenschlichen Beziehungen eines Menschen… Die Gesamtheit all dessen stellt, aus der Ressourcenperspektive betrachtet, den Möglichkeitsraum des Patienten dar, in dem er sich gegenwärtig bewegen kann oder, anders ausgedrückt, sein positives Potenzial, das er in den Veränderungsprozess einbringen kann … Ressourcenaktivierung heisst nun, unter der Vielzahl dieser Merkmale solche aufzuspüren, die für den Patienten motivational stark besetzt und für sein Selbstwertgefühl besonders wichtig sind, und diese für den therapeutischen Veränderungsprozess zu mobilisieren» (S. 34).

Grawe führt zwei Kriterien an, wie aus der Vielzahl der möglichen Ressourcen, die einem Klienten zu Verfügung stehen, diejenigen Elemente ausgewählt werden sollten, die im Dienste der psychischen Entwicklung als Unterstützung herangezogen werden können. Sie sollen *motivational stark besetzt* und für das *Selbstwertgefühl wichtig* sein. Im ZRM wird zusätzlich zu diesen beiden von einem dritten Kriterium ausgegangen. Um sicherzustellen, dass die KlientInnen auch möglichst bald mit ihren aktivierten Ressourcen arbeiten können und damit die Transfereffizienz des Trainings zu erhöhen, sollte dringend darauf geachtet werden, dass in die Entwicklungsarbeit nur diejenigen Ressourcen miteinbezogen werden, auf die die KlientInnen *leichten Zugriff* haben. Dies können *persönliche Potenziale* sein, die ohne größere Schwierigkeiten aktiviert werden können. Einer Frau, die einen bestimmten Aspekt ihrer Weiblichkeit entwickeln möchte, kann zum Beispiel im Verlauf ihrer Entwicklungsarbeit einfallen, dass sie in ihrer Jugend begeistert getanzt hat und dass sie inmitten der Doppelbelastung von Beruf und Familie dafür seit vielen Jahren keine Zeit mehr gefunden hat. Die Erinnerung an das Tanzen bringt sie in unmittelbaren Kontakt mit einem sehr begehrenswerten Körpergefühl, mit Erinnerungen an Erotik und der Gewissheit, attraktiv zu sein – eigentlich genau der Erlebnisraum, der ihr in den letzten 20 Jahren abhanden gekommen war. Tanzen ist für diese Frau eine Ressource, die schnell wieder aktiviert werden kann und wäre im Rahmen des ZRM-Trainings darum ein Arbeitselement, das als empfehlenswert betrachtet wird.

Außer mit persönlichen Potenzialen kann auch mit *Ressourcen aus der Außenwelt* gearbeitet werden, vorausgesetzt, sie sind möglichst leicht zugänglich. Eine Frau mit einer ähnlichen Thematik wie die oben beschriebene Klientin könnte zum Beispiel ihre Hippie-Zeit als ressourcenhaltige Erinnerung entdecken, in der sie viel unterwegs war, frei und ungebunden ihrer Reiselust gefrönt hat. Wenn nun diese Klientin beschließt, im übernächsten Urlaub die Transsibirische Eisenbahn zu buchen und sich damit einen lange gehegten Traum zu verwirklichen, ist dies ein guter Plan, der in dieser Eigenschaft im Rahmen des ZRM-Trainings auch sicher unterstützt würde. Es sollte jedoch dringend darauf geachtet werden, dass diese Klientin auch Ressourcen entdeckt, die unmittelbar in ihren Alltag eingebaut werden können. Da kann dann zum Beispiel ein bestimmter Aussichtspunkt unter einem alten Baum gleich um die Ecke im Wald eine im Hinblick auf die Erzeugung des erwünschten Freiheitsgefühls zunächst sehr viel besser verfügbare Ressource sein, als der Eisenbahntraum in zwei Jahren.

Ein erstes wesentliches Spezifikum des ZRM-Trainings findet sich darin, wie gleich zu Beginn mit der Ressourcenaktivierung verfahren wird. Aufbau von Änderungsmotivation muss sich an den relevanten «current concerns» (Klinger, 1977), i. e. den subjektiv bedeutsamen Themen der KlientInnen orientieren, darüber besteht in der Literatur weit gehend Einigkeit. Die Schwierigkeit bei dieser Phase des therapeutischen Prozesses liegt in der korrekten Identifikation der subjektiv bedeutsamen Themen der KlientInnen. Kanfer et al. (1990) weisen darum zurecht auf mögliche Fehlerquellen bei einem solchen Prozess hin: «Wenn wir lediglich aufgrund unserer eigenen Ideen gewisse Schlussfolgerungen über Ziele und Pläne von Klienten ziehen, besteht immer die Gefahr, dass wir glauben, *deren* Pläne zu kennen, während wir genau genommen nur unsere eigenen Phantasien von den Plänen der Klienten formulieren» (S.265).

In der Art und Weise, wie die current concerns, im ZRM-Training «Themen» genannt, erarbeitet werden, bestehen deutliche Unterschiede zwischen verschiedenen psychotherapeutischen Richtungen. Ein bekanntes Vorgehen ist in der Verhaltenstherapie die so genannte «Plananalyse» eine «strukturierte motivationale Klärungsarbeit... mit der expliziten Vorgabe, damit die Voraussetzungen für gezielte Problemlösungsmaßnahmen zu schaffen» (Grawe, 1998, S. 51). In humanistischen Psychotherapieverfahren sichert man das Auftauchen von «current concerns» dadurch, dass man es weit gehend den KlientInnen überlässt, worüber sie sprechen wollen. Auch in nicht-therapeutischen settings, beim Coaching und in der Beratung wird die Veränderungsarbeit oft mit einer Standortbestimmung begonnen. Mehr oder weniger deutlich ausgesprochen wird in vielen dieser Vorgehensweisen davon ausgegangen, dass KlientInnen jederzeit bewussten Zugang zu ihren wichtigen Themen haben. Anders stellt sich die Eingangsvoraussetzung bei psychoanalytisch und tiefenpsychologisch orientierten Verfahren dar.

Für die Theoriebildung und das Methodeninventar psychoanalytischer und tiefenpsychologisch orientierter Psychotherapieformen ist es seit Beginn der Denktätigkeit von Ahnvater Freud eine Selbstverständlichkeit, davon auszugehen, dass Menschen über unbewusste Wünsche verfügen, deren Erfüllung beziehungsweise Nichterfüllung starken Einfluss auf das subjektiv erlebte Wohlbefinden und auf die seelische Gesundheit nehmen kann. Lange Zeit fanden sich entsprechende Schulen, gemessen am Standard der akademischen Psychologie, jedoch in der Esoterikecke. Ihre Theoriebildung wurde zur Metaphysik erklärt, in akademischen Kontexten von unbewussten Vorgängen zu sprechen war riskant.

Umso erfreulicher ist die Tatsache, dass die akademische Psychologie sich in den letzten Jahren ernsthaft mit dem Unbewussten zu befassen beginnt. Ein wichtiger Faktor, der dies ermöglicht hat, sind sicher die Neurowissenschaften. Mit ihren seit den 90erJahren zur Verfügung stehenden Bild gebenden Verfahren zur Analyse von Gehirntätigkeit haben sie vielfach den Beweis erbracht, dass ein großer Anteil menschlichen Fühlens und Handelns von unbewusst verlaufenden Prozessen gesteuert wird. Während die ersten psychoanalytischen Denkerinnen und Denker noch weit gehend auf Spekulationen angewiesen waren, um das Ineinandergreifen unbewusster Vorgänge zu erklären, bemühen sich immer mehr PsychoanalytikerInnen heutzutage darum, die psychoanalytische Theoriebildung über die Funktionsweise des Unbewussten an die Ergebnisse der Neurowissenschaften anzuschließen (Deneke, 2001; Fonagy, 1999; Slipp, 2000; Koukkou, Leuzinger-Bohleber, Mertens, 1998a,1998b).

Kuhl (2001) unterstützt den Einbezug der klassischen Psychoanalyse in die akademische Psychologie, wenn er schreibt: «Trotz Freuds bahnbrechender Erkenntnisse bedarf es auch heute noch eines erheblichen Argumentationsaufwands, die These zu erläutern, dass Versuchspersonen in ihren Selbstbeurteilungen oft «mehr erzählen, als sie überhaupt wissen können»: Das Bewusstsein generiert laufend Erklärungen, auch dort, wo die wahre Erklärung gar nicht bekannt sein kann (Nisbett & Wilson, 1977; Wegner & Wheatley, 1999). Nicht selten kreisen die Erklärungen um eigene oder fremde Absichten oder irgendeinen vermuteten Sinnzusammenhang. Im Alltag können wir oft nicht überprüfen, ob die Angaben einer Person über ihre Absichten die wirklichen, handlungsveranlassenden Kräfte beschreiben» (S. 34f).

Grawe (1998) schreibt: «Gerade in der Psychotherapie haben wir es nach meiner Ansicht oft mit dem Sachverhalt zu tun, dass Menschen gleichzeitig mehrere Intentionen verfolgen, die aber eigentlich miteinander unvereinbar sind und sich in ihrer Realisierung gegenseitig behindern. Wir sprechen dann von Konflikten. Bezeichnend ist aber, dass solche widersprüchlichen Intentionen sehr oft nicht bewusst als Konflikt erlebt werden. Es scheint mir deshalb zutreffend, wenn psychodynamische Therapeuten von unbewussten Konflikten sprechen und ihrer Bearbeitung und Auflösung eine große Bedeutung für das Erzielen guter Therapieerfolge zumessen» (S.74).

Im ZRM wird davon ausgegangen, dass, um ein therapeutisch bedeutsames Bild der vorliegenden «current concerns» eines Klienten zu erhalten, unbewusste wie bewusste Inhalte gleichermaßen in den Arbeitsprozess miteinbezogen werden müssen. Eine klassische Methode, um unbewusste Inhalte zu erfassen, sind projektive Tests. Bei der Anwendung dieser Verfahren wird davon ausgegangen, dass entsprechendes Bildmaterial unbewusste Vorgänge aktivieren kann. Unbewusste Inhalte werden auf geeignetes Material projiziert. Obwohl projektive Verfahren, gemessen an testtheoretischen Gütekriterien, nicht immer unumstritten sind, gibt es gute Gründe dafür, sie in ihrer Eigenschaft als reflexions- und gesprächsgenerierende Stimuli im Rahmen von Beratungsgesprächen einzusetzen (Schaipp, 2001). Kuhl (2001) empfiehlt nach einem ausführlichen Literaturüberblick «projektive Verfahren als Methoden zur Ermittlung *impliziter* Gedächtnisinhalte…, die mit direkten Abfragemethoden nicht messbar sind». (S. 598).

Traditionell werden projektive Verfahren herangezogen, um innerpsychischen Konflikten, wie von Grawe beschrieben, auf die Spur zu kommen. Entsprechend stellt das Bildmaterial oft Situationen dar, die konfliktthematisierende Projektionen auslösen können. Dieses Vorgehen ist unter einer konsequenten Ressourcenperspektive jedoch nicht optimal. Die Bildkartei des ZRM-Trainings, die den KlientInnen den Einstieg in die Entwicklungsarbeit ermöglichen soll, beinhaltet daher nur Bilder mit ressourcenhaltigem Material. Dies sind zum Beispiel florale Motive, Bilder von schönen Landschaften, Tierbilder, Szenen von Menschen in erfreulichen interaktiven – oder Einzelsituationen. Die Trainingsteilnehmenden bekommen die Aufforderung, das Bild auszuwählen, das in ihnen einen *positiven somatischen Marker* auslöst. Präzise Angaben zum genauen Vorgehen finden sich im Trainingsmanual im Kapitel 2.1.1.3. Durch diese Art der Bildauswahl ist dreierlei sichergestellt: Dadurch, dass der Fokus auf einen positiven und nicht einen negativen somatischen Marker gerichtet wird, bekommen die KlientInnen Zugang zu dem, was sie erreichen wollen, nicht zu dem, was sie momentan bedrückt. In diesem Sinne wird bereits erstmals eine Ressource aktiviert. Dadurch, dass die Bildauswahl über somatische Marker und nicht über bewusste Wahlentscheide erfolgt, ist sichergestellt, dass auch allfällig vorhandene unbewusste Inhalte eine erste Chance haben, sich artikulieren zu können. Im Sinne Grawes (1998, S. 80) wird durch den Verweis auf somatische Marker außerdem von Anfang direkt und systematisch der Zugang zu affektiven Schemata der KlientInnen ermöglicht. Dies bringt im Rahmen des Modells der Bearbeitungstiefe von therapeutisch relevanten Themen nach Sachse (1992) eine größere Bearbeitungstiefe und damit eine bessere Aussicht auf Therapieerfolg mit sich.

Im weiteren Verlauf des Trainings werden die Informationen, die aus dem unbewussten, impliziten Gedächtnissystem stammen, in die bewusste Vorsatzbildung mit einbezogen. Dafür ist es nötig, dass die KlientInnen zusätzlich zu ihrer positiven somatischen Reaktionen auch bewusste, sprachlich formulierbare Informationen zu ihrem Bedürfnis entwickeln. Hierzu werden im ZRM-Training Assoziationen gesammelt und ausgewertet. Auch diese Vorgehensweise orientiert sich am psychoanalytischen Umgang mit Material aus dem Unbewussten. Im ZRM-Training geschieht dies «Anreicherung» des Bildmaterials durch sprachliche Assoziationen in einem eigens hierfür entwickelten Gruppenverfahren, dem «Ideenkorb». Diese Technik wurde entwickelt, um mit einfachen Verfahrensregeln auch

Laien die konstruktivistische Erkenntnistheorie (Schmidt, 1987) nahezubringen. Eine konstruktivistische Grundhaltung ist für diese Übung deswegen notwendig, weil es bei dem Sammeln von Assoziationen zum ausgewählten Bild einer Person im ZRM-Training nicht darum geht, über «objektive» und «richtige» Interpretationen zu diskutieren. Aufgabe der Gruppenarbeit ist es *ausschließlich*, reichhaltiges Material für den Ideenkorb der Person, deren Bild gerade besprochen wird, zu produzieren. Die Auswahl der Assoziationen aus dem Ideenkorb nimmt dann jede Person für sich alleine vor. Dies geschieht durch das Kriterium «welche Assoziation hat bei mir einen *positiven* somatischen Marker ausgelöst?». Auch hier wird die Ressourcenperspektive konsequent beibehalten. Am Ende der Phase 1 haben die Teilnehmenden aufgrund der Bildauswahl und der anschließenden Gruppenarbeit eine erste sprachliche Rohfassung ihres Themas erarbeitet.

Die Themen, so wie sie im ZRM-Training als Ergebnis der Phase 1 vorliegen, unterscheiden sich deutlich von den Themen, so wie sie nach einer «klassischen» Problemanalyse fassbar geworden sind. Um beim Beispiel der Klientin zu bleiben, über deren Ressource weiter oben schon gesprochen wurde: Die Frau mit der Liebe zum Tanzen kann im Sinne einer Problemanalyse vermutlich eine lange Liste von Schwierigkeiten aufzählen: Sie fühlt sich ausgebrannt, die Beziehung zu ihrem Mann ist emotional und sexuell distanziert, die Kinder sind ihr eher eine Last als eine Freude, sie weiss nicht, ob sie ihr Leben richtig ausgerichtet hat, sie empfindet keine Freude mehr und denkt manchmal sogar schon, ob dies nun alles gewesen sein soll. Sie hat das Gefühl, nur noch zu funktionieren. In dieser Beschreibung findet sich eine Fülle von Themen, bei denen verschiedene Therapierichtungen vermutlich auch verschieden ansetzen würden. Es macht Sinn, in der Vergangenheit zu suchen und zu erforschen, woher das große Pflichtgefühl kommt und die Vorstellung, immer etwas leisten zu müssen, um liebenswert zu sein. Mit Sicherheit finden sich entsprechende Spuren in der Eltern-Kind-Beziehung. Auch paartherapeutisch sind viele Ansatzpunkte zu sehen. Genausoviel Sinn macht eine systemische Vorgehensweise, die das gesamte Familiensystem plus allenfalls berufliche soziale Netze in die Entwicklungsarbeit mit einbezieht.

Das ZRM-Training schließt all diese Überlegungen keineswegs aus. Nur: sie stehen am *Ende* des Rubikon-Prozesses und *nicht* am Beginn. Zu Beginn dieses Prozesses geht es darum, allfällig vorhandene unbewusste Bedürfnisse aufzuspüren, dies erfolgt im ZRM-

Training unter einer Ressourcenperspektive. Es wird danach gesucht, was Menschen gerne wollen und nicht danach, was ihnen Sorgen bereitet. Konsequente Ressourcenaktivierung heisst, die Klientin zunächst in Kontakt mit guten Gefühlen zu bringen und nicht mit schlechten. In der Sprache der Neurowissenschaft würde man sagen: Es muss zu Beginn ein neuronales Netz aktiviert werden, das den erwünschten Zustand repräsentiert, das ist der ressourcenorientierte Einstieg in die Entwicklungsarbeit. Der Zugang zu den belastenden neuronalen Netzen ist bei den Menschen, die gerne etwas ändern möchten, ja besser gewährleistet, als ihnen lieb ist, sonst würden sie keine professionelle Hilfe suchen. Zurück zur Klientin aus dem Beispiel: Diese Frau hat bei der Betrachtung der Bildkartei einen starken positiven somatischen Marker bei einem Bild einer russischen Malerin, das eine Gruppe von Frauen und Männern zeigt, die sich an den Händen fassend einen Kreis bilden und sich in einem wilden Tanz drehen. Als sie im Plenum von ihrem Bild erzählt, sind bei ihr deutlich gerötete Wangen zu beobachten und sie berichtet, dass sie richtig Herzklopfen bekommen hat, als sie dieses Bild das erste Mal bewusst wahrgenommen hat. Im «Ideenkorb» bekommt sie dann von ihrer Kleingruppe eine Fülle von ressourcenhaltigen, liebevollen Assoziationen zu ihrem Tanzbild.

Der «Ideenkorb» erfüllt in dieser ersten Phase des Trainings mehrere Funktionen: *Erstens* helfen die Assoziationen der Kleingruppe der Bildbesitzerin, die Gründe für ihre starke positive Reaktion auf dieses Bild bewusst zu explorieren. Der Hinweis eines Kleingruppenmitgliedes zum Beispiel, dass in diesem Bild die Rottöne dominieren, macht der Klientin bewusst, dass sie in ihrem Beruf als Bankerin alle Rottöne aus ihrem Kleidungsrepertoire verbannt hat, weil sie das bisher als nicht «business-like» empfunden hat. *Zweitens* trägt das ressourcenorientierte Gespräch in der Kleingruppe zur sozialen Konstruktion von Wirklichkeit bei. Die Klientin erlebt in der Gruppe Akzeptanz und Empathie, wichtige heilsame Faktoren der Gesprächstherapie nach Rogers. *Drittens* ermöglicht das «Ideenkorb-Arrangement» auf der Gruppenebene eine starke positive Zuwendung der Gruppenmitglieder untereinander. Die Kleingruppenmitglieder geben sich gegenseitig soziale Unterstützung. Dies fördert die Entwicklung einer guten Gruppenkohäsion. Am Ende der ersten Phase des Trainings hat diese Teilnehmerin dann nicht eine Liste mit Problemen, sondern sie hat das Thema «Lebensfreude, Ausgelassenheit und Tanz». Sie verbindet mit diesem Thema starke positive Emotionen.

1.3.2 ZRM-Phase 2: Vom Thema zum Ziel

1.3.2.1 Die Ausgangslage zu Beginn der Phase 2

In Phase 1 des ZRM-Trainings wurden allfällig vorhandene unbewusste Bedürfnisse bewusst gemacht. In der Terminologie des Rubikon-Prozesses würde man sagen: Die Bedürfnisse sind zu Motiven herangereift. Da wir während der Durchführung des ZRM-Trainings weit gehend auf Fremdworte verzichten, um auch durch den Sprachgebrauch ein unmittelbares Verstehen der stattfindenden Prozesse zu erleichtern, sprechen wir im Training nicht von unbewussten Bedürfnissen und bewussten Motiven, sondern umfassend vom aktuellen «Thema». Die Teilnehmenden schließen Phase 1 damit ab, dass sie unter dem Stichwort «mein Thema» für sich festhalten, in welchem Bereich ihrer aktuellen Lebenssituation sie gerne etwas verändern würden.

Der nächste Schritt besteht laut Rubikon-Prozess jetzt darin, das bewusste Motiv in eine Intention umzuwandeln, dabei muss der Rubikon überquert werden. Phase 2 des ZRM befasst sich daher mit der Überquerung des Rubikon und der Intentionsbildung. Statt des Fremdwortes «Intention» empfehlen wir im Umgang mit den Teilnehmenden während des ZRM-Trainings das Wort «handlungswirksames Ziel» zu benutzen. Die Aufgabe von Phase 2 besteht in der «Trainingssprache» darin, das Thema zu einem handlungswirksamen Ziel umzuarbeiten.

Wenn ZRM als Gruppenmethode angewandt wird, muss man davon ausgehen, dass die einzelnen Teilnehmenden sich bezüglich der Reifungsstadien ihrer Bedürfnisse bzw. ihrer Motive an verschiedenen Stellen des Rubikon-Prozesses befinden. Zu Beginn der Arbeit in Phase 2 haben wir es normalerweise mit drei Gruppen von Teilnehmenden mit unterschiedlich ausgebildeten Motivtypen zu tun.

Typ 1: die alternativen Motive

Dieser Typ hat in Phase 1 ein Bedürfnis entdeckt, das ihm vorher überhaupt noch nicht bewusst gewesen war. Ein Beispiel hierfür wäre eine Geschäftsfrau, die sich für ihre Weiterbildung das ZRM-Training zum Thema «Selbstmanagement» ausgewählt hat, weil sie sich davon verspricht, die anfallende Arbeit noch effektiver zu erledigen. Ihr bewusstes Motiv ist es, noch mehr und noch besser zu arbeiten. In Phase 1 hat ihr System der somatischen Marker jedoch auf ein Bild von einem sonnigen Palmenstrand positiv reagiert und nicht auf das Bild eines Menschen, der konzentriert seine Arbeit tut. Das lange vernachlässigte Bedürfnis nach Ruhe und Erholung ist in Phase 1 aufgetaucht. Sie beginnt Phase 2 dann im Prinzip wider ihre Erwartung nicht mit dem Thema: «Ich möchte meine Kräfte besser bündeln können» oder «Ich möchte zügiger meinen Schreibtisch abarbeiten» sondern zum Beispiel mit dem alternativen Thema: «Ich brauche mehr Ruhe», oder «Ich muss mich darum kümmern, dass ich meine Batterien wieder auftanke».

Typ 2: die ergänzten Motive

Dieser Typ hat vor Beginn des ZRM-Trainings ein Motiv zur bewussten Verfügung, das durch die Exploration der unbewussten Bedürfnisse nicht ersetzt, sondern ergänzt wurde. Ein Beispiel hierfür wäre eine Frau in den 50ern, die im traditionellen Sinn ihr Leben in den Dienst der Familie gestellt hat und die es jetzt nach Aufbruch zu neuen Ufern dürstet. Sie hat sich für ein Selbstmanagement-Training eingeschrieben, weil sie sich für ihre Aufbruchstimmung unterstützende Impulse erhoffte. Sie hat mit einem positiven somatischen Marker auf ein Bild von einem gemütlichen Bauernhaus mit Garten und Blumen an den Fenstern reagiert, von dem ein Weg wegführt, der hinter einer Biegung verschwindet. In der Gruppenarbeit zur Exploration dieses Bildes wurde deutlich, dass der Weg sie zwar nach wie vor sehr verlockt, dass aber die Sicherheit, die das Haus bietet, ebenfalls ein sehr wichtiger Faktor für ihr Wohlbefinden ist. In Ergänzung zu dem bewussten Teil ihrer Motivlage könnte diese Frau Phase 2 mit dem Thema beginnen: «Ich weiss auch nicht genau, ich hab eigentlich gedacht, dass ich mal weg von der Familie will, endlich mal etwas ganz allein für mich machen. Das will ich ja auch wirklich, deswegen bin ich ja hier imTraining. Aber jetzt in der Gruppenarbeit wurde mir grade klar, dass ich auch doch sehr an all dem hänge, was ich aufgebaut habe und dass ich doch ein Typ bin, der auch Sicherheit braucht. Außerdem hab ich ja meine Familie lieb, wir verstehen uns nämlich richtig gut!»

Typ 3: die bestätigten Motive

Dieser Typ hat mit einem bewussten Motiv das ZRM-Training begonnen, das durch die Arbeit in Phase 1 unterstützt und bestätigt wurde. Bei dieser Personengruppe ist im Unbewussten kein alternatives Bedürfnis vorhanden, auch keine wesentlichen ergänzenden Bedürfnislagen. Wenn mit Typ 3 in einer Einzelsituation gearbeitet wird, kann nach kurzer Exploration bezüglich unbewusster Bedürfnisse eigentlich sehr schnell mit der Überquerung des Rubikon begonnen werden, weitergehende motivationale Klärung ist in diesem Fall nicht nötig. In der Gruppensituation aber wird beim ZRM-Training mit allen Teilnehmenden die Rubikonlandschaft systematisch von links nach rechts durchlaufen, so dass Typ 3 auch eine ausführliche Exploration unbewusster Bedürfnisse erlebt. Phase 2 beginnt bei diesem Typ dann mit einer Bestätigung der ursprünglichen Absicht. Ein Beispiel hierfür wäre eine Frau oder ein Mann, die einen wichtigen Karriereschritt vor Augen haben. Das kann sein die Dissertation fertig zu schreiben, sich selbständig zu machen oder um eine höhere Position zu kämpfen. Das Motiv «den Karriereschritt angehen» ist bewusst vorhanden. Das Bild, das durch den positiven somatischen Marker ausgewählt wurde, zeigt das Matterhorn in der Morgensonne. Die von der Teilnehmerin oder dem Teilnehmer aus dem «Ideenkorb» ausgewählten Assoziationen der Gruppe beziehen sich auf die Themen: «Aufsteigen», «Kräfte einsetzen», «Ziel vor Augen haben», «sich nicht abbringen lassen» und «keine Unterbrechungen auf dem Weg zulassen».

1.3.2.2 Die drei Kernkriterien für ein handlungswirksames Ziel

Egal, in welcher Form, ob Typ 1, 2 oder 3, zu Beginn der Phase 2 des ZRM sind bewusst gewordene Motive vorhanden, die auf ihrem Weg zur Handlung jetzt den nächsten Reifungsschritt durchlaufen müssen, die Überquerung des Rubikon und damit die Herausbildung einer Intention. Im ZRM-Training geschieht dies, indem das Thema der Teilnehmenden zunächst anhand dreier Kernkriterien bearbeitet wird. Statt des Begriffs «Intention» wird im Training der Begriff «handlungswirksames Ziel» benutzt.

Die drei Kernkriterien eines handlungswirksamen Zieles sind:

- Die Teilnehmenden müssen ein Annäherungsziel formulieren.
- Die Realisierbarkeit dieses Annäherungszieles muss zu 100 Prozent unter ihrer eigenen Kontrolle liegen.
- Das Ziel muss durch einen deutlich beobachtbaren positiven somatischen Marker gekennzeichnet sein. Der Anschaulichkeit wegen nennen wir dieses Phänomen im ZRM-Training das «glückselige Grinsen».

In der akademischen Psychologie gibt es eine lange Tradition, die sich mit Zielen und deren Auswirkungen auf Handlungsergebnisse befasst. Es liegt auch eine Fülle von gut abgesicherten Ergebnissen dazu vor, wie verschiedene Arten von Zielen mit psychischem Wohlbefinden in Zusammenhang stehen und wie Ziele beschaffen sein müssen, damit eine hohe Motivation gewährleistet ist, dieselben auch umzusetzen (für ausführliche Überblicksartikel siehe Brunstein & Maier, 1996, Emmons, 1996 oder Gollwitzer & Moskowitz, 1996). Die drei Kernkriterien des ZRM zur Erarbeitung eines handlungswirksamen Zieles orientieren sich an diesen Ergebnissen der «goal-psychology». Im folgenden Text werden die einzelnen Kernkriterien und ihre theoretischen Grundlagen nacheinander besprochen.

Annäherungsziel statt Vermeidungsziel

Ein- und derselbe gute Vorsatz kann auf zwei verschiedene Arten sprachlich ausgedrückt werden. Wenn ein Mensch z.B. erkannt hat, dass es für ihn wichtig ist, dem Thema «Regeneration, Ruhe und Erholung» in seinem Leben mehr Raum zu geben, dann kann dieser Mensch diese Einsicht unterschiedlich in Worte fassen. Er könnte sagen: «Ich gönne mir Ruhe» oder er könnte sagen: «Ich lasse mich weniger hetzen.» Beiden sprachlichen Varianten liegt dasselbe Thema zugrunde. Darum, so könnte man meinen, ist es letztlich gleichgültig, wie dieses Thema sprachlich formuliert wird. Die Ergebnisse der wissenschaftlichen Forschung zeigen jedoch, dass die Art und Weise der Formulierung von Zielen äußerst konsequenzenreich sein kann. Ziele, in denen das Thema so formuliert ist, dass der Zustand, der erreicht werden soll, darin enthalten ist, werden Annäherungsziele genannt («Ich gönne mir Ruhe»). Ziele, die sprachlich den Zustand beschreiben, der vermieden werden soll, heißen Vermeidungsziele («Ich lasse mich weniger hetzen»). Menschen, die ihre Themen als Vermeidungsziele formulieren, zeigen weniger gute Stimmung, erhöhte Angst, reduzierte Lebenszufriedenheit und sogar eine schwächere Gesundheit (Gollwitzer & Moskowitz, 1996, S. 367). Elliot und Sheldon (1997) fanden heraus, dass Menschen mit Vermeidungszielen sich weniger kompetent fühlen, wenn es darum geht, ihre Ziele in Handlung umzusetzen. Die Beeinträchtigung des Kompetenzerlebens, die mit Vermeidungszielen einhergeht, so Elliot und Sheldon, hat auch negative Auswirkungen auf die zielrelevanten Leistungen und auf das psychische Wohlbefinden. Aufgrund ihrer Untersuchungen warnen sie sogar vor den negativen Auswirkungen von Vermeidungszielen: «The adoption of avoidance goals must be considered a psychological vulnerability in that it places one at risk for a host of negative experiences and outcomes» (ebd, S. 182).

Wie kommt es, dass Vermeidungsziele solch nachhaltig schädliche Wirkung entfalten können? Der Neurowissenschaftler Damasio geht davon aus, dass es «Vorstellungsbilder» sind, welche «die Grundlage geistiger Funktionen bilden» (1994, S. 130). Auch eine Absicht oder ein Ziel wird im Gehirn als Vorstellungsbild repräsentiert. Hierzu gibt es eine überzeugende psychologische Theorie von Wegner (1994), er nennt sie die «Theorie der ironischen Prozesse von mentaler Kontrolle». Ironische Prozesse von mentaler Kontrolle hat Wegner immer dann festgestellt, wenn Menschen sich vorgenommen haben, eine bestimmte Sache *nicht* zu tun. Zum Beispiel beim Gang zum Podium, wo die einführende Rede zu halten ist, sicher *nicht* zu stolpern. Aus leidvoller Erfahrung wissen die meisten Menschen, dass oftmals genau dann, wenn man sich fest vorgenommen hat, etwas *nicht* zu tun, das Nicht-Gewollte mit höchster Präzision und Zuverlässigkeit eintritt. Wegner führt diesen Sachverhalt darauf zurück, dass, um das Nicht-Gewollte zu vermeiden, zunächst mentale Vorstellungsbilder von dem Nicht-Gewollten erzeugt werden müssen, damit das, was vermieden werden soll, mental repräsentiert ist, um es dann, in einem zweiten Schritt, zu vermeiden. In der Sprache der Neurowissenschaften würde man davon sprechen, dass das neuronale Netz des unerwünschten Zustandes durch ein Vermeidungsziel aktiviert wird. Damit steigt aber ironischerweise die Wahrscheinlichkeit, dass gerade das Nicht-Gewollte handlungsrelevant wird, besonders in Situationen von hoher Komplexität, wenn nicht die volle Aufmerksamkeitskapazität dafür zur Verfügung steht, das unerwünschte Ziel zu vermeiden.

Mit diesen theoretischen Überlegungen lässt sich erklären, warum Menschen mit Vermeidungszielen im zielrealisierenden Handeln nicht so gut abschneiden wie Menschen mit Annäherungszielen. Ein Annäherungsziel wählt den «direkten» Weg, es erzeugt das Vorstellungsbild von dem Zustand, der angestrebt wird. Das entsprechende neuronale Netz wird aktiviert, und damit erhöht sich die Auftretenswahrscheinlichkeit des erwünschten Verhaltens. Die Hypnotherapie verfährt schon immer nach diesem Prinzip, denn es wird sehr sorgfältig darauf geachtet, dass nur diejenigen Inhalte als Suggestion formuliert werden, deren Eintreten auch hervorgerufen werden soll. «Sie brauchen nicht mehr an Belastendes zu denken» wäre in diesem Sinne eine falsche hypnotherapeutische Suggestion. Um den gewünschten Effekt der Beruhigung zu erreichen, wäre eine

Formulierung angebracht wie zum Beispiel: «Vielleicht können Sie schon spüren, wie sich die Ruhe mehr und mehr in ihrem Körper ausbreitet.»

Auch die negativen Auswirkungen von Vermeidungszielen auf das subjektive Wohlbefinden lassen sich erklären. Zum einen führen Vermeidungsziele aufgrund der bereits erwähnten ironischen Prozesse tatsächlich zu mehr Misserfolgen, gemessen am Ausgangsthema, für dessen Umsetzung in Handlung sie eigentlich sorgen sollen. Dies hat natürlich Auswirkungen auf das Kompetenz- und Kontrollerleben. Beeinträchtigungen im Kompetenz- und Kontrollerleben wiederum haben negative Auswirkungen auf das subjektive Wohlbefinden. Zum anderen ist die Wahrscheinlichkeit gering, dass Vermeidungsziele den Rubikon überhaupt nachhaltig passieren können, denn dazu gehört laut Rubikon-Modell eine starke positive Emotion. Kuhl (2001) geht davon aus, dass bei Vermeidungszielen die zu dem entsprechenden Vorstellungsbild gehörige negative Emotion «antizipatorisch aktiviert» wird (S. 754). Damit sinkt die Chance, dass ein Vermeidungsziel jemals mit soviel Enthusiasmus verfolgt wird wie ein Annäherungsziel, dessen Vorstellungsbild eine positive Emotion erzeugt. Der Effekt eines Vermeidungszieles ist daher oft ein dauerhaftes «schlechtes Gewissen», das man sich erspart hätte, wenn man sich dieses Ziel überhaupt gar nicht gesetzt hätte. In vielen Fällen kann man diesen Effekt bei den «Neujahrsvorsätzen» beobachten. Menschen mit einem ausgeprägten Gespür für ihr psychisches Wohlbefinden haben irgendwann ganz damit aufgehört, solche Vorsätze überhaupt zu fassen, weil sie die Erfahrung gemacht haben, dass sie zusätzlich zur Nichterreichung ihres Zieles auch noch den Ballast eines schlechten Gewissens mit sich herumschleppen müssen.

100 Prozent unter eigener Kontrolle

Dieses Kernkriterium des ZRM für ein handlungswirksames Ziel leitet sich aus der Erkenntnis des Rubikon-Prozesses ab, dass Motive desto eher den Rubikon passieren und zur Intention werden, je mehr ihre Realisierbarkeit gegeben ist. Je eher ein Mensch das Gefühl hat, mit eigenen Kräften eine bestimmtes Ziel auch erreichen zu können, desto größer ist die Motivation, sich nachhaltig für dieses Ziel einzusetzen. Von diesem Ergebnis der Motivationspsychologie führt eine direkte Verbindung zum Themenbereich der Kontrollüberzeugungen (Rotter, 1954). Dieser Erwartungstyp taucht in der Psychologie in zahlreichen Konzepten auf. Das Konzept der

Selbstwirksamkeit (self-efficacy) von Bandura (1997) ist zum Beispiel ein bekanntes Kontrollüberzeugungskonstrukt, dessen Auswirkungen auf die psychische und physische Gesundheit umfassend untersucht wurden. Es ist «die Erwartung, eine Handlung ausführen zu können, d.h. trotz innerer und äußerer Schwierigkeiten die («Willens»-) Kraft zu haben, die Handlung tatsächlich auszuführen» (Kuhl, 2001, S. 259). Verwandte Konzepte sind zu finden als Element des «sense of coherence» von Antonovsky (1979), der dieses Element des Kohärenzerlebens als «manageability» bezeichnet. Das Konzept der «hardiness» von Kobasa (1979) beinhaltet unter dem Stichwort «control» ebenfalls positive Kontrollüberzeugungen. Auch in den neueren Konzepten des Optimismus (Seligman, 1991) und der Resilienz (Flach, 1997; Walsh, 1998) tauchen positive Kontrollüberzeugungen als wichtige Determinanten psychischer Gesundheit auf. Allgemein lässt sich sagen, dass Menschen, die der Überzeugung sind, dass sie auch in schwierigen Situationen irgendetwas tun können, um ihre Lage zu verbessern, mit Stressituationen besser umgehen können, als Menschen, die in eine Opferhaltung geraten und Symptome der «gelernten Hilflosigkeit» (learned helplessness) (Seligman, 1975) entwickeln. Statt «reaktiv» handeln Menschen dann «proaktiv». «Sie haben eine Macher-Mentalität und sehen sich für die Lösung von Problemen als verantwortlich an, auch dann, wenn sie nicht selbst für deren Ursachen verantwortlich sind» (Schwarzer, 1998). Positive Kontrollüberzeugungen unterstützen Menschen entscheidend beim Umgang mit psychischen Belastungen. Flammer (1990) hat hierzu eine umfassende Übersichtsarbeit vorgelegt.

Während positive Kontrollüberzeugungen früher eher als festes Persönlichkeitsmerkmal behandelt wurden (trait) hat sich heute die Auffassung durchgesetzt, dass positive Kontrollüberzeugungen erlernbar sind. Seligman (1999) hat zum Beispiel ein Optimismustraining für Kinder entwickelt. Er ist der Ansicht, dass man, genauso wie man Hilflosigkeit lernen kann, auch Optimismus lernen kann, wenn man dabei professionell unterstützt wird. Schwarzer (1998) hat ein Training zur Förderung von Selbstwirksamkeit für Lehrkräfte entwickelt. Im Autonomietraining von Grossarth-Maticeck (2000) zur Förderung der Selbstregulationskompetenz besteht ein wesentliches Element der Arbeit darin, den Fokus des Beratungsgesprächs immer wieder darauf zu lenken, was die Person *selbst* zur Erhöhung ihres Wohlbefindens beitragen kann. Im ZRM zählen positive Kontrollüberzeugungen also aus zwei Gründen zu den wichtigen Kernkriterien handlungswirksamer Ziele. Zum einen dienen Kontrollüberzeugungen unter motivationspsychologischen Gesichtspunkten dem Überschreiten des Rubikon und damit der Herausbildung von Intentionen, zum anderen leisten sie unter salutogenetischen Gesichtspunkten einen nachhaltigen Beitrag zur psychischen Gesundheit.

Allerdings erfordert es oft einige Mühe, den Trainingsteilnehmenden das psychologische Konzept der Kontrollüberzeugungen zu erklären, denn meistens verstehen Laien das Wort «Kontrolle» zunächst alltagssprachlich im Sinne von «Kontrollierbarkeit» und «Macht». Es muss darum im Trainingsverlauf dringend darauf hingewiesen werden, dass mit Kontrollüberzeugung nicht Kontrolle über andere Menschen gemeint ist, sondern Kontrolle im Sinne des Selbstmanagements, das heisst Kontrolle über das eigene Handeln. Nehmen wir als Beispiel eine Führungskraft, die Schwierigkeiten hat, sich gegenüber einem Mitarbeiter durchzusetzen. Mit einem falsch verstandenen Begriff von «Kontrolle» könnte die Führungskraft folgendes Ziel formulieren: «Ich sorge dafür, dass mein Mitarbeiter meine Anweisungen ausführt». Im Sinne des ZRM ist dieses Ziel nicht 100 Prozent unter der eigenen Kontrolle der Führungskraft, weil andere Menschen, verstanden als autopoietische Systeme im Sinne von Maturana und Varela (1987), nicht direkt instruierbar sind. Ein eindrucksvolles Beispiel für die Unmöglichkeit, autopoietische Systeme direkt zu instruieren, ist Steve McQueen in dem Film «Papillon». Obwohl sämtliche äußeren Umstände gegen ihn sprechen und von den Machthabern alles daran gesetzt wird, seinen Willen zu brechen, gelingt es letztendlich niemandem, ihn davon abzuhalten, wieder und wieder die Flucht von der Gefängnisinsel zu versuchen.

Ähnliches gilt auch für die Führungsthematik. Niemand kann garantieren, dass der Mitarbeiter jemals alle Anweisungen so ausführt, wie die Führungskraft das gerne hätte. Wenn wir es mit menschlichen Systemen zu tun haben, können wir nur davon sprechen, Wahrscheinlichkeiten zu erhöhen oder zu senken. Die Frage im ZRM-Training lautet darum: «Was kann ich persönlich dazu tun, damit die Wahrscheinlichkeit steigt, dass der Mitarbeiter sich so verhält, wie ich es gerne hätte?» Der Fokus liegt ausschließlich auf dem Selbstmanagement und nicht auf dem Fremdmanagement. Durch diese veränderte Fragestellung wird die Führungskraft aus dem Beispiel zu einem intensiven Reflexionsprozess angeregt. Was kann sie selbst dazu beitragen, um ihren Anweisungen Nachdruck zu verleihen? Wie kann sie sich selber managen, damit die Kommunikation mit dem Mitarbeiter besser funktioniert? Als Lösung kommen, je nach Analyse der Situation, veschiedene Möglichkeiten in Betracht. Stellt sich zum Beispiel heraus, dass die Führungskraft selbst ein Problem damit hat, Befehle zu erteilen, könnte ein Ziel im Sinne des ZRM lauten: «Ich stehe zu meiner Autorität und gebe Anweisungen mit gutem Gefühl». Stellt sich heraus, dass die Führungskraft zu autoritär vorgeht und keinerlei Rücksicht auf die intrinsische Motivation ihres Mitarbeiters genommen hat, könnte eine entsprechendes Ziel lauten: «Ich habe ein offenes Ohr für die Anliegen meines Mitarbeiters».

Ein anderes Beispiel ist eine Lehrkraft, die sich «mehr Harmonie im Team» wünscht. Auch dieses Ziel ist im Sinne des ZRM nicht handlungswirksam, weil das Verhalten der Teammitglieder von der Lehrkraft nicht direkt beeinflusst werden kann. Wiederum wird der Fokus der Arbeit darauf gelegt, was die Lehrkraft selbst dazu beitragen kann, um die Situation im Team so zu verändern, dass sie zu ihrem Wohlbefinden beiträgt. Auch hier ergeben sich viele verschiedene Möglichkeiten, je nachdem, was die Situationsanalyse erbringt. Eine Lehrkraft, die sich noch 1 Jahr bis zu Erreichung der Pensionsgrenze in einem völlig zerstrittenen Team aufhalten musste, setzte sich zum Ziel, sich gegen die Streitereien besser abzugrenzen. Eine andere Lehrkraft nahm sich vor, damit zu beginnen, den anderen Teammitgliedern aktiv Unterstützung anzubieten. Dies war ein neues Verhaltensmuster in einem Team von Einzelkämpfern, das auf Dauer möglicherweise einen neuen Stil des Umgangs miteinander erzeugen konnte. Wichtig ist hierbei, dass im Sinne des ZRM Unterstützung nur «angeboten» werden kann, nicht «geleistet». Denn es ist wiederum nicht 100 Prozent unter der eigenen Kontrolle, ob jemand anderes sich überhaupt helfen lassen will. Hilfe *anzubieten* jedoch entspricht dem Kontrollkriterium des ZRM vollumfänglich.

Als letztes Beispiel sei eine Gruppe von SpitzensportlerInnen, ein Segelteam, genannt, die sich auf eine Regatta vorbereiten wollten. Als Ziel nannten sie spontan: «Wir wollen gewinnen!» In der Logik des ZRM ist dieses Ziel zwar wünschenswert, es ist jedoch nicht 100 Prozent unter der Kontrolle der SeglerInnen. Sie haben keinen Einfluss auf die Wetterverhältnisse. Es kann sein, dass ein anderes Team das bessere Boot hat. Vielleicht sind andere Teams auch einfach besser, weil sie mehr Trainingsmöglichkeiten hatten. Nach reiflicher Überlegung setzten sich die SeglerInnen das Ziel: «Wir geben unser Bestes!». Dieses Ziel ermöglichte ihnen, mit einem Höchstmass an positiver Kontrollüberzeugung ihre persönliche Spitzenleistung zu zeigen.

Positive somatische Marker

Das dritte Kernkriterium des ZRM prüft den willensbahnenden positiven Affekt ab, der ein Motiv über den Rubikon begleitet. Theoretisch bezieht ZRM sich hierbei auf die Theorie der somatischen Marker von Damasio (1994), der davon ausgeht, dass das emotionale Erfahrungsgedächtnis in Entscheidungssituationen mit Hilfe der somatischen Marker Bewertungen vornimmt. Obwohl die Bewertungsprozesse selbst unterhalb der Bewusstseinsschwelle verlaufen, können die Signale der erfolgten Bewertung wahrgenommen werden. Sie können von der Person selbst wie auch von anderen Menschen gut und zuverlässig beobachtet werden, weil sie sich über den Körper ausdrücken. Im ZRM haben wir den positiven somatischen Markern den Namen «das glückselige Grinsen» gegeben, denn Menschen, bei denen ein positiver somatischer Marker auftritt, beginnen tatsächlich, zu strahlen und weisen deutlich sichtbare Zeichen der Zufriedenheit auf. Dies kann sich zum Beispiel äußern in einem Lachen oder einem Lächeln, einer Veränderung der Körperhaltung, der Atmung oder einer besseren Durchblutung der Gesichtshaut. Im ZRM-Training selbst wird am Beispiel von ein oder zwei Teilnehmenden, die sich freiwillig zur Verfügung stellen, demonstriert, wann ein Ziel so formuliert ist, dass ein «glückseliges Grinsen» auftritt. Somatische Marker haben eine hohe «face-validity», so dass auch eine Gruppe von Laien sehr schnell in der Lage ist, deren Vorhandensein beziehungsweise deren Fehlen zuverlässig zu diagnostizieren.

Neuere Überlegungen von Kuhl (2001) lassen den Schluss zu, dass das emotionale Erfahrungsgedächtnis mit seinen somatischen Markern, wie es die Neurowissenschaften nennen, weit gehend identisch ist mit der Instanz, die von der Psychologie das Selbstsystem genannt wird. «Körperempfindungen gehören offensichtlich zu den Signalen, die dem Selbstsystem dabei helfen, sich zwischen den vielen früher schon einmal ausprobierten Handlungsoptionen zu entscheiden» (Kuhl, 2001, S. 153). Das Selbstsystem im Sinne Kuhls ist im impliziten, unbewussten Gedächtnis gespeichert, wie auch das emotionale Erfahrungsgedächtnis der Neurowissenschaft. Entscheidungen, welche die körperlichen und emotionalen Signale des Selbstsystems mit einschließen, ermöglichen Zielsetzungen mit hoher Selbstkongruenz. Aus der psychologischen Forschung sind zahlreiche Hinweise darauf bekannt, dass Ziele, die mit einem hohen Ausmaß an Selbstkongruenz einhergehen, häufiger zum Erfolg führen als Ziele mit geringer Selbstkongruenz (Sheldon & Kasser, 1995, 1998). Auch zum Konzept der intrinsischen Motivation bestehen deutliche Bezüge. «By definition, intrinsically motivated behaviors, the prototype of self-determined actions, stem from the self. They are unalienated and authentic in the fullest sense of those terms» (Ryan & Deci, 2000, S. 74). **(1)**

Koppelt man nun, wie es im ZRM geschieht, diese psychologischen Überlegungen mit den neurowissenschaftlichen Ergebnissen zu den somatischen Markern, so ist das starke positive Gefühl, das einen positiven somatischen Marker anzeigt, indikativ für Selbstkongruenz und intrinsische Motivation. Es liegt nahe, zu vermuten, dass der «felt sense» der im Focusing (Gendlin, 1998) eine zentrale Rolle spielt, ebenfalls das Auftauchen von somatischen Markern beschreibt. Durch das dritte Kernkriterium lernen die Teilnehmenden, ihre Ziele solange zu bearbeiten, bis bei ihnen ein für sie selbst und für andere deutlich wahrnehmbares gutes Gefühl auftaucht. Hierdurch erhalten sie ein leicht erlernbares und eindeutig umsetzbares Kriterium für ihre eigene Selbstregulation. «Die Fähigkeit zur selbstregulierten Rekrutierung positiven Affekts betrachte ich als die entscheidende Voraussetzung für Selbstbestimmung und intrinsische Motivation» (Kuhl, 2001, S. 177).

Diese Art der Selbstmotivierung gelingt jedoch nur dann, wenn es möglich ist «Ziele zu bilden, die mit der Bedürfnis- und Wertestruktur des Organismus übereinstimmen» (Kuhl 2001, S. 181). Wenn der Zugang zu den körperlichen und emotionalen Signalen des Selbstsystems blockiert ist, kann dies zur «Volitionshemmung» führen. Das System kann dann «Gedanken, Gefühle oder Ziele, die nicht zum Selbst passen, die also in diesem Sinne ungewollt sind, nicht als selbstinkompatibel identifizieren, geschweige denn unterbinden» (Kuhl, 2001, S. 169). Ein Mensch, der die Signale seines Selbstsystems nicht wahrnimmt, kann in diesem Sinne gar nicht selbst etwas wollen, er ist auf Ziele, Werte und Motivatoren von außen angewiesen. Im schlimmsten Fall verfolgt er ein Leben lang Ziele, die, gemessen an externen Masstäben zwar in Ordnung sind, die aber seinem eigenen Selbstsystem zutiefst widersprechen. Dies macht auf Dauer krank, so dass Kuhl eine ausgeprägte Volitionshemmung als Indikator für psychische Erkrankung einstuft. «Inzwischen ist empirisch demonstriert worden, dass viele psychische

Erkrankungen wie Depression, Zwangserkrankungen, Angst- und Essstörungen etc. mit einer aus affektiver Fixierung resultierenden übermäßig starken Volitionshemmung... einhergehen (Hautzinger, 1994). Therapiefortschritte sind maßgeblich von der Beseitigung dieser besonderen Form der Hemmung abhängig (Hartung & Schulte, 1994)» (Kuhl, 2001, S. 179).

Dadurch, dass im ZRM ein Ziel nur dann als handlungswirksam anerkannt wird, wenn es von einem deutlich erkennbaren positiven somatischen Marker begleitet ist, lernen auch Teilnehmende, die den Zugang zu den emotionalen und körperlichen Signalen ihres Selbstsystems bisher nicht hatten, diese wichtige Informationsquelle zu berücksichtigen. Allerdings kann es bei schweren Fällen von Volitionshemmung eine Weile dauern, bis die Wahrnehmung der Körpersignale, auch *Propriozeption* genannt, erlernt wurde. Eine wesentliche Erleichterung für diesen Lernprozess stellt im ZRM-Training die Gruppensituation dar. Wir hatten schon darauf hingewiesen, dass positive somatische Marker eine hohe «face validitity» haben; es ist deutlich zu beobachten. Darum ermöglicht die Demonstration des Auftauchens von positiven somatischen Markern bei den Teilnehmenden, die sich hierzu freiwillig zur Verfügung stellen, den anderen, beobachtenden Teilnehmenden ein «Lernen am Modell». Zum zweiten wirkt das Kleingruppenarrangement, mit dem im ZRM-Training die Kernkriterien erarbeitet werden, wie ein menschliches Biofeedback-System. Auch wenn eine Person mit geringer Propriozeption ihre somatischen Marker selbst gar nicht bewusst wahrnimmt, treten sie trotzdem sichtbar auf und werden ihr von der Kleingruppe umgehend zurückgemeldet. Auf diese Weise wird im ZRM-Training systematisch an der Beseitigung von Volitionshemmungen gearbeitet.

Auch die Umsetzung des dritten Kernkriteriums im Training soll anhand von Beispielen erläutert werden. Ein typisches Beispiel für Ziele, die zwar den Kernkriterien 1 und 2 genügen, bei denen ein positiver somatischer Marker aber ausbleibt, sind Zieltypen, die wir im ZRM «Disziplinziele» nennen. Studierende kommen oft mit der Thematik in ein Selbstmanagementtraining, dass sie zügiger an ihren Seminar- oder Diplomarbeiten «dranbleiben» wollen. Ein entsprechendes Ziel hat dann beispielsweise folgende Form: «Ich arbeite ausdauernd an meiner Seminararbeit». Dieses Ziel ist als Annäherungsziel formuliert und unterliegt auch 100 Prozent der eigenen Kontrolle. Jedoch bleibt bei dieser Art von Ziel oft das «glückselige Grinsen» aus. Damit ist die Wahrscheinlicheit, dass dieses Ziel auch in Handlung umgesetzt wird, eher gering. Kein positiver Affekt steht zur Verfügung, um die willensbahnende Funktion zu übernehmen. Das ist auch kein Wunder, denn das Vorstellungsbild, das zu so einem Ziel erzeugt wird, bringt eher Gefühle von Mühsahl, Verzicht, sozialer Vereinsamung und verspannter Nackenmuskulatur mit sich. Eine Lösung, die in solchen Fällen oft gefunden wird, haben wir die «Energiebalance» genannt. Sie besteht darin, Arbeits- und Erholungsphasen gleichermaßen zu gewichten. Ein entsprechendes Ziel könnte zum Beispiel heißen: «Ich arbeite ausdauernd an meiner Seminararbeit und achte darauf, wann mein Körper Pausen braucht.» Oder: «Ich achte auf einen guten Ausgleich zwischen Arbeit und Vergnügen.» Oder: «Ich arbeite nur solange, wie ich ein gutes Gefühl dabei habe.» Zahlreichen Studierenden ist auf diese Art schon geholfen worden, ihr Studienziel zu verwirklichen und dabei auch noch Spaß am Leben zu haben.

Viele Zieltypen, die aus konfligierenden Motiven heraus gebildet werden, finden ebenfalls ihren wesentlichen Lösungsschritt in der Arbeit an Kernkriterium drei. In Fällen von konfligierenden Motivlagen kann es sein, dass relativ lange nach einer geeigneten Zielformulierung gesucht werden muss. Das Vorgehen im ZRM-Training besteht auch hier darin, einen «Ideenkorb» zur Verfügung zu stellen und die Person, um deren Ziel es geht, anzuleiten, auf das Auftauchen von positiven somatischen Markern zu achten. Eingangs hatten wir die Hausfrau erwähnt, die von der bewussten Motivlage her ihre Freiheit wollte, die als unbewusstes Bedürfnis jedoch auch die Liebe zu ihrer Familie und ihr Streben nach Sicherheit entdeckt hatte. Ihr Ziel, das durch einen positiven somatischen Marker den «Go-Befehl» über den Rubikon bekommt, könnte am Ende eines entsprechenden Suchprozesses zum Beispiel lauten: «Ich habe einen sicheren Hafen, von dem aus ich die Welt erkunde.» Oder: «Schritt für Schritt gehe ich meinen Weg und achte darauf, dass die Verbindung zu meinen Lieben erhalten bleibt.»

Zusätzliche Hinweise zu Phase 2

Die Arbeit an den drei Kernkriterien findet im ZRM-Training in Kleingruppen statt, die sich gegenseitig dabei unterstützen, ihre Ziele entsprechend der drei Kernkriterien handlungswirksam zu formulieren. Für diese Phase ist ein gutes Coaching der Kleingruppen notwendig. Es ist zwar immer wieder erstaunlich, wie gut Laiengruppen nach der entsprechenden theoretischen Erklärung und ein, zwei beispielhaften Übungen mit Freiwilligen in der Lage sind, sich gegenseitig entscheidende Impulse zu geben. Trotzdem kann es passieren, dass eine Person in einem so tief greifenden Motivkonflikt steckt, dass die Laiengruppe überfordert ist. In diesem Fall greifen die TrainerInnen ein. Dies tun sie mit dem Methodenrepertoire, das sie aufgrund ihrer Ausbildung zur Verfügung haben. Das können psychodramatische oder gestalttherapeutische Interventionen sein, oder auch eher gesprächstherapeutisch orientierte Vorgehensweisen. Bamberger (1999) hat eine umfassende Sammlung an lösungsorientierten Interventionen in der Tradition von Steve de Shazer vorgelegt. Für TrainerInnen-Interventionen gilt jedoch immer der Grundsatz: Nur so viel, wie unbedingt nötig und so wenig, wie möglich! Das ZRM-Training ist als Hilfe zur Selbsthilfe angelegt, und oft genügen kleine Impulse von Seiten der TrainerInnen, um eine Kleingruppe auf eine neue Spur zu bringen und sie damit wieder autonom und arbeitsfähig zu machen.

Ein anderer Punkt, der intensives Coaching erfordert, ist die Tatsache, dass manche Kleingruppen sich zunächst nicht an die Anweisung halten, ausschließlich die drei Kernkriterien zu überprüfen. Es kann passieren, dass die Kleingruppen in dieser Phase der Zielformulierung weiteren Arbeitsschritten, die im Ablauf des Rubikon-Prozesses aus guten Gründen erst später erfolgen, bereits vorgreifen. Dies betrifft zum Beispiel das Thema «konkrete Maßnahmen». Es kann im Trainingsverlauf passieren, dass die Führungskraft, deren Anweisungen nicht so umgesetzt werden, wie sie es gerne hätte, mit ihrer Kleingruppe auf einmal eine Diskussion über Zielvorgaben und Mitarbeiterbeurteilung führt, anstatt die drei Kernkriterien ihres Zieles zu bearbeiten. Hier muss freundlich, aber bestimmt, eingegriffen werden. Meist genügt der Verweis darauf, dass «konkrete Maßnahmen zur Umsetzung» ein viertes Kriterium darstellt, das wichtig ist, jedoch erst in einem späteren Schritt bearbeitet wird.

Konkrete Maßnahmen zur Umsetzung des Zieles entsprechen im Rubikon-Prozess den Ausführungsintentionen, die in der präaktionalen Phase gebildet werden. Ausführungsintentionen erfordern starke Zielintentionen, um zielrealisierendes Handeln auszulösen. Gollwitzer (1999) schreibt: «Implementation intentions do not work when goal intentions are weak» (S. 499). Es hat also keinen Sinn, sich über die Konkretisierung von etwas Gedanken zu machen, das die drei Kernkriterien einer stark gewollten Intention noch nicht erfüllt. Konkrete Maßnahmen sind Thema im ZRM-Training, aber erst in Phase 4 und 5. In Phase 2 geht es ausschließlich um das Überschreiten des Rubikon, und das geschieht am besten mit den drei genannten Kriterien.

Auch das Thema: «Ist dieses Ziel angesichts der aktuellen Lebenssituation, der allgemeinen Entwicklung der Gesellschaft, der wirtschaftlichen Lage oder der finanziellen Verhältnisse überhaupt realistisch?» überlagert manchmal die Arbeit an den drei Kernkriterien. Die Hausfrau mit dem Freiheitsdrang könnte zum Beispiel von ihrer Kleingruppe zu einer Diskussion über die Stellung der Frau in patriarchalen Gesellschaften genötigt werden. Die Studentin, die ihre Seminararbeit schreiben will, setzt sich in ihrer Kleingruppe statt mit den drei Kernkriterien ihres Zieles mit der Bildungsmisere in Europa auseinander. Dies sind alles wichtige und interessante Themen, aber sie gehören nicht in die Phase 2 des ZRM-Trainings. Auch in diesen Fällen genügt ein Hinweis der TrainerInnen, um den Arbeitsfokus der Kleingruppe zu präzisieren.

In einigen Fällen kommt es vor, dass die Kleingruppen damit beginnen, die Auswirkungen, die ein Ziel auf das soziale System, in dem ein Mensch lebt, liebt und arbeitet, hat, zu besprechen. Systemische Überlegungen und damit verbundene Ansätze gehören mittlerweile zum fest etablierten Repertoire von Psychotherapie und Beratungsarbeit (Schiepek, 1999). Darum werden sie auch im ZRM-Training berücksichtigt. Beiträge, welche die systemischen Konsequenzen des Zieles betreffen, gehören im ZRM-Training jedoch ebenfalls noch nicht in diese Arbeitsphase der Zielformulierung. Im Anschluss an die Formulierung des Zieles anhand der drei Kernkriterien erhalten die Teilnehmenden ein Arbeitsblatt zur Einzelarbeit, in dem sie sich die systemischen Konsequenzen ihres Zieles in Ruhe vergegenwärtigen. Dabei sind sie angehalten, Vorstellungsbilder zu erzeugen und auf ihre somatischen Marker zu achten. Sie sollen sich überlegen, in welchen Situationen sie ihr Ziel anwenden möchten und ob die Folgen der Zielumsetzung ihnen auch gefallen (Handlungs-Ergebnis-Erwartung und Ergebnis-Folge-Erwartung nach Heckhausen, 1989). Falls in dieser Reflexionsarbeit negative somatische Marker oder bewusste Bedenken auftauchen, wird das Ziel solange umgearbeitet, bis auch in Anbetracht der möglichen systemischen Konsequenzen ein eindeutiger positiver somatischer Marker zu verzeichnen ist. In Phase 5 des ZRM-Trainings wird die Einbindung des neu entwickelten Zieles in das soziale System der Teilnehmenden außerdem unter Transfergesichtspunkten auch noch ausführlich thematisiert.

Anmerkungen

(1) Die Begriffsbildung zu den Themen «Ich», «Selbst», «Selbstkonzept», «Selbstsystem» und «Identität» in der Literatur ist oftmals verwirrend. Wir haben an anderer Stelle einen Versuch unternommen, diese Begriffe zu klären (Storch, 1999). Im vorliegenden Text wird der Begriff des Selbstsystems in Abgrenzung zum Begriff des Selbstkonzeptes benutzt. Während mit dem Begriff des Selbstkonzeptes nur diejenigen Anteile der Persönlichkeit erfasst werden, zu denen ein Mensch bewussten Zugang hat und über die er sprachlich Auskunft geben kann, umfasst der Begriff des Selbstsystems die Gesamtheit des innerpsychischen Geschehens. Hierzu gehören auch unbewusste Inhalte, wie sie im emotionalen Erfahrungsgedächtnis gespeichert sind und körperliche Empfindungen. Eine solche Vorstellung, die den Begriff des Selbst auch auf unbewusste Inhalte und auf körperliche Wahrnehmungen gründet, wird von den Neurowissenschaften (Damasio, 2001) unterstützt. Auch aus der Philosophie kommen im Rahmen neurophilosophischer Überlegungen entsprechende Vorschläge (Walter, 1997). Neuere Identitätstheorien explorieren diese Zusammenhänge ebenfalls (Barkhaus et al., 1996; Gugutzer, 2002).

1.3.3 ZRM-Phase 3: Vom Ziel zum Ressourcenpool

Wenn die Trainingsteilnehmenden sich Ziele erarbeitet haben, die den drei Kernkriterien für ein handlungswirksames Ziel entsprechen, beginnt in der Terminologie des Rubikon-Prozesses die präaktionale Phase. Hier werden zusätzliche Vorbereitungen dafür getroffen, dass die Ziele in Handlungen umgesetzt werden. Die entscheidende Aufgabe besteht jetzt darin, das Ziel, das im Moment noch vorwiegend im expliziten Wissenssystem zur Verfügung steht, in das implizite Wissenssystem zu überführen, damit es auch in schwierigen Situationen handlungsleitend wirksam werden kann. Die Art und Weise, wie die präaktionale Vorbereitung bearbeitet wird, stellt ein weiteres entscheidendes Charakteristikum des ZRM dar. Auch hier wird konsequent ressourcenorientiert verfahren. Außerdem basiert die Vorgehensweise des ZRM-Trainings bei der präaktionalen Vorbereitung auf den neurowissenschaftlich bekannten Grundlagen zum Erwerb impliziten Wissens.

Die Ziele, so wie sie bis zu diesem Zeitpunkt erarbeitet wurden, werden im Zürcher Ressourcen Modell als neu gebildete neuronale Netze betrachtet. Im Gegensatz zu den neuronalen Netzen, die bisher das Handeln der Trainingsteilnehmenden gesteuert haben, ist das neuronale Netz, welches das Ziel beinhaltet, jedoch noch nicht ausreichend gebahnt, um zuverlässig handlungswirksam zu werden. «Einer neuen Einsicht läge ein neues, erstmals so stattfindendes Erregungsmuster zugrunde. Dieses müsste jedoch immer wieder aktiviert werden, damit es ein leicht verfügbarer Bewusstseinsinhalt wird, und es müssten alle Wahrnehmungs-, Handlungs- und emotionalen Reaktionsbereitschaften, die bisher mit den dafür relevanten Situationen verbunden waren, umorganisiert, das heißt in ein neues stabiles, von einem neuen Ziel bestimmtes Erregungsmuster eingebunden werden» (Grawe, 1998, S. 268). Aus der Selbstkonzeptforschung weiss man zum Beispiel, dass Menschen lernen können, bestimmte Selbstkonstrukte (aus neurowissenschaftlicher Sicht sind auch Selbstkonstrukte neuronale Netze) absichtlich zu aktivieren, um negativen Stimmungen entgegenzuarbeiten. «Personen können intentional ein bestimmtes Selbstkonstrukt aktivieren… Hier konnte gezeigt werden, dass, wenn ein negatives Selbstkonstrukt aktiviert wird, die Person den Auswirkungen auf Stimmung und Selbstwertgefühl entgegensteuern kann, indem sie bewusst über ihre positiven Eigenschaften nachdenkt, d.h., ein positives Selbstkonstrukt aktiviert» (Hannover, 1997, S. 90). Die Untersuchungen zum Priming, die im Kapitel vom Rubikon-Prozess dargestellt wurden, ergaben, dass bei entsprechender Vorbereitung unter Umständen gar kein absichtlicher Entschluss mehr nötig ist, um neuronale Netze zu aktivieren und sie handlungswirksam werden zu lassen, sondern dass dies auch automatisch geschehen kann. Es ist die Arbeit der präaktionalen Vorbereitungsphase, diese Vorgänge zu ermöglichen.

Die Ressourcenorientierung des ZRM äußert sich darin, dass die neu entwickelten Ziele als Ressourcen der Trainingsteilnehmenden betrachtet werden. «Wir können solche positiv einzuschätzenden vorgebahnten neuronalen Erregungsmuster als individuelle Ressourcen von Menschen betrachten» (Grawe, 1998, S. 242). Der Vorteil dieser Sichtweise besteht darin, dass die Ressourcen, die ein Mensch zur Erlangung seiner Ziele benötigt, ausschließlich in ihm selbst liegen. Wenn es gelingt, das neue neuronale Netz abzurufen, wenn entsprechend gehandelt werden soll, gelingt die Zielrealisierung autonom. Dieses Erleben steigert dann wieder die positiven Kontrollüberzeugungen mit all ihren segensreichen Auswirkungen auf das psychische Wohlbefinden. Nach Grawe ist die Ressourcenaktivierung einer der wesentlichen Wirkfaktoren für erfolgreiche Psychotherapie. «Je mehr es in der Therapie gelingt, positiv zu bewertende – das ist mit der Bezeichnung Ressourcen gemeint – neuronale Erregungsmuster zu aktivieren, um so besser werden sie gebahnt und umso mehr Einfluss werden sie – in Konkurrenz mit weniger positiv zu bewertenden Erregungsmustern – auf das Erleben und Verhalten des Patienten gewinnen» (Grawe, 1998, S. 445).

Im ZRM-Training wird die präaktionale Vorbereitung des Rubikon-Prozesses in zwei verschiedenen Phasen bearbeitet. *Zunächst* werden Vorbereitungen für wirksame *Priming-Prozesse* getroffen, *anschließend* werden *Ausführungsintentionen* entwickelt. Phase 3 des ZRM-Trainings befasst sich mit der Vorbereitung von Priming-Prozessen. Dies geschieht durch die Herstellung eines Ressourcenpools. Dieser Ressourcenpool dient dazu, das neuronale Netz, welches das Ziel repräsentiert, auf eine breite Informationsbasis zu stellen. Aus der Gedächtnispsychologie weiss man: «Je umfangreicher die Informationsgrundlage, auf der eine neue Information verarbeitet wird, umso stärker sind Gedächtnisspur und Behaltensleistung» (Craik & Tulving, 1975, zit. n. Hannover, 1997, S. 74). Entsprechend wird beim Aufbau des Ressourcenpools versucht, möglichst viele verschiedene Ebenen der Informationsspeicherung anzusprechen. In der Sprache der Gedächtnispsychologie ausgedrückt: Das Ziel wird multicodiert. Phase 3 des ZRM-Trainings befasst sich ausschließlich mit dem Aufbau eines Ressourcenpools, auch in dieser Phase ist von konkreten Handlungsabsichten noch nicht die Rede. Die Planung von Ausführungsintentionen, wie sie gemäß Rubikon-Prozess ebenfalls im Rahmen der präaktionalen Vorbereitung erfolgen soll, wird im Laufe der Vorgehensweise des ZRM erst später bearbeitet, sie erfolgt in Phase 4 des ZRM-Trainings, die den Titel hat: «Mit meinen Ressourcen zum zielgerichteten Handeln».

Diese Reihenfolge des Vorgehens bei der präaktionalen Vorbereitung – erst Aufbau eines Ressourcenpools, dann Planung von Ausführungsintentionen – hat zwei Gründe. Zum ersten beruht die Handlungsumsetzung des Zieles im ZRM *ausschließlich* auf der Aktivierung der individuellen *Ressourcen*. Auch die Ausführungsintentionen beziehen sich deshalb im ZRM auf die Aktivierung der individuellen Ressourcen. Dies wird im Kapitel zu Phase 4 noch genauer erklärt. Zielrealisierendes Handeln wird dann erreicht – so die theoretische Basis des ZRM – wenn das neuronale Netz der zielrelevanten Ressourcen zuverlässig aktiviert werden kann, und zwar genau dann, wenn dies gewollt wird. Darum muss das neuronale Netz, das zum Einsatz kommen soll, zunächst gut gebahnt werden, und es müssen zuverlässige Aktivierungshilfen gefunden werden.

Zum zweiten gibt es inzwischen Befunde von Oettingen (2001), die darlegen, das die Erfolgserwartung und die Bindung an ein Ziel steigt, wenn Personen bei schwierigen Aufgaben *zuerst* in positiven Fantasien über das Erreichen ihres Zieles schwelgen und *danach* über Realisierungsmöglichkeiten nachdenken. Wird die Reihenfolge umgekehrt, treten die genannten Phänomene nicht auf. Erklären kann man sich diese Befunde damit, dass die positiven Emotionen, die mit dem Schwelgen in schönen Zukunftsfantasien verbunden sind, dabei helfen, das neuronale Netz, welches das Ziel repräsentiert, auf der emotionalen Ebene stark positiv zu bahnen. Mit der Aktivierung des Zieles werden dann simultan auch zuverlässig starke positive Emotionen entwickelt. Diese können dabei helfen, bei späteren Umsetzungsschwierigkeiten die Motivation aufrecht zu erhalten.

1.3.3.1 Ressource 1: Das handlungswirksam formulierte Ziel

Eine wichtige Ressource für den Ressourcenpool bringen die Trainingsteilnehmenden in Phase 3 des ZRM-Trainings bereits mit: Es ist ihr handlungswirksam formuliertes Ziel. Durch die Berücksichtigung der schon erwähnten «3 Kernkriterien» ist die Handlungswirksamkeit des Ziels bereits in hohem Maße gewährleistet. Darum wird das so bearbeitete Ziel im ZRM als eine wertvolle erste Ressource des Ressourcenpools betrachtet. Einige Trainingsteilnehmende benutzen später zur Handlungssteuerung ausschließlich ihr auf diese Art in Sprache gefasstes persönliches Handlungsziel. Dadurch, dass sie sich ihr Ziel sprachlich vergegenwärtigen, gelingt es diesen Teilnehmenden am besten, das zielrelevante neuronale Netz zu aktivieren.

Darüber hinaus haben die Ziele, so wie sie im ZRM-Training erarbeitet werden, noch ein viertes wichtiges Merkmal, das sie hoch handlungswirksam macht. Dieses Merkmal wird jedoch im Training selbst gar nicht erwähnt, weil die meisten Teilnehmenden ihre Ziele ganz von selbst entsprechend in Sprache fassen, wenn sie nicht anderweitig instruiert werden. Im ZRM-Training wird mit einer speziellen Art von Zielen gearbeitet, nämlich nicht mit *konkreten*, sondern mit *allgemeinen* Zielen. Diese Unterscheidung wurde untersucht in einem Zweig der Forschung zum Thema «Ziele», welche verschiedene Zieltypen danach kategorisiert, ob sie eher konkret und spezifisch oder eher abstrakt und allgemein formuliert sind. (Für einen Überblick siehe Emmons, 1996). Die Absicht, selbstbewusster aufzutreten, würde sich, konkret formuliert, zum Beispiel in einem Ziel äußern: «Bei der nächsten Teamsitzung stelle ich einen Antrag zu Projekt X.» Dieselbe Absicht, allgemein formuliert, könnte so aussehen: «Ich vertraue auf meine Kräfte und zeige, was ich kann.» Allgemein formulierte Ziele werden stärker als zum eigenen Selbst gehörend erlebt, als abstrakt formulierte Ziele. Sie sind typischerweise mit starken Emotionen verbunden. Weil sie selbstkongruent sind, sind sie im impliziten Modus gespeichert (McClelland et al., 1989). Gollwitzer (1987) bezeichnet diesen Zieltypus als «Identitätsziele» und beschreibt sie als «unstillbar». Unstillbar ist dieser Zieltypus deswegen, weil Identitätsziele ihre Gültigkeit und ihren richtungsweisenden Charakter unter Umständen ein ganzes Leben lang behalten können. Kuhl (2001) kritisiert an der traditionellen Motivationsforschung, dass sie sich zu sehr auf kontrollierte Laborsituationen beschränkt und sich zuwenig um diesen Typus des umfassenden persönlichen Ziels kümmert, den er «life goals» nennt (S. 277). **(1)**

Allgemein formulierte Identitätsziele haben einen großen Einfluss auf die Handlungsregulation, weil sie typischerweise im impliziten Modus gespeichert sind, der, wie wir schon besprochen haben, besonders für die Handlungsregulation in schwierigen Situationen wichtig wird, weil er in Sekundenschnelle automatisierte Handlungen ermöglicht. Grawe schreibt: «Der allergrößte Teil des seelischen Geschehens … wird im Sinne einer automatisierten Wahrnehmung, Informationsverarbeitung und Handlungsregulation von übergreifenden Identitätszielen bestimmt» (1998, S. 77). Er stützt diese Aussage auf die Handlungskontrolltheorien von Powers (1973) und von Carver und Scheier (1981) und plädiert dafür, unter einer Ressourcenperspektive diesen Zieltypus vermehrt in die psychotherapeutische Vorgehensweise mit einzubeziehen (Grawe, 1998, S.194f). Kuhl (2001, S.150f) hält für eine gelingende Selbstregulation die implizite Repräsentation allgemeiner Ziele für Ausschlag gebend.

Durch die Repräsentation allgemeiner Identitätsziele im impliziten Modus kann ein Mensch eine ganz spezielle Art von Aufmerksamkeit, die *Vigilanz*, in den Dienst des Zieles stellen, um sein Ziel in Handlung umzusetzen. Kuhl definiert Vigilanz als «kongruenzorientierte Aufmerksamkeit». Sie gehört zu dem impliziten System, das bei Kuhl das «Extensionsgedächtnis» genannt wird und das er mit dem Selbstsystem in Verbindung sieht. Für das Extensionsgedächtnis «ist nicht die Beachtung eines konkreten, bewusst repräsentierten Zieles relevant, sondern die Beachtung aller Informationen, die zu irgendeinem Element des ausgedehnten Netzwerkes impliziter Assoziationen passen, die mit dem gerade aktivierten Teil des Extensionsgedächtnisses verbunden sind (z.B. irgendein Situationsmerkmal, das zu den vielen Realisierungsmöglichkeiten des allgemeinen Ziels «nette Kontakte zu pflegen» passt, wie das freundliche Lächeln einer Verkäuferin, das sofort als Gelegenheit zu einem netten Gespräch erkannt wird). Diese Funktionsmerkmale des Extensionsgedächtnisses erklären, wie es überhaupt gelingen kann, dass man eine plötzlich auftretende, vorab gar nicht bedachte Gelegenheit zur Umsetzung einer Absicht, die man vielleicht vor vielen Wochen gefasst hat, spontan erkennt» (Kuhl, 2001, S.159f). Grawe erklärt die Handlungsinitiierung, wie sie von implizit repräsentierten allgemeinen Zielen ausgelöst wird, folgendermaßen: «Man muss nicht die Umgebung bewusst nach Gelegenheiten für die Realisierung von Absichten … absuchen, sondern man nimmt solche Gelegenheiten automatisch wahr und nutzt sein Handlungsrepertoire für die Realisierung, wie man Auto fährt, um irgendwohin zu kommen» (1998, S. 77). Ein Teilnehmer hat diesen Vorgang in einem Interview mit diesen Worten beschrieben: «Ich musste mich gar nicht auf die Umsetzung meines Zieles konzentrieren, es hat sich von selbst hergestellt.»

Ein wichtiger Vorteil dieser Art von zielrealisierendem Handeln aus dem impliziten Modus heraus liegt in der Spontaneität, die dieser Modus mit sich bringt. In klassischen Skill-Trainings mit konkreten Verhaltensvornahmen im expliziten Modus besteht die Gefahr, dass die Menschen bei der Umsetzung ihrer Ziele wie Roboter wirken und ihr Verhalten oft den Charakter des Angelernten und Unauthentischen hat. Ein Beispiel dafür sind die zahlreichen Service-Angestellten in Restaurants, Hotels und Flugzeugen, die ein Skill-Training zur Kundenorientierung absolviert haben und deren Lächeln als Folge davon in vielen Fällen inkongruent und nicht «echt» wirkt. Zielrealisierendes Handeln aus dem impliziten Modus heraus erlaubt hingegen den scheinbar paradoxen Vorgang, eine einmal gefasste Absicht spontan umzusetzen. Da die implizite Repräsentation von Zielen auch eng mit den dazugehörigen Gefühlen, Stimmungen und körperlichen Ausdrucksmerkmalen gekoppelt ist, erscheint die Umsetzung dieser Ziele lebendig und authentisch. **(2)**

1.3.3.2 Ressource 2: Erinnerungshilfen

Für einige Menschen ist das handlungswirksam formulierte Ziel in seiner für das ZRM typischen *allgemeinen* Formulierung, die den impliziten Modus anspricht, bereits ein effektives Mittel, um das neue neuronale Netz zuverlässig zu starten. Für manche Menschen ist Sprache jedoch für diese Zwecke weniger gut geeignet. Der Ressourcenaufbau 2, der mit Erinnerungshilfen arbeitet, sorgt für eine zweite Möglichkeit, wie das Ziel in das implizite Wissenssystem gelangen kann. Zwei Stichworte sind wesentlich, um den Ressourcenaufbau 2 zu charakterisieren: Dies sind die Begriffe «Neuronale Plastizität» und «Priming».

Der Begriff der neuronale Plastizität beschreibt «etwas, das später einmal als der entscheidende Durchbruch der Neurobiologie auf dem Gebiet des Verständnisses von Hirnfunktionen in diesem Jahrhundert bezeichnet werden wird» (Hüther, 1997, S. 8). Die Entdeckung der Neurobiologie, die Hüther für so außerordentlich wesentlich hält, besteht in der Tatsache der «nutzungsabhängigen Veränderbarkeit des menschlichen Gehirns» (Hüther, 2001, S. 85). Sie besagt, «dass unser Gehirn so wird, wie wir es benutzen. Diejenigen Verschaltungen, die wir besonders häufig und erfolgreich aktivieren, um uns in der Welt zurechtzufinden, werden immer stärker ausgebaut, und diejenigen, die wir dazu nicht oder nur sehr selten einsetzen, bleiben entweder so, wie sie sind, oder sie beginnen allmählich zu verkümmern» (Hüther, 2001, S. 85). Man weiss heute, dass das menschliche Gehirn *zeitlebens* veränderbar und lernfähig ist und nicht nur während der Phase der Hirnentwicklung. Diese Erkenntnis hat große Konsequenzen für die Art und Weise, wie Menschen ihr Gehirn benutzen sollten. Folgerichtig hat Hüther seinem 2001 erschienenen Buch auch einen aufschlussreichen Titel gegeben. Er heisst: «Bedienungsanleitung für ein menschliches Gehirn». Denn wenn es stimmt, dass das menschliche Gehirn «sich erst durch die Art seiner Benutzung gewissermaßen selbst programmiert» (Hüther, 2001, S. 99), dann hat jeder einzelne Mensch eine große Verantwortung dafür, wie er mit der Fähigkeit seines Gehirns, die neuronalen Verschaltungen neu zu organisieren, umgeht. Die Evolution, so Hüther, hat mit dem menschlichen Gehirn ein Organ geschaffen, das auf neue Umweltbedingungen jederzeit mit adaptiven Veränderungen reagieren kann und das dem Organismus, zu dem es gehört, auch angesichts veränderter Umweltbedingungen größtmögliche Flexibilität ermöglicht.

Hüther nennt zwei Bedingungen, die dafür sorgen, dass neuronale Verbindungen beginnen, ihre Übertragungseffizienz zu verstärken. Sie müssen *häufig* benutzt werden und sie müssen *erfolgreich* benutzt werden. Im ZRM-Training wird beiden Bedingungen Rechnung getragen. Die *Häufigkeit* der Benutzung wird jetzt, im Ressourcenaufbau 2, vorbereitet. Die *erfolgreiche* Benutzung der neuen neuronalen Verbindung ist erst später Thema, sie wird in Phase 4 bearbeitet. Die Häufigkeit der Benutzung wird im ZRM-Training durch Erinnerungshilfen und Auslöser sichergestellt. Wenn das neue neuronale Netz, welches durch die Arbeit am Ziel entwickelt wurde, gestärkt werden soll, geht es zunächst schlicht und einfach darum, dieses neue neuronale Netz ab sofort so oft wie möglich zu benutzen. Aus den Experimenten zum Priming, die wir schon dargestellt haben, wissen wir, dass es für die Auswirkungen, die die Aktivierung von neuronalen Netzen auf Handlung hat, unwesentlich ist, ob diese Aktivierung bewusst oder unbewusst erfolgt. Diese Tatsache ergibt eine außerordentlich elegante Möglichkeit für die Persönlichkeitsentwicklung und das Selbstmanagement. In vielen Therapieformen wird mit der Intervention gearbeitet, den KlientInnen Hausaufgaben zu geben. Eine große Schwierigkeit bei dieser Art von Intervention ist dieselbe, die jede Lehrkraft mit den Hausaufgaben hat: Sie werden oftmals einfach nicht gemacht. Dies ist in vielen Fällen gar kein böser Wille der KlientInnen, es ist auch kein geheimer Widerstand gegen die Therapie oder gegen die Beratungsperson. Es scheitert in vielen Fällen daran, dass einfach im Alltagstrubel keine

Zeit dafür übriggeblieben ist. Wenn es nun stimmt, dass einfach die häufige Benutzung eines neuronalen Netzes, auch wenn sie unterhalb der Bewusstseinsschwelle geschieht, bereits den Vorgang der plastischen Veränderung neuronaler Strukturen in Gang setzt, dann kann mit einer einmaligen Aktion, nämlich der gezielten Installation von Erinnerungshilfen, sehr viel für diese Prozesse getan werden. Nachdem diese Aktion einmal getätigt wurde, kann man seine Aufmerksamkeit wieder dem Alltagsleben zuwenden, denn die Prozesse im Gehirn geschehen dann wie von allein.

Im ZRM-Training erhalten die Teilnehmenden im Anschluss an ein Impulsreferat, das ihnen das Prinzip der neuronalen Plastizität erklärt, eine Liste mit denjenigen Erinnerungshilfen, mit denen nach unserer Erfahrung die Trainingsteilnehmenden am besten arbeiten können. Die Liste an Erinnerungshilfen im ZRM-Training ist sehr breit gefächert. Dies stellt sicher, dass jeder Mensch nach seinen persönlichen Vorlieben auswählen kann. Sie reicht von Anregungen, sich über spezielle Musikauswahl entsprechend zu stimulieren, über Gerüche beziehungsweise Parfüms bis zum gezielten Einsatz von Farben, sei es, dass sich dies in der Kleiderwahl äußert oder in bestimmten Elementen der Wohnungs- oder Büroeinrichtung. Bestimmte Pflanzen werden nach unserer Erfahrung als Erinnerungshilfe genauso gerne genutzt, wie ganz spezielle Schmuckstücke oder Schlüsselanhänger. Für Geschäftsleute ist der Bildschirmhintergrund des persönlichen Computers als Erinnerungshilfe gut geeignet, einige Teilnehmende beschließen auch, zukünftig ein dem Ziel entsprechendes Passwort als Erinnerungshilfe zu nutzen. Es kann auch schlau sein, die Funktion der Erinnerungshilfe an das soziale Umfeld abzugeben, im Sinne eines Outsourcing. Wenn zum Beispiel ein Mensch herausgefunden hat, dass sein Ziel, selbstbewusst aufzutreten, sich gut durch eine Rose symbolisieren lässt, dann genügt es oft, hie und da mitzuteilen, dass man Rosenmotive sammelt. Meistens reagiert das Umfeld prompt und es kann geschehen, dass an einem verregneten Mittwoch auf einmal eine Rosenpostkarte im Briefkasten liegt, auf der steht: «Bei dieser schönen Rose musste ich an Dich denken! Liebe Grüsse von…«. Bei der Auswahl der persönlichen Erinnerungshilfen ist jedoch dringend zu beachten, dass sie in Zusammenhang mit dem zu realisierenden Ziel stehen. Es genügt also nicht, einfach eine schöne neue Bluse zu kaufen, oder abends gregorianische Gesänge zu hören, weil man davon sowieso so viele CDs hat. Die Erinnerungshilfen sollen das neue neuronale Netz stimulieren. Ein Mensch wird also für ein Ziel, das mit einer Aktivitätsthematik zu tun hat, eine andere Musik als Erinnerungshilfe wählen, als für ein Ziel, das mit einer Entspannungs- und Gelassenheitsthematik zu tun hat.

Der Weg, der im Ressourcenaufbau 2 beschritten wird, um das neue neuronale Netz effektiver werden zu lassen, besteht in psychologischer Terminologie in einer Art «Dauerpriming». Die Teilnehmenden werden dazu angeregt, ihr Umfeld systematisch mit Erinnerungshilfen auszustatten, die dafür sorgen, dass das neue neuronale Netz dauernd benutzt wird, auch wenn ihre bewusste Aufmerksamkeit sich mit anderen Dingen beschäftigt. In der Sprache der Verhaltenstherapie würde man von einer «Selbstkonditionierung» sprechen, bei der die Erinnerungshilfen dann den Status eines auslösenden Reizes bekommen. Beim Einsatz der Erinnerungshilfen unterscheidet das ZRM zwischen stationären und ambulanten Erinnerungshilfen. Die Teilnehmenden werden dazu angehalten, die Orte, an denen sie ihr Ziel vorhersehbar realisieren wollen, mit Erinnerungshilfen auszustatten, dies sind stationäre Erinnerungshilfen. Falls dies nicht möglich ist, weil es sich bei einem solchen Ort zum Beispiel um die Geschäftsräume einer Telefonfirma in Korea handelt, werden ambulante Erinnerungshilfen empfohlen, dies sind solche, die man selbst mit sich tragen kann. Kleidung und Schmuck sind als ambulante Erinnerungshilfen gut geeignet. Vielen Teilnehmenden fällt übrigens beim Ressourcenaufbau 2 auf, dass sie, ohne etwas über neuronale Plastizität und Priming zu wissen, sich schon seit langem selbst auf diese Art managen. «Immer wenn ich ein Referat halten muss, ziehe ich die Elefantenkrawatte an.» Oder: «In alle Prüfungen habe ich meinen Talismanstein mitgenommen, er hat mir wirklich geholfen.» Oder: «Dieser orangerote Teppich hat mich so angelacht, ich musste ihn einfach für mein Wohnzimmer kaufen.» Trainingsteilnehmende, die so etwas berichten können, zeigen, dass sie über eine gute Selbstbeobachtungsgabe verfügen und sensibel darauf reagieren, welche innere Verfassung bestimmte Gegenstände bei ihnen auslösen. Menschen, bei denen diese Fähigkeit bisher nicht gut entwickelt war, haben nach dem entsprechenden Impulsreferat den theoretischen Hintergrund, um sich ab sofort in dieser Weise selbst zu managen. Dadurch, dass die Teilnehmenden in der Wahl ihrer Erinnerungshilfen völlig frei sind, ist sichergestellt, dass wirklich jeder Mensch seine individuelle Möglichkeit zum Selbstmanagement im Sinne des Ressourcenaufbau 2 findet.

Am Ende dieses Abschnitts lassen wir noch einmal Hüther zu Wort kommen, dem das Verdienst zukommt, diese neurowissenschaftliche Erkenntnisse in Worte zu fassen, die manchmal sogar poetische Qualitäten erreichen. «Der Mensch kann sich also im Unterschied zum Maulwurf nicht nur frei entscheiden, wofür er sein Gehirn benutzen will, sondern auch, was er daraus machen möchte. Immer dann, wenn er eine bestimmte Entscheidung gefällt hat und sie konsequent zu verwirklichen beginnt, braucht er sich um weitere Unterhaltungs- und Wartungsmaßnahmen für sein Gehirn eigentlich nicht mehr zu kümmern. Er darf sich nur nicht mehr von dem eingeschlagenen Weg abbringen lassen. Sein Gehirn wird allein dadurch, dass er es künftig nur noch dafür benutzt, wofür er sich einmal entschieden hat, in seiner inneren Organisation immer besser an die von ihm verlangten Leistungen angepasst. Wo ein Wille ist, ist auch ein Weg, und wenn der Wille stark genug ist und derselbe Weg immer wieder benutzt wird, entsteht allmählich eine Strasse und irgendwann sogar eine Autobahn, auch im Hirn. Und weil es dann immer schwerer fällt, diese eingefahrenen Bahnen später einmal wieder zu verlassen, sollte die Entscheidung, wie und wofür man sein Gehirn benutzt, mit viel Umsicht und Bedacht gefällt werden» (Hüther, 2001, S. 98).

1.3.3.3 Ressource 3: Der Körper

Auch der Ressourcenaufbau 3 hat zum Ziel, durch eine breite Informationsspur das neuronale Netz, welches das neu entwickelte Ziel repräsentiert, möglichst gut zu bahnen und es damit leichter aktivierbar zu machen. Das Ziel soll multicodiert werden. Gedächtnispsychologische Forschungen weisen darauf hin, dass zu einer nachhaltigen Multicodierung einer Information eine Ressource herangezogen werden kann, über die jeder Mensch verfügt: Dies ist der Körper. Der Gedächtnispsychologe Engelkamp (1997, 1998) hat sich in seiner multimodalen Gedächtnistheorie mit dem so genannten «Tu-Effekt» befasst. Der «Tu-Effekt» bezieht sich auf empirisch gut abgesicherte Ergebnisse zum Erinnern eigener Handlungen. «Hierzu wurden den Versuchspersonen Listen von einfachen, unverbundenen Handlungsphrasen – wie «die Haare kämmen», «das Marmeladenglas aufdrehen», «den Draht krummbiegen», den Schirm schließen» etc. – vorgelesen und sie wurden gebeten, sich diese zu merken. Im Mittelpunkt stand dabei folgender Vergleich: Eine Gruppe von Versuchspersonen hörte sich diese Phrasen nur an, und eine andere Gruppe führte die Handlungen aus, die die Phrasen bezeichneten. Diese zweite Gruppe erinnerte sehr viel mehr Phrasen als die erste Gruppe» (Engelkamp, 1997, S. 11). Engelkamp erklärt diesen Unterschied mit dem Umstand, dass im Falle der Handlungsausführung eine zusätzliche Enkodierung der Information stattfindet. Diese Enkodierung betrifft die sensorisch-motorische Ebene.

Unterstützung erfährt dieser gedächtnispsychologische Ansatz aus der Forschung zum Thema «autonomous agents» (Pfeifer, 1995). Mit diesem Begriff werden Roboter bezeichnet, die in der Lage sind, selbständig zu handeln. Die KonstrukteurInnen von autonomous agents basteln zum Beispiel kleine Roboter, die Fußball spielen können oder die lernen, selbständig Müll einzusammeln. Beim Versuch, Maschinen entsprechend zu progammieren, hat sich herausgestellt, dass die Lernprogramme ohne sensomotorisches Feedback nicht erfolgreich sind. Auf diese Weise kam es, dass ein Ansatz, der fruchtbar auf den Zusammenhang von menschlichem Gedächtnis und Körperprozessen übertragen werden kann, ausgerechnet durch die Welt der Informatik und der Maschinen unterstützt wird. Dieser Forschungsansatz gehört zum Themenbereich der «Embodied Cognitive Science» (ein ausführlicher Überblick findet sich bei Tschacher und Scheier, 2001). Gedächtnis wird in dieser Tradition aufgefasst als «ein aktiver, kreativer Akt des gesamten Organismus, der auf sensomotorisch-affektiven Koordinationsprozessen … beruht» (Leuzinger-Bohleber, 2001, S. 81). Information, die nachhaltig im Gedächtnis gespeichert ist, hat immer auch eine körperliche Komponente. Erst das «embodiement», die Verkörperung einer Information, ermöglicht zuverlässiges Erinnern. «Erinnern ist abhängig von … einem ganzheitlichen, «embodied», sensomotorisch-affektiven und kognitiven Geschehen in und zwischen Personen» (Leuzinger-Bohleber, 2001, S. 83).

Durch die Art und Weise, wie das neu entwickelte Ziel im Rahmen der Vorgehensweise im ZRM-Training bisher bearbeitet wurde, ist auf der kognitiven und auf der emotionalen Ebene bereits eine gute Bahnung erfolgt. Die oben dargestellten Vorstellungen von Gedächtnis legen es nahe, im Training dafür zu sorgen, dass das neuronale Netz, welches das neuentwickelte Ziel repräsentiert, auch auf der sensomotorischen Ebene kodiert wird. Die Arbeit auf der körperlichen Ebene hat aber nicht nur den Vorteil der nachhaltigen Enkodierung. Sie bringt eine Möglichkeit mit sich, die für die Zwekke des Selbstmanagements außerordentlich fruchtbar eingesetzt werden kann. Gut gebahnte neuronale Netze sind kognitiv, emotional und körperlich kodiert. In der Gedächtnispsychologie und in der Neurowissenschaft geht man davon aus, dass ein solchermaßen gebahntes Netz durch Erregungsausbreitung von jeder dieser Informationsebenen aus aktiviert werden kann. Gelingt es also, den mit dem Ziel korrespondierenden Körperausdruck herzustellen, dann sollte die Aktivierung der sensorisch-motorischen Ebene auch die entsprechenden Emotionen und Wahrnehmungsbereitschaften aktivieren, was dann in entsprechenden Handlungsbereitschaften resultieren kann. Dieser Weg, sich über die Kontrolle des Körperausdrucks in eine bestimmte Stimmung zu versetzen und damit Handlungsbereitschaften zu erzeugen, ist deswegen für das Selbstmanagement so fruchtbar, weil der Körperausdruck zu großen Teilen willentlich kontrolliert werden kann. Emotionen sind dagegen durch willentliche Kontrolle sehr viel schwerer zu steuern.

Aus gut belegten psychologischen Experimenten wissen wir, dass die Körperhaltung tatsächlich die emotionale Verarbeitung von Erfahrungen beeinflussen kann. Am bekanntesten sind wohl die Untersuchungen zu den Rückmeldungen der Gesichtsmuskulatur, dem so genannten «facial feedback». Die facial-feedback-Hypothese geht davon aus, dass die Rückmeldung der Gesichtsmuskulatur mit der subjektiven Erfahrung einer Emotion in Zusammenhang steht. Versuchspersonen, die lächeln, berichten über bessere Gefühle als Versuchspersonen, die man aufgefordert hatte, die Stirn zu runzeln (Adelman & Zajonc, 1989; Ekman, 1992). Levenson et al. (1990) zeigten, dass das Herstellen eines bestimmten Gesichtsausdrucks auch die entsprechenden emotionsspezifischen Muster des autonomen Nervensystems hervorruft. Der Neurowissenschaftler LeDoux schreibt darum: «Es ist also vielleicht gar keine so schlechte Idee, ein fröhliches Gesicht aufzusetzen, wenn einem traurig zumute ist» (2001, S. 317).

Auch der Zusammenhang zwischen der Haltung des gesamten Körpers und Emotionen, das so genannte «postural feedback» wurde untersucht. In diesen Experimenten wird die Körperhaltung der Versuchspersonen systematisch variiert. Riskind und Gotay (1982) brachten ihre Versuchpersonen entweder in eine aufrechte oder in eine gekrümmte Körperhaltung **(Abb. 6).**

Anschließend mussten sich beide Gruppen in aufrechter oder gekrümmter Haltung mit einem unlösbaren geometrischen Puzzle beschäftigen. Die Erfahrung von Hilflosigkeit und von erlebtem Stress war bei der Gruppe mit der gekrümmten Körperhaltung größer als bei der Gruppe, welche die unlösbare Aufgabe in einer

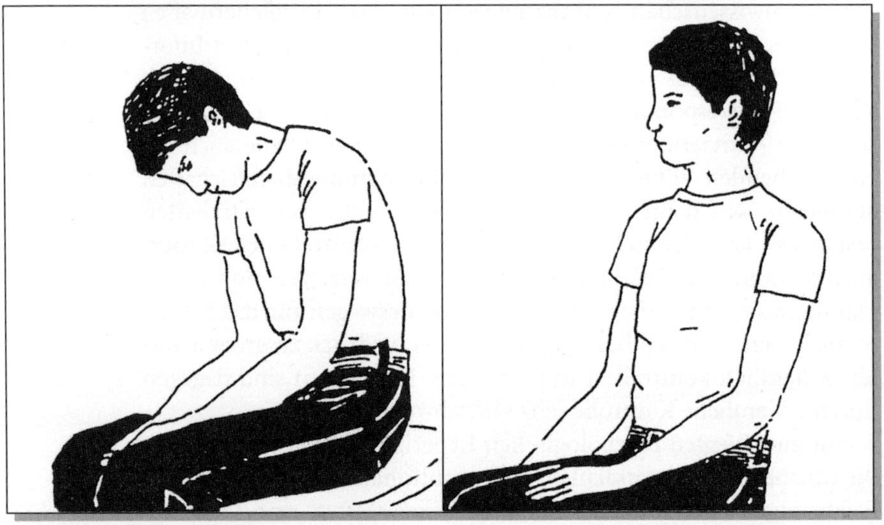

Abbildung 6: Ein Beispiel von Manipulation der Körperhaltung (Riskind, 1984)

aufrechten Haltung bearbeitet hatte. Riskind und Gotay (1982) plädieren dafür, die Rolle der Körperhaltung bei selbstregulatorischen Prozessen stärker zu beachten und wenden sich gegen einen Trend in der akademischen Psychologie, die sich ausschließlich mit Kognitionen beschäftigt. «…studying the self-regulatory role of postures might contribute by helping to counterbalance a recent tendency by many theorists to assume that central cognitive processes are the only organismic determinants of motivation and emotion ... Evidence is mounting that the reactions of people to stimuli are frequently integrated across body and cognitive reactions. This being the case, a broader eventual understanding of human motivation and emotion must perhaps consider not just the central cognitive processes in the person but also the feedback potentially provided by the person's own physical postures» (S. 296).

Ein ausgesprochen kreatives Experiment hierzu stammt von Stepper & Strack (1993). Unter dem Vorwand, die Ergonomie von Arbeitsmöbeln zu testen, wurden Versuchspersonen gebeten an einer Kombination von Sitzgelegenheit und Schreibtisch zu arbeiten, die so angelegt war, dass bei der einen Gruppe eine aufrechte und bei der anderen Gruppe eine gekrümmte Sitzhaltung induziert werden konnte. Die Gruppen erhielten dann ein fiktives Lob: Ihnen wurde mitgeteilt, dass sie in einem Intelligenztest überdurchschnittlich gut abgeschnitten hätten. Im Anschluss an das Lob wurden die Versuchspersonen aufgefordert, ihr Gefühl von Stolz über das Lob auf einer 10 Punkte Skala einzuschätzen. Die Personen, die das fiktive Lob in einer aufrechten Haltung empfangen hatten, waren signifikant stolzer auf ihr überdurchschnittlich gutes Abschneiden als die Versuchspersonen, die das fiktive Lob in einer gekrümmten Haltung erhalten hatten **(Abb. 7)**.

Stepper (1992) beschreibt in ihrer Dissertation eine sehr frühe Studie von Pasquarelli und Bull (1951), die ergab, dass eine bestimmte Körperhaltung die dazu «passende» Emotion nicht nur ermöglicht, sondern dass sie «unpassende» Emotionen auch verunmöglicht. «Die Autorinnen gaben ihren Versuchspersonen unter Hypnose und ohne direkte Angabe der Emotion die Anweisung, eine bestimmte Körperhaltung einzunehmen und in dieser konstant zu verbleiben... Hatten die Versuchspersonen die entsprechende Haltung eingenommen, wurde ihnen ein zu dieser Haltung inkonsistentes emotionales Stichwort mit der Instruktion gegeben, sich in die dazugehörige Emotion hineinzuversetzen. Die Ergebnisse zeigten, dass es den Versuchspersonen nicht möglich war, eine dem Stimuluswort entsprechende Emotion zu empfinden, so lange sie in der instruierten Körperhaltung verblieben. Berichteten die Versuchspersonen jedoch eine Anpassung ihrer Empfindungen, war dies automatisch mit einer Änderung der Körperhaltung verbunden, das heißt die Versuchspersonen ignorierten zwangsläufig die gegebene Instruktion» (Stepper, 1992, S. 24).

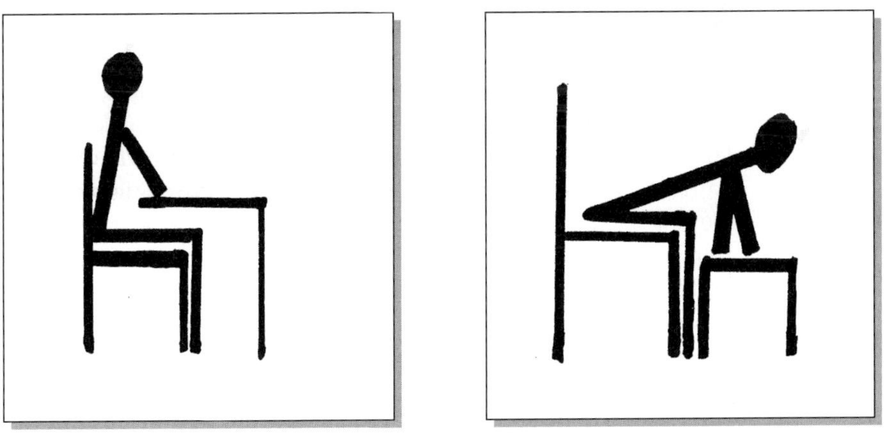

Abbildung 7: Manipulation der Sitzhaltung durch Arbeitsmöbel bei Stepper (1992)

Während in der Psychologie der Einfluss von körperlichen Komponenten auf Emotionen meistens nur anhand von rein motorischen Veränderungen in der Gesichtsmuskulatur und in der Körperhaltung untersucht wurde, geht die Neurowissenschaft in ihren Aussagen noch einen Schritt weiter: «Antonio Damasio stützt sich in seiner Hypothese der somatischen Marker... auf das gesamte Muster der somatischen und viszeralen Rückmeldungen vom Körper» (LeDoux, 2001, S. 315). Unter viszeralen Reaktionen versteht man die Gesamtheit der Reaktionen des autonomen Nervensystems (zum Beispiel Veränderungen des Blutdruckes und der Herzfrequenz, Schwitzen) und der hormonalen Reaktionen (z. B. Ausschüttung des Stresshormons Adrenalin). Die umfassendere Konzeption von Damasio könnte eine gute neurowissenschaftliche Grundlage für theoretische Überlegung über die Wirksamkeit von Atemtherapien und Entspannungsverfahren bieten. Stepper (1992) zitiert eine Studie von Bloch (1986), welche die Atmung und den Muskeltonus in ihre Untersuchung miteinbezogen hat. Bloch trainierte Schauspieler darin, ohne Angabe einer spezifischen Emotion ihre Atmung, den Muskeltonus, die Körperhaltung und den Gesichtsausdruck so zu variieren, dass sie dem Ausdruck bestimmter Emotionen entsprachen. Auch hier berichteten die Versuchspersonen die zum Körperausdruck «passenden» Emotionen. Bemerkenswert ist die Tatsache, dass die Versuchspersonen die durch den Körperausdruck erzeugte Emotion nur dann wieder verlassen konnten, wenn sie Atemübungen durchführten und ihre Körperhaltung wieder veränderten.

Über die Ursachen für die Zusammenhänge zwischen Körperprozessen und Emotionserleben wird momentan noch diskutiert (für einen Überblick siehe z. B. Geuter & Schrauth, 2001; LeDoux, 2001; Neumann & Strack, 2000). Dornes (1993) argumentiert aus der Sicht der modernen Säuglingsforschung dafür, dass, entwicklungspsychologisch gesehen, Gefühl und Körperausdruck von Anfang an eine Einheit bilden. Er belegt dies mit der «initialen Konkordanz» von Ausdrucksverhalten und Gefühl beim Säugling. Nach Dornes ist das Ausdrucksverhalten in Gesicht und Körper «nicht nur Indikator des Gefühls, sondern mit diesem konstitutiv verknüpft und trägt sowohl zur Entstehung als auch zur Aufrechterhaltung des Gefühls bei» (S. 114). Diese Ansicht erinnert an das Konzept Damasios, der den Körper als die «Bühne der Gefühle» bezeichnet (1994, S. 213). Eine andere Theorie zieht Konditionierungsprozesse in Betracht. «Mit einer emotionalen Erfahrung sind zwei Elemente verbunden: Ein externer Stimulus – bei der Emotion

«Stolz» zum Beispiel ein persönlicher Erfolg – und ein spezifisches Ausdrucksverhalten. Ein Stimulus kann eine affektive Erfahrung auslösen, die mit einem bestimmte Ausdruck verbunden ist. Ein Ausdrucksverhalten tritt also oft in enger zeitlicher Verknüpfung mit einem Affekt auf. Durch eine Art Konditionierungsprozess ist nun denkbar, dass eine Koppelung von Affekt und Ausdrucksmotorik als bedingter Reflex stattfindet... Damit könnte nicht nur der Affekt eine bestimmte Ausdrucksmotorik auslösen, sondern der umgekehrte Fall wäre ebenfalls denkbar: Der Ausdruck könnte eine affektive Erfahrung auslösen» (Stepper, 1992, S. 35).

Die Diskussion über die Wirkungszusammenhänge zwischen Körperausdruck, Emotion, Kognition, Handlung und über die Art und Weise, wie sie im Gedächtnis verankert werden, ist im Fluss und wird hoffentlich noch weiter intensiviert werden. Für die psychologische Praxis des Selbstmanagements genügt es jedoch im Moment, davon ausgehen zu können, dass die Körperhaltung einen Einfluss auf das emotionale Erleben von Menschen haben kann. Dieser Zusammenhang ist deswegen wesentlich, weil, wie wir bei der Darstellung des Rubikon-Prozesses schon gesehen haben, Emotionen die menschliche Motivation beeinflussen. In dieser Eigenschaft haben sie natürlich auch unmittelbare Auswirkungen auf entsprechende Handlungsdispositionen. Als Folge dieser Zusammenhänge kann man davon ausgehen, dass Körperhaltungen mit Handlungsdispositionen in Zusammenhang stehen.

Diese Grundannahme ist übrigens eine wesentliche Gemeinsamkeit von körpertherapeutischen Verfahren. «Spezifisch an körperpsychotherapeutischen Persönlichkeitskonzepten ... ist die Grundannahme, dass sich emotional bedeutsame Lebenserfahrungen und Grundhaltungen auch *körperlich* manifestieren, und dass umgekehrt ein habitueller Gebrauch des Körpers seinerseits Grundstimmungen und mentale Einstellungen zum Leben prägt» (Koemeda-Lutz & Peter, 2001). Die therapeutische Arbeit mit dem Körper bewirkt die Veränderung affektmotorischer Schemata (Downing, 1996), dies wiederum bewirkt Veränderungen des Erlebens und Handelns. Röhricht (2000) hat in seinem erst kürzlich erschienenen Buch eine lesenswerte Zusammenschau körpertherapeutischer Grundannahmen und wissenschaftlich abgesicherter psychologischer Forschung vorgenommen. Aus der Sicht der Praxis wäre es sehr zu begrüssen, dass der Körper in die akademische Psychologie allmählich Einzug hält. Grawe hat in seinem Buch «Psychologische Psychotherapie» eine sorgfältig elaborierte Konzeption vorgelegt, in der psychoanalytische, humanistische und verhaltenstherapeutische Ansätze unter dem Dach des akademisch-psychologischen Wissensbestandes integriert werden. Allerdings bleiben die KlientInnen bei Grawe noch weit gehend körperlos. Die Graweschen Integrationsabsichten bedürften in diesem Sinne noch einer körpertherapeutischen Erweiterung. Auch hierzu liegt, wie wir zu zeigen versucht haben, ein brauchbarer Fundus an empirisch abgesichertem Wissen vor.

Der Aufbau der körperlichen Ressourcen

In gedächtnispsychologischer Sprache wird das Ziel in dieser Phase des Ressourcenaufbaus zusätzlich zum kognitiven und zum emotionalen Code jetzt auch körperlich encodiert. Neurowissenschaftlich formuliert wird das neue neuronale Netz mit zieladäquaten körperlichen Repräsentationen verbunden. Um dies zu erreichen, bedient sich das ZRM-Training zunächst einer Vorgehensweise, wie sie aus der Hypnosetherapie (Kossak, 1989) und aus dem mentalen Training (Gubelmann, 1998) bekannt ist. Von den Neurowissenschaften wissen wir, dass die mentale Vorstellung von Bewegungen genügt, um die entsprechenden motorischen Areale im Gehirn zu plastischen Veränderungsprozessen anzuregen.

Ein eindrückliches Experiment hierzu stammt von Pascual-Leone et al. (1995). Pascual Leone und seine MitarbeiterInnen brachten ihren Versuchspersonen eine einfache Tonfolge auf dem Klavier bei, bei der nacheinander alle fünf Finger einer Hand benutzt werden mussten. Alle Versuchspersonen hatten vorher noch nie Klavier gespielt. Im Anschluss an den Unterricht wurden die Versuchspersonen nach einem Zufallsprinzip einer «Praxisgruppe», einer «Mental-Trainingsgruppe» und einer Kontrollgruppe zugewiesen. Die Praxisgruppe hatte die Aufgabe, die Klavierübung 5 Tage lang jeweils 2 Stunden täglich am Klavier zu üben. Die Mental-Trainingsgruppe wurde gebeten, vor dem Klavier zu sitzen und sich vorzustellen, wie ihre Finger die Übung ausführten und dabei auch die Melodie zu imaginieren. Dieser Gruppe war es nicht erlaubt, das Klavier zu berühren oder die Finger in der Luft zu bewegen. Die Kontrollgruppe führte nach der anfänglichen Einweisung, die alle Versuchspersonen zusammen erhalten hatten, keinerlei Übungen mehr aus, weder praktisch noch mental. Von allen drei Gruppen wurden mit transkranieller Magnetstimulation (TMS), einem nicht invasiven bildgebenden Verfahren zur Aufzeichnung von Gehirnaktivität, täglich die Innervierungsbereiche der kortikalen motorischen Gebiete abgebildet, welche die langen Fingerbeuger- und Streckermuskeln der benutzen Hand repräsentieren. Während des Untersuchungszeitraumes von 5 Tagen vergrößerten sich sowohl bei der Praxisgruppe als auch bei der Mental-Trainingsgruppe die kortikalen motorischen Gebiete des Innervierungsbereichs für beide Muskelgruppen der benutzten Hand, und die Aktivierungsschwelle sank. Bei der Kontrollgruppe war dies nicht der Fall. «...mental practice alone led to the same plastic changes in the motor system as those occuring with the acquisition of a skill by repeated physical practice. By the end of day 5, the changes in the cortical motor outputs to the muscles involved in the task did not differ between the physical and the mental practice groups» (Pascual-Leone et al., 1995, S. 1041) **(Abb. 8)**.

Nach Beendigung der Messungen wurde die Mental-Trainingsgruppe gebeten, die Tonfolge real zu spielen. Hierbei erreichte sie zwar nicht denselben Standard wie die Praxisgruppe, ihr Können entsprach aber – ohne jede praktische Übung – sofort dem Stand der Praxisgruppe vom 3. Tag. Außerdem erreichte die Mental-Trainingsgruppe nach einer Übungsphase von nur 2 Stunden den Stand der Praxisgruppe vom 5. Tag. Pascual-Leone et al. gehen davon aus, dass mentales Training reales Verhalten simuliert und deswegen die entsprechenden neuronalen Verbindungen im Gehirn aktiviert. Auch von psychologischer Seite wird diese Vorstellung allgemein unterstützt. «...research over the past several decades has shown that mental imagery has many of the same characteristics as a real experience» (Blair et al., 2001, S. 828). Die Vorbereitung durch mentales Training kann den praktischen Erwerb einer neuen motorischen Fähigkeit entscheidend beschleunigen. Dies gilt nicht nur für einfache Fingerübungen, sondern auch für Bewegungsabläufe von höchster Komplexität. Im Training von SportlerInnen ist mentales Training aufgrund dieser Effekte deswegen schon lange eine feste Grösse (Gubelmann, 1998). Pascual-Leone et al. weisen auch darauf hin, dass auch zahlreiche berühmte InstrumentalmusikerInnen mentales Training als einen Bestandteil ihrer Vorbereitungen auf Konzerte benutzen (Schönberg, 1987, 1988).

Die Ziele im ZRM-Training beziehen sich jedoch nicht nur auf motorische Fertigkeiten. Wenn eine Lehrkraft zum Beispiel als persönliches Ziel entwickelt hat: «Ich bin ruhig und gelassen», um auch angesichts einer unruhigen Klasse die Nerven zu behalten und professionell reagieren zu können, dann kann es für das entsprechende zielrealisierende Handeln entscheidend sein, dass die Lehrkraft sich

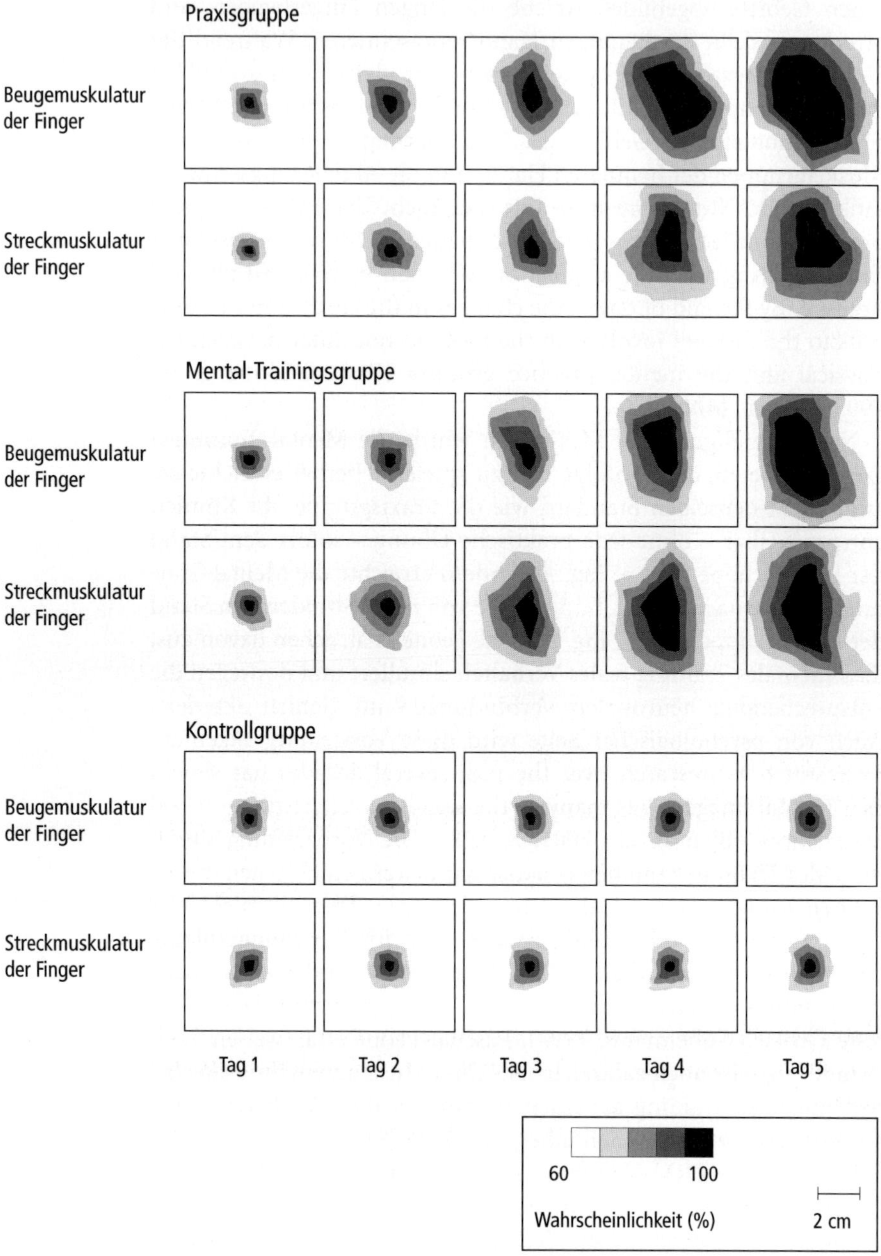

Abbildung 8: Veränderungen in der Aktivität des motorischen Cortex bei mentalem Training. Aktivitätsdarstellungen des motorischen Cortex, repräsentative Beispiele von einer Versuchsperson jeder Gruppe. (Pascual-Leone, 1995)

selbst so steuern kann, dass das Stresshormon Adrenalin gar nicht erst ausgeschüttet wird. Ist dies nämlich einmal geschehen, bringt dieses Hormon körperliche Veränderungen mit sich, die es deutlich erschweren, entsprechend dem Ziel ruhig und gelassen zu handeln. Die körperlichen Prozesse, die zur Repräsentation der Ziele entstehen müssen, wie sie im ZRM verfolgt werden, betreffen auch entsprechende Zustände des autonomen Nervensystems und dazu passende biochemisch-hormonelle Veränderungen. Aber auch diese Prozesse können über mentale Verfahren beeinflusst werden, die klinische Hypnosetherapie hat hierzu zahlreiche empirisch gut belegte Befunde aufzuweisen (Kossak, 1989).

Aufgrund dieser Überlegungen wird der körperliche Ausdruck, der mit dem zu realisierenden Ziel korrespondiert, im ZRM-Training zunächst mental vorbereitet. Die Teilnehmenden machen eine geleitete Fantasiereise, in der sie sich selbst bei der Ausführung des erwünschten zielrealisierenden Handelns imaginieren. Der von der Trainingsleitung gesprochene Text fokussiert dabei auf die körperlichen Merkmale des zielrealisierenden Handelns und zwar sowohl was skeletomotorische Aspekte angeht, als auch was die innere Wahrnehmung von Körperphänomenen wie zum Beispiel Wärmegefühle in bestimmten Körperregionen betrifft. Außerdem ermöglicht die Fantasiereise im ZRM den Teilnehmenden auch, entsprechende bildhafte Vorstellungen zum Beispiel von Landschaften zu entwickeln, durch die das implizite System oftmals besser angesprochen werden kann, als durch rein sprachliche Information. Die oben erwähnte Lehrkraft mit dem Wunsch nach Gelassenheit imaginierte sich selbst zum Beispiel auf einem Leuchtturm stehend, die unruhige See befand sich weit unterhalb. In dieser imaginierten Position auf dem Leuchtturm veränderte sich die Körperhaltung, die Atmung wurde tiefer, und die Person berichtete von einem «Freiheitsgefühl» in der Brust. Auf diese Weise wurde das neuronale Netz, welches dem Ziel korrespondierte, auch mit den Informationen, die den entsprechenden Körperausdruck beinhalten, zusätzlich gebahnt.

Im Anschluss an die Fantasiereise wird der mit dem Ziel korrespondierende Körperausdruck dann in der Realität hergestellt. Die praktische Vorgehensweise im ZRM-Training orientiert sich hier am psychodramatischen Methodenrepertoire. Da im Psychodrama versucht wird, das szenische Erleben möglichst realitätsgerecht und authentisch zu gestalten, wird sehr viel Wert auf eine adäquate «Rolleneinführung» der darstellenden Personen gelegt. Entsprechend elaboriert sind die Techniken, die verwandt werden, um Menschen ins Erleben zu bringen. Detaillierte Angaben hierzu sind im praktischen Teil zu finden. Nach unseren Erfahrungen unterscheiden sich die Trainingsteilnehmenden ganz erheblich darin, wie es ihnen gelingt, ihr Ziel auch körperlich zu repräsentieren, denn diese Arbeit setzt die Fähigkeit zur Propriozeption, zur Wahrnehmung der Vorgänge im eigenen Körper, voraus.

Einigen wenigen Menschen gelingt die körperliche Repräsentation ihres Ziels trotz der vorangehenden Fantasiereise überhaupt nicht. In diesem Fall sollte die Trainingsleitung nicht darauf insistieren, mit dem Körper zu arbeiten. Im ZRM wird von dem Konzept des Ressourcenpools ausgegangen, und in dieser Konzeption ist die körperliche Ressource eine von vielen möglichen. Der Ressourcenpool ist groß genug, dass jede Person darin etwas findet, mit dem sie arbeiten kann.

Eine weitere Gruppe von Teilnehmenden kann nur Wahrnehmungen für skeletomuskuläre Veränderungen entwickeln, aber keine Wahrnehmungen für Vorgänge im Körperinneren. Auch hier sollte die Trainingsleitung nicht insistieren, um keine Insuffizienzgefühle zu erzeugen. Wie wir aus den psychologischen Experimenten zur Körperhaltung gesehen haben, kann schon eine Veränderung der Haltung eine Veränderung der Stimmung mit sich bringen. Auch dies ist im Sinne des Ressourcenpools eine wertvolle Ressource. Ein 48jähriger Bauingenieur, der sich auf ein Bewerbungsgespräch vorbereitete, hatte sich folgendes Ziel entwickelt: «Ich baue auf meine Erfahrung, freundlich und souverän.» Da Bewerbungsgespräche meistens im Sitzen stattfinden, wurde im ZRM-Training sorgfältig herausgearbeitet, welche Sitzhaltung der gewünschten Verfassung entsprach. Über innere Wahrnehmungen konnte dieser Klient nicht berichten, er konnte zum Beispiel nicht einmal seinen Atem fühlen. Die Arbeit erbrachte jedoch, dass es für sein Ziel gut passte, wenn er seine Beine in einem ganz bestimmten Neigungswinkel übereinander schlug. Er fertigte von diesem Neigungswinkel seiner Beine dann eine Konstruktionszeichnung auf Millimeterpapier an. Mit dieser selbst erzeugten Erinnerungshilfe gelang es ihm, die gewünschte Verfassung zu unterstützen.

Für eine dritte Gruppe von Teilnehmenden stellt die Körperarbeit die wichtigste Ressource dar. Diese Gruppe besteht oft aus Menschen, die in Phase 2, bei der sprachlichen Arbeit am Ziel, Schwierigkeiten hatten. Die Körperarbeit hingegen ist «ihr Element». Sie berichten differenziert über innere Sensationen im ganzen Körper, wie zum Beispiel gut geerdete Füsse, Tonusunterschiede in den Extremitäten oder ein «prickelndes Humorgefühl an den Mundwinkeln». Die meisten von ihnen sind imaginativ begabt und versetzen sich mental in Landschaften, hören Melodien oder riechen Gerüche. Für einige von ihnen ist es sehr hilfreich, mit Farbassoziationen zu arbeiten. Sie berichten dann von einem «roten Bauch», von einem «blauen Farbfeld um den Kopf» oder von einer «Sonnenblume» am Solarplexus. Zentral an der Körperarbeit im ZRM-Training ist, dass es kein «gutes» oder «schlechtes» Abschneiden gibt, genauso wenig wie «richtige» oder «falsche» körperliche Merkmale. Im Mittelpunkt steht die Klientin oder der Klient und das, was den einzelnen Menschen beim zielrealisierenden Handeln unterstützt. Ob das neuronale Netz durch eine Konstruktionszeichnung auf Millimeterpapier gebahnt wird oder durch die Vorstellung einer goldenen Aura, ist für die Effizienz dieser Vorgehensweise irrelevant.

Anmerkungen:

(1) Emmons (1996) weist zu Recht darauf hin, dass mit allgemein formulierten Zielen die Gefahr verbunden sein kann, dass sie gerade wegen ihres hohen Allgemeinheitsgrades nur schwer überprüfbar sind. Woher kann ein Mensch genau wissen, dass er seinem Ziel «ein guter Mensch zu sein», handelnd entsprochen hat? Ein Mensch, der für sich formuliert hat «Ich spende 5 Prozent meines Einkommens an eine Hilfsorganisation für Kinder in der dritten Welt», hat es mit der Überprüfung seiner Zielerreichung wesentlich einfacher. Dies ist auch der Grund, warum in vielen Formen der psychologischen Beratung bewusst darauf verzichtet wird, allgemeine Identitätsziele zu formulieren. Stattdessen wird der Fokus auf konkrete Umsetzungsmaßnahmen gelegt. Da im ZRM-Training jedoch in Phase 4 zu den Identitätszielen konkrete Ausführungsintentionen geplant werden, können die Vorteile, welche Identitätsziele für die Motivation und für die Handlungssteuerung mit sich bringen, genutzt werden, gleichzeitig werden die Nachteile, die diese Ziele mit sich bringen können, vermieden.

(2) Jakob Levy Moreno, der Begründer des Psychodrama, hat dieses Phänomen übrigens schon früh erkannt und es in seiner Theorie der Spontaneität beschrieben. In jüngster Zeit hat Waldow (2001) begründet, warum Spontaneität im Sinne Morenos als handlungstheoretische Konzeption aufgefasst werden kann.

1.3.4 ZRM-Phase 4: Die Ressourcen gezielt einsetzen

Nachdem in Phase 3 ein umfassender Ressourcenpool erzeugt wurde, befasst sich Phase 4 des ZRM-Trainings damit, diese Ressourcen anzuwenden. In der Sprache des Rubikon-Prozesses werden jetzt Ausführungsintentionen gebildet. In der Art und Weise, wie Ausführungsintentionen gebildet werden, findet sich ein weiteres Spezifikum des ZRM. In den gängigen Verfahren wird bei der Bildung von Ausführungsintentionen darauf geachtet, dass allgemeine Ziele in konkretes Verhalten übersetzt werden. Walter & Peller (1994) empfehlen in ihrem Lehrbuch der Lösungsorientierten Kurzzeittherapie nach Steve de Shazer, Ziele «so spezifisch wie möglich» (S. 77) zu formulieren. Kanfer, Reinecker und Schmelzer (1990) schreiben zu diesem Aspekt ihrer Selbstmanagement-Therapie: «Viele Ziele werden als ausgesprochen vage und globale Absichtserklärungen formuliert (etwa «gesund werden», «zufrieden sein», «gute Umweltpolitik machen», etc.). Ein wichtiger Schritt auf dem Weg zu einem effektiven Umsetzen dieser Globalziele in reales Handeln besteht daher in der Zerlegung solcher vagen Absichten in eine Vielzahl konkreter Verhaltensweisen» (S. 461). Im ZRM-Training findet diese Zerlegung *nicht* statt. Im letzten Kapitel haben wir dargelegt, warum wir im ZRM davon ausgehen, dass allgemein formulierte Identitätsziele eine größere handlungssteuernde Potenz besitzen als konkrete Verhaltensziele. Allgemein formulierte Identitätsziele haben, insbesondere wenn sie anhand der im ZRM-Training verwendeten drei Kernkriterien formuliert sind, aufgrund ihrer hohen Generalisierbarkeit einen breiten Anwendungsbereich. Sie sind von starken positiven Emotionen begleitet und damit sehr motivierend. Dadurch, dass sie im impliziten Modus gespeichert sind, ermöglichen sie außerdem aufgrund von Vigilanzprozessen spontanes Verhalten. Darum wird im ZRM-Training auch bei der Bildung von Ausführungsintentionen weiterhin mit den allgemein formulierten Identitätszielen gearbeitet. Diese Art von Ziel stellt, *wenn es multicodiert ist,* ein neues neuronales Netz dar, das ohne weitere Konkretisierungsmaßnahmen handlungssteuernd wirksam wird, wenn es zuverlässig aktiviert werden kann.

Ausführungsintentionen werden darum im ZRM *ausschließlich* hinsichtlich darauf gebildet, wie die Ressourcen aus dem Ressourcenpool eingesetzt werden können. Hierbei können die Teilnehmenden selbst entscheiden, mit welchen Ressourcen sie ihre Erfahrungen machen wollen. Mit dieser Vorgehensweise, welche die Auswahl der verwendeten Ressourcen den Teilnehmenden selbst überlässt, wird die Wahrscheinlichkeit erhöht, jeden teilnehmenden Menschen bei den individuellen Vorlieben abzuholen. Viele Psychotherapieformen haben sich auf eine Methode spezialisiert. Es gibt Verfahren, deren Schwerpunkt auf der Sprache liegt, Verfahren, die mit Musik, Malerei oder Tanz arbeiten, Verfahren, die mit imaginativen Techniken arbeiten und Verfahren, die mit dem Körper arbeiten. Die Menschen, denen die jeweilige Methode entgegenkommt, fühlen sich in dieser Therapieform dann zuhause, andere können damit überhaupt nichts anfangen. In Phase 4 des ZRM-Trainings verfügen die Teilnehmenden über einen Ressourcenpool, der ein breites, vielfältiges und multimodales Repertoire enthält und sind frei in der Wahl ihrer bevorzugten Ressource. Auf diese Art gelingt es, dass im ZRM-Training so gut wie keine Widerstandsphänomene auftauchen. Ein Teilnehmer arbeitet mit der sprachlichen Zielformulierung weiter, ein anderer stimuliert sich über Musik, eine Teilnehmerin benutzt ihr Rosensymbol und eine andere arbeitet mit ihren körperlichen Merkmalen.

Bezüglich der Umsetzung ihrer Ziele in Handlung folgt das ZRM einem Kategoriensystem von drei verschiedenen Situationstypen. Die Teilnehmenden werden darauf vorbereitet, dass sie bei der Handlungsumsetzung folgende Situationen antreffen werden:

Situationstyp 0
- Situationen, in denen die Verwirklichung des Zieles einfach gelingt

Situationstyp 1
- Situationen, in denen die Verwirklichung des Zieles schwierig ist, die jedoch vorhersehbar sind und darum vorbereitet werden können

Situationstyp 2
- Situationen, in denen die Verwirklichung des Zieles schwierig ist, die unvorhersehbar sind und überraschend eintreten

Für Situationstyp 0 müssen im Training keine Ausführungsintentionen getroffen werden, hier genügt das, was bisher erarbeitet wurde, um zielrealisierend zu handeln. Situationstyp 1 bedarf spezifischer

Ausführungsintentionen. Situationstyp 2 kann direkt nach Trainingsende noch nicht bewältigt werden, denn bis die Automatisierung der neuen Handlungsabsicht soweit fortgeschritten ist, dass das überraschende Eintreten einer bestimmten Situation als Stimulus für das erwünschte Verhalten wirkt, wird längere Zeit benötigt. Es werden aber bereits im Training Informationen über den Umgang mit diesen Situationen gegeben.

Für Situationstyp 1 werden die Ausführungsintentionen sehr präzise schriftlich festgehalten, denn «Ausführungsintentionen schriftlich zu formulieren, hat sich in vielen Fällen bewährt» (Renner & Schwarzer, 2000, S. 43). Die Teilnehmenden überlegen sich genau, welche Kontextbedingungen sie antreffen werden, wenn sie ihr Ziel in einer schwierigen, aber vorhersehbaren Situation anwenden wollen. Anschließend planen sie, wie sie im Rahmen dieser Bedingungen ihre Ressourcen einsetzen können. Die Teilnehmerin, die mit dem Rosensymbol arbeiten möchte, beschließt zum Beispiel, dafür zu sorgen, dass bei ihrer nächsten Präsentation, bei der sie kompetent, charmant und selbstbewusst auftreten möchte, ein Rosenstrauß auf ihrem Pult steht. Ein Lehrer, der bevorzugt mit seinem Körper arbeiten möchte, richtet in seinem Klassenzimmer eine versteckte Ecke hinter einer großen Landkarte ein, die von der Decke herabhängt, hinter der er kurz verschwinden kann um seine Körperübungen zu machen. Eine Studentin, die in einer Prüfung ruhig und gelassen bleiben möchte, beschließt, zur Prüfung einen Pullover in ihrer Ressourcenfarbe Grün anzuziehen. Ein imaginativ begabter Teilnehmer, der in einem zerstrittenen Team seine Lebensfreude erhalten möchte, benutzt sein Bild aus der Fantasiereise, die ihn in einen portugiesischen Hafen führte und beschließt, bei der nächsten Teamsitzung kurzerhand das gesamte Team in einer Hafenkneipe in Portugal zu imaginieren.

Für die Auswahl der Situation, in der die Teilnehmenden ihr Ziel zum erstenmal in Handlung umsetzen wollen, werden von Seiten der Trainingsleitung zwei Kriterien bekannt gegeben. Die Situation soll zeitlich möglichst nah am Trainingsende sein, innerhalb einer Woche sollte der erste Versuch erfolgt sein. Diese Maßnahme erfolgt im Dienste der Transfersicherung, denn sie erinnert die Teilnehmenden daran, dass die Umsetzung ihrer Ziele nicht nur eine Absicht in ferner Zukunft ist, sondern dass mit der Ausführung möglichst sofort begonnen werden soll. Außerdem sollen die Teilnehmenden bei der Auswahl der Situation darauf achten, dass diese für den Anfang nicht *zu* schwierig ist. Die Situation soll zwar eine Herausforderung darstellen, die Erfolgswahrscheinlichkeiten sollen aber möglichst hoch sein. Dieses Kriterium wird begründet mit den aus den Neurowissenschaften bekannten Bedingungen für neuronale Plastizität. Neuronales Wachstum findet dann statt, wenn eine neuronale Verbindung *häufig* und *erfolgreich* benutzt wird. Von Hüther (1997) wissen wir, dass «immer diejenigen neuronalen Verschaltungen, die erfolgreich zur Auflösung des entstandenen Durcheinanders in den Netzwerken der Hirnrinde beitragen und die wir schließlich benutzen, um eine bestimmte Belastung zu bewältigen, auch gleich ausgebaut, besser, schneller und effizienter nutzbar gemacht werden» (S. 62). Grawe (1998) schreibt: «Jede bestätigende Rückmeldung bekräftigt die bestehenden synaptischen Verbindungsgewichte des dem Schema zugrunde liegenden neuronalen Erregungsmusters, so dass in Zukunft dieses Schema noch leichter aktiviert werden kann» (S. 444). Durch ein geschicktes Priming-Arrangement können die Teilnehmenden für die *Häufigkeit* der Benutzung sorgen. Durch eine geschickte Auswahl der Situationen können sie für die *erfolgreiche* Benutzung des neuen neuronalen Netzes sorgen. Dieses Vorgehen, Situationstypen nach ihrem subjektiv erlebten Schwierigkeitsgrad zu staffeln und nach ansteigendem Schwierigkeitsgrad zu bearbeiten, entspricht dem Vorgehen, das in der Verhaltenstherapie bei der systematischen Desensibilisierung eingesetzt wird.

Situationstyp 2 wird mit den Teilnehmenden ebenfalls besprochen. Dies geschieht vor allem in Hinblick auf den Erhalt der Selbstwirksamkeitsüberzeugungen auch angesichts von Misserfolgen, der Herstellung von «recovery self-efficacy» (Marlatt et al., 1995). Auch Kanfer et al. (1990) meinen: «Jede noch so gute Vorbereitung auf eine Stresssituation kann niemals *alle* Unwägbarkeiten berücksichtigen; eine komplexe Situation kann sich ganz anders entwickeln, als dies vorherzusehen war» (S. 435). Obwohl unerwartete Situationen per definitionem nicht vorhersehbar sind, können sie präaktional in gewisser Hinsicht vorbereitet werden. Das ZRM orientiert sich bei der Vorbereitung der Teilnehmenden an der Vorgehensweise, wie sie in der Verhaltenstherapie beim Stressimpfungstraining von Meichenbaum (1979) eingesetzt wird. Dieses Verfahren hat sich besonders bewährt bei «Personen, die multiplen Belastungen in ihrem Alltag ausgesetzt sind» (Novaco, 2000, S. 330).

Ein wesentlicher Teil dieses Trainings beruht darauf, dass den KlientInnen auf der theoretischen Ebene eine plausible Stresstheorie vermittelt wird, mit der sie sich und ihre Reaktionen beobachten und analysieren können. Bei Meichenbaum heisst diese Phase die Unterrichtsphase. Bezüglich der Auswahl des zu vermittelnden Lerninhaltes äußert Meichenbaum sich folgendermaßen: «In dieser Phase ist es am wichtigsten, dass der theoretische Rahmen dem Klienten plausibel erscheint und quasi natürlicherweise zu anwendbaren Methoden überleitet ... Man sollte hervorheben, dass für den Klienten die wissenschaftliche Validität eines bestimmten theoretischen Zusammenhanges weniger entscheidend ist als seine offensichtliche Gültigkeit oder der Anschein von Plausibilität» (Meichenbaum, 1979, S. 148). Meichenbaum selbst hat mit verschiedenen theoretischen Vorstellungen experimentiert und betont, dass die Unterrichtsphase des Stressimpfungstrainings ausschließlich im Dienste des Klienten zu stehen habe. «Der Zweck der Einführung in das theoretische Gerüst besteht nicht darin, den Klienten – vielleicht sogar gegen seinen Willen – zu überzeugen, irgendeine spezifische Erklärung seines Problems könnte Gültigkeit beanspruchen; stattdessen sollte man ihn ermutigen, seine Probleme aus einer spezifischen Perspektive zu betrachten, damit er die anschließende Therapie akzeptiert und mit dem Therapeuten zusammenarbeitet» (ebd., S. 148).

Das Stressimpfungstraining nach Meichenbaum rekurriert in der Unterrichtsphase hauptsächlich auf die Stresstheorie von Schachter und Singer (1962). Andere vergleichbare Trainings basieren auf der Stresstheorie von Lazarus (1966). Im ZRM-Training verwenden wir für die Vorbereitung der Teilnehmenden auf den Situationstyp 2 eigene theoretische Entwicklungen, die sich zwar an den gängigen Vorstellungen orientieren, die jedoch den Einsatz von Ressourcen fokussieren. Der Hinweis von Meichenbaum, dass die zu vermittelnde Theorie in der Unterrichtsphase sich mehr an der Anwendbarkeit für den Klienten und weniger an der aktuellen wissenschaftlichen Debatte zu orientieren hat, ist für das ZRM-Training deswegen von Belang, weil bisher konsequent ressourcenorientiert vorgegangen wurde. Deswegen haben wir im ZRM für die Unterrichtsphase im Training eine eigene Systematik für den Einsatz von Ressourcen auch in überraschenden Situationen entwickelt. Im wesentlichen orientiert sich diese Systematik an den aus der Verhaltenstherapie bekannten Methoden zur Selbstkontrolle und zum Selbstmanagement (eine gute Übersicht hierzu findet sich bei

Reinecker, 1999, S. 300 ff). Reinecker (1999) empfiehlt eine derartige Vorgehensweise als transfersichernde Maßnahme: «Zur Aufrechterhaltung eines therapeutischen Erfolges sind Strategien der Selbstkontrolle praktisch die Methode der Wahl... Therapie besteht in diesem Sinne in einer schrittweisen Reduktion der Kontrolle durch einen Therapeuten und einer ebenso kontinuierlichen Übernahme der Verantwortung durch die Klienten» (S. 328). Die ZRM-spezifische Systematik über den Einsatz von Ressourcen im Situationstyp 2 gibt den KlientInnen eine gute theoretische Grundlage zur Selbstbeobachtung, zur Situationsanalyse, zur Diagnose von Vorläufersignalen und zur Entwicklung von Sofortmaßnahmen zur frühestmöglichen Unterbrechung bereits angelaufener unerwünschter Automatismen. Eine genaue Darstellung dieser Systematik findet sich im Trainingsmanual in Kapitel 2.4.3.

1.3.5 ZRM-Phase 5: Integration und Transfer

Die Maßnahmen, die im Rahmen des ZRM-Trainings in Phase 5 ergriffen werden, betreffen den Themenkreis der sozialen Ressourcen. Der Begriff «soziale Ressource» stellt in der Literatur einen Sammelbegriff dar. Er wird von verschiedenen wissenschaftlichen Fachrichtungen benutzt und teilweise unterschiedlich definiert. (Ausführliche Überblicksarbeiten über die Begriffsgeschichte finden sich bei Laireiter, 1993; Röhrle, 1994 und Bachmann, 1998). Ein wesentlicher Punkt, in dem sich die Begriffsbildung unterscheidet, ist die Frage, wo soziale Ressourcen anzusiedeln sind. Es gibt Ansätze, in denen die sozialen Ressourcen als *Umweltressourcen* aufgefasst werden. Sie fokussieren das Vorhandensein, die Verfügbarkeit und die Effizienz von sozialen Netzwerken und sozialer Unterstützung. Andere Ansätze betrachten soziale Ressourcen letztendlich als *personales* Merkmal. Sie fokussieren auf die Fähigkeit des Individuums, soziale Ressourcen aufzubauen, sie als solche zu erkennen und zu nutzen, wenn sie vorhanden sind, und betonen auch, dass schon das bloße Wissen um soziale Ressourcen, deren psychische und nicht unbedingt deren tatsächliche Verfügbarkeit, entscheidende Gesundheit fördernde Einflüsse ausüben kann. Zu den Ansätzen, welche die personalen Aspekte von sozialen Ressourcen fokussieren, gehören auch diejenigen, die auf den Identität stiftenden Aspekt von sozialen Spiegelungsprozessen hinweisen. Dieser Aspekt ist vor allem aus der Tradition des symbolischen Interaktionismus bekannt (zum Beispiel Mead, 1934). Eine dritte Position, die auch für die theoretischen Überlegungen des Zürcher Ressourcen Modells wegleitend ist, geht davon aus, dass außer den Umweltaspekten und den personalen Aspekten zusätzlich noch das *transaktionale* Moment zwischen diesen beiden Aspekten wesentlich ist. Umweltressourcen und individuelle Ressourcen müssen miteinander eine Wechselwirkung eingehen, wenn sie wirksam werden sollen. «Handlungsressourcen auf der Seite des Individuums stellen die Voraussetzungen dar, optimal auf die Umweltressourcen zugreifen zu können» (Hornung und Gutscher, 1994, S. 74). Dieser Austausch zwischen Individuum und Umwelt stellt die Grundlage der wechselseitigen Transaktionen dar. Im ZRM-Training versuchen wir in Phase 5, die Entstehung sowohl der personalen Merkmalen als auch der Umweltmerkmale von sozialen Ressourcen anzuregen und deren Austausch schon im Training selbst zu planen.

Durch die Arbeit mit den somatischen Markern wurde im Verlauf der bisherigen Arbeit die Aufmerksamkeit der Teilnehmenden vorrangig auf das Thema «Selbstkongruenz» gelenkt. Die Teilnehmenden befassten sich hauptsächlich mit sich selbst und übten sich in Propriozeption. Dadurch, dass die Gruppe während des Trainings immer wieder angehalten war, nach der Vorgehensweise des «Ideenkorb» zu kommunizieren, wurde in der Gruppe eine Kommunikationskultur hergestellt, die eine liebevolle und respektierende Gesprächshaltung mit sich bringt. Diese Haltung ist im Training selbst außerordentlich wichtig, weil für die einzelnen Teilnehmenden die Themen, an denen sie arbeiten oft ganz neu entstehen. Die Teilnehmenden sind darum noch nicht geübt darin, ihre neuen Einstellungen und Ziele im sozialen Kontakt auch zu vertreten.

Wenn die Teilnehmenden nach dem Training den geschützten Rahmen der Trainingsgruppe verlassen, können sie nicht damit rechnen, dass die Menschen, denen sie «draußen» begegnen, ihnen dieselbe verständnisvolle Haltung entgegenbringen. Wir versuchen darum, die Teilnehmenden schon im Training selbst bestmöglich darauf vorzubereiten, sich auch im Alltag mit ihren neuen Lebensentwürfen und frisch entwickelten Handlungsmustern zurechtzufinden. Ein Mensch, der sich im Training zum Ziel gesetzt hat, gut mit seinen Energiereserven umzugehen, wird, sobald es ihm gelingt, das entsprechende neuronale Netz zu aktivieren, verstärkt darauf achten, wie viel Energien er zur Verfügung hat. Dies kann zur Folge haben, dass er zu Ansinnen, die von anderen Menschen an ihn herangetragen werden, vermutlich öfter «nein» sagt, als dies früher der Fall war. Sein soziales System, das ihn vorher als hilfsbereiten Menschen kannte, auf den man sich «als letzte Rettung» immer verlassen konnte, wird sich an dieses neue Handlungsmuster erst gewöhnen müssen.

Es wäre illusionär, davon auszugehen, dass diese Phase, in der das soziale System eines Menschen mit dessen neuen Handlungsmustern Bekanntschaft schließt, immer reibungsfrei verläuft. Bei dem eben genannten Beispiel haben die sozialen InteraktionspartnerInnen nicht unbedingt nur Vorteile von dem neu entwickelten Handlungsmuster; häufig sind für sie vermutlich mehr Unbequemlichkeiten als Bequemlichkeiten zu verzeichnen. Die Teilnehmenden haben im Training die vermutete Resonanz ihres sozialen Systems auf ihr neues Handlungsmuster in ihre Zielformulierung zwar mit einbezogen; die tatsächlichen Reaktionen der Umgebung stellen jedoch oft noch einmal neue Aspekte in den Raum, die eine entsprechende Anpassung und Balancierung des im Training erarbeiteten Zieles notwendig machen. Wie kann man nun die Teilnehmenden darin unterstützen, ihre neuen neuronalen Netze auch im rauen Wind des Alltags zu erproben und unter Einbezug der sozialen Resonanz angemessen zu evaluieren und auszubalancieren? Im ZRM-Training treffen wir hierzu eine Maßnahme, die auf der Ebene der Identität der Teilnehmenden arbeitet (personaler Aspekt) und eine Maßnahme, die auf der Ebene der sozialen Netzwerke und der sozialen Unterstützung arbeitet (Umweltaspekt) sowie der entsprechenden Transaktionen.

1.3.5.1 Der Identitätsaspekt

Der Begriff des Selbstsystems, so wie er im Zürcher Ressourcen Modell gebraucht wird, bezieht sich hauptsächlich auf das Innenleben einer Person. Er umfasst dabei sowohl bewusste als auch unbewusste Anteile. **(1)** Dieser Begriff ist für die Arbeit von Phase 1 bis Phase 4 angebracht. Um Themenstellungen zu bearbeiten, die mit sozialer Interaktion zu tun haben, so wie sie Thema der Phase 5 sind, erscheint uns jedoch der Begriff der Identität brauchbarer. Er wurde auch in diesem Sinne von Erikson (1973) eingeführt, der mit der Wahl dieses Begriffs und seinen entsprechenden theoretischen Überlegungen auf den sozial vermittelten Aspekt des psychischen Systems hinweisen wollte. Während Erikson noch davon ausging, dass ein Mensch in der Adoleszenz seine Identität ausbildet und diese bis zum Lebensende beibehält, besteht heute weit gehend Einigkeit darin, dass die Herausbildung von Identität ein Prozess ist, der in einer fortdauernden Balance mit der Umwelt ein Leben lang laufend neu aktiv hergestellt werden muss (Krappmann, 1997; Keupp, 1999, Fend 2001). Ein ausgezeichneter Überblick über die Geschichte des Identitätsbegriffs findet sich bei Barkhaus (1999).

In der heutigen Zeit plädieren einzelne AutorInnen sogar dafür, den Identitätsbegriff ganz aufzugeben. Identität entsteht zu einem wesentlichen Teil durch soziale Spiegelungsprozesse, so das Argument. Da die heutige Zeit eine Zeit des raschen Wandels ist, sind auch die sozialen Spiegelungsprozesse in stetiger Zunahme begriffen. Sie verändern sich so schnell, dass sie von einem Individuum nicht mehr in eine Einheit gefasst werden können. Gergen (1996) spricht z.B. vom «multiphrenen Individuum» mit mehreren Teilidentitäten, die nebeneinander existieren können. Er postuliert, dass Multiphrenie angesichts unserer aktuellen Verhältnisse der angemessenere Begriff für psychische Gesundheit sei als der auf Einheit abzielende Identitätsbegriff. Wir teilen diese Ansicht nicht (ausführlich zu dieser Debatte siehe Storch, 1999).

Die Konzeption von Identität, die im Zürcher Ressourcen Modell verwendet wird, geht davon aus, dass Einheitsbildung nach wie vor möglich ist, auch wenn die Einflüsse aus der Außenwelt tatsächlich zahlreicher geworden sind. Das Ziel, das die Teilnehmenden sich erarbeitet haben, wird identitätstheoretisch als neue Teilidentität gesehen. Ein Mensch, der sich bisher selbst als «hilfsbereit» gesehen hat, beschließt nun, eine neue Facette in seine Vorstellung von sich selbst aufzunehmen, nämlich die Abgrenzung. Um psychisch gesund zu bleiben, ist es wesentlich, die neue Teilidentität kohärent in die bestehenden Vorstellungen von sich selbst einzubinden.

Eine für die Praxis sehr brauchbare Vorstellung davon, wie Individuen Kohärenz in ihre innere Vielfalt bringen, sind die Ansätze zum Thema «Narration» (McAdams, 1997, Keupp, 1999). Diese Ansätze gehen davon aus, dass innerpsychische Kohärenz dadurch erzeugt wird, dass das Individuum für sich selbst eine passende Geschichte, ein Narrativ, entwickelt. Ein solches Narrativ könnte für den hilfsbereiten Menschen aus unserem Beispiel möglicherweise so aussehen: «Ich war das älteste von 5 Geschwistern und war immer verantwortlich für die anderen. Darum habe ich ein überdurchschnittliches Verantwortungsgefühl entwickelt und dachte immer, ich kann die anderen doch nicht einfach hängen lassen. Aber im Lauf der Zeit war ich so ausgebrannt, dass es so einfach nicht mehr weiterging. Ich muss jetzt lernen, besser auf mich selbst zu achten, denn wenn ich krank werde, nütze ich den anderen schließlich auch nichts mehr.»

Ob ein Narrativ als passend erlebt wird oder nicht, entscheidet das *Identitätsgefühl* des Individuums. «Identität ist ein Projekt, das zum Ziel hat, ein individuell gewünschtes oder notwendiges «Gefühl von Identität» (sense of identity) zu erzeugen» (Keupp, 1997, S. 34). Auch Blasi (1988, 1991) betont diese emotionale Komponente von gelungener Identität. **(2)** Im ZRM-Training wird darum in Phase 5 ein solcher Narrationsprozess in die Wege geleitet. Dies geschieht, indem die Reflexion darüber angeregt wird, welchen Weg die Teilnehmenden im Verlauf des Trainings gegangen sind, vom ersten Bild, das sie ausgewählt haben, über ihr Ziel bis zu ihrem Ressourcenpool. Am Ende dieser Reflexion steht die Aufforderung, ein eigenes Bild zu malen, das diese Erkenntnisse integriert. Die Narrationsarbeit wird also einmal eher sprachlich analytisch und zusätzlich auch ganzheitlich-kreativ angeregt.

Die Narrationsarbeit wird zwar vom Individuum selbst geleistet, doch auch dies geschieht in der Interaktion mit dem sozialen System. Ohne ein Mindestmass an sozialer Spiegelung kann das Identitätsgefühl nicht entstehen. «Basale Voraussetzung für dieses Gefühl sind soziale Anerkennung und Zugehörigkeit» (Keupp, 1997, S. 34). Die Geschichte, die ein Individuum über sich selbst entwickelt, muss von Mitmenschen, deren Ansichten für dieses Individuum bedeutsam sind, zur Kenntnis genommen und zumindest in Ansätzen geteilt werden, um ihre identitätskonstitutive Funktion zu entfalten (siehe zusammenfassend Bachmann, 1998, S. 17). Da die Trainingsteilnehmenden sich im Lauf des ZRM-Trainings gegenseitig sehr gut kennengelernt haben, liegt es nahe, den ersten Versuch, ein kohärentes Narrativ zu bilden, noch im Training selbst mit den Trainingsteilnehmenden vorzunehmen. Sie erhalten durch dieses Arrangement füreinander den Status von sozialen Ressourcen, denn die Anteilnahme der Anderen hilft jedem einzelnen, das neue neuronale Netz, das entsprechende Ziel bzw. die entsprechende Teilidentität kohärent in der bisherigen Identität zu verankern. Darum wird die Reflexion «Mein Prozess im Trainingsverlauf» auch in Kleingruppen besprochen und Auszüge davon im Plenum mitgeteilt. Dies alles dient auch der sozialen Konstruktion von Wirklichkeit (Berger & Luckmann, 1984).

1.3.5.2 Der Umweltaspekt

Wenn soziale Ressourcen unter dem Aspekt der Umweltressourcen betrachtet werden, geschieht dies im Hinblick auf die Verfügbarkeit von Menschen, mit denen soziale Austauschprozesse überhaupt möglich sind. Zwei Komponenten können hierbei unterschieden werden: die *strukturelle* und die *funktionale* Komponente. Die strukturelle Ebene wird in der Literatur hauptsächlich im Zusammenhang mit dem Thema «Netzwerke» diskutiert. Hierbei wird untersucht, über welches soziale Netz Individuen verfügen, wie viele Mitglieder diese Netze enthalten, wie dicht die einzelnen Mitglieder eines sozialen Netzes wiederum untereinander vernetzt sind oder wie sich die Beziehungen der Mitglieder soziometrisch erfassen lassen. Die funktionale Komponente ist Thema von Untersuchungen zum «social support», der sozialen Unterstützung. Im Zentrum der Analysen steht hier der emotionale Austausch der Netzwerkmitglieder untereinander, das Klima im Netzwerk und die Zufriedenheit der Individuen mit der Unterstützung, die sie durch ihr Netzwerk bekommen. Auch wenn über die Einzelheiten der genauen Wirkungszusammenhänge all dieser Bereiche noch diskutiert wird, ist doch ein zentrales Ergebnis der Gesundheitspsychologie, dass soziale Ressourcen sowohl unter dem strukturellen als auch unter dem funktionalen Aspekt einen wesentlicher Faktor von psychischer Gesundheit darstellen (Bachmann, 1998, S. 30 ff).

Strukturell gesehen verfügen die Trainingsteilnehmenden zu Ende des Trainings noch nicht über ein Netzwerk, mit dem sie ihre Erfahrungen mit den neuen Handlungsmustern austauschen können. Unsere Erfahrungen in Gesprächen mit «Ehemaligen» oder bei Follow-up-Tagen zeigen, dass dies jedoch ein großes Bedürfnis der Trainingsteilnehmenden darstellt. Die Teilnehmenden machen im ZRM-Training nicht nur bedeutsame Schritte im Hinblick auf ihre Persönlichkeitsentwicklung, für deren Konsolidierung sie soziale Spiegelungsprozesse benötigen. Sie lernen im Verlauf des ZRM-Trainings auch viel Theorie kennen, die es zu verarbeiten gilt. Die GesprächspartnerInnen aus den bisherigen sozialen Netzen haben in der Regel in dieser Hinsicht ein Defizit und können daher nicht dieselbe Unterstützung leisten wie Menschen, die das Training ebenfalls besucht haben und über dasselbe Hintergrundwissen verfügen. Dieses Problem dürfte vielen PraktikerInnen bekannt sein. Auch Menschen, die selbst schon einmal unter professioneller Anleitung einen wesentlichen Entwicklungsprozess psychologischer Natur erlebt haben, haben vielleicht schon die Erfahrung gemacht, dass selbst wohlmeinende Menschen aus dem engeren sozialen System manchmal nur mit Mühe in der Lage sind, den Berichten von den Erlebnissen aus der Psychotherapie oder aus dem Seminar zu folgen. Dies beginnt meist schon bei der Verwendung von Fachausdrücken, die im professionellen Setting ausführlich erläutert werden, die von den Betroffenen selbst jedoch nicht so einfach weitergegeben werden können. Aus Untersuchungen zum Bereich der Erwachsenenbildung weiss man, dass der Lerntransfer von Seminarinhalten durch soziale Unterstützung der am Training beteiligten «peers» wesentlich verbessert werden kann (Schmidt, 2001).

Zum Begriff des somatischen Markers zum Beispiel erhalten die Teilnehmenden im ZRM-Training ein ausführliches Impulsreferat, sie haben Gelegenheit, in Plenumsrunden nachzufragen und lernen diesen Begriff im Laufe der Trainingsarbeit durch «learning by doing» auch ganz konkret kennen. Dieser Wissens- und Erfahrungsvorsprung ist gegenüber FreundInnen, PartnerInnen oder KollegInnen, so unsere Erfahrung, nur schwer wettzumachen. Einige Teilnehmende helfen sich kurzerhand damit, dass sie die Personen, an denen ihnen gelegen ist, ebenfalls in das ZRM-Training schicken, um diese gemeinsame Basis herzustellen. Dies ist natürlich eine gangbare Möglichkeit, auf die wir im ZRM-Training selbst jedoch nicht ausschließlich bauen wollen. Wir empfehlen daher unseren Teilnehmenden schon im Training selbst, sich aus dem Kreis der aktuell vorhandenen Gruppe ein neues soziales Netzwerk aufzubauen. Wie wir diesen Prozess genau anleiten, wird im Trainingsmanual in Kapitel 2.5.2.2 erläutert.

Auch *funktional* gesehen ist die Kompetenz von Personen, die miteinander ein ZRM-Training durchlaufen haben, die Qualität der sozialen Unterstützung im Netzwerk sicherzustellen, sehr hoch anzusiedeln. Sie haben im Training eine konstruktive, ressourcenorientierte und respektvolle Kommunikationskultur entwickelt. Sie haben gelernt, ihre sprachlichen Äußerungen sorgfältig auszuwählen und haben außerdem gelernt, die Auswirkungen ihrer Äußerungen beim Gegenüber anhand der somatischen Marker zuverlässig zu diagnostizieren. Von daher sind optimale Bedingungen gegeben, dass der Austausch in den Netzwerkgruppen auch ohne Beisein von TrainerInnen gute Ergebnisse zeitigen kann. Dieser Effekt ist von den TrainerInnen gewollt und wird auch während des Trainings selbst immer wieder angesprochen. Die Hilfe zur Selbsthilfe, die das Zürcher Ressourcen Modell theoretisch vorsieht, wird im Training selbst nicht nur auf das Individuum beschränkt. Die Kommunikationskultur, die den Teilnehmenden vermittelt wird, erzeugt auch die Möglichkeit, nach dem Training eine Art eigenverantwortlich arbeitende Intervisionsgruppe weiterzuführen, und diese soziale Ressource sollte genutzt werden.

Dadurch, dass die Teilnehmenden im Verlauf des Trainings über sehr persönliche Dinge gesprochen haben und dass auch alle dem Prinzip der Schweigepflicht zugestimmt haben, besteht außerdem ein stützendes, wohlwollendes und offenes Klima in der Gruppe. Die Teilnehmenden fühlen sich in ihren persönlichen Anliegen wertgeschätzt und erleben ihre GesprächspartnerInnen als Anteil nehmend und hilfsbereit. Auch diese Komponente stellt eine soziale Ressource dar, die ein Mensch alleine für sich nur mit viel Arbeit aufbauen kann. Darum ist es auch unter ökonomischen Gesichtspunkten sinnvoll, diese Ressource aus dem ZRM-Training zu nutzen. Von einzelnen Netzwerkgruppen wissen wir, dass sie schon über mehrere Jahre hinweg existieren und inzwischen einen Status erreicht haben, der weit über die einstmals aktuellen Themen des ursprünglichen ZRM-Trainings hinausgeht. Sie haben sich bewährt als Quelle von sozialer Unterstützung bei Todesfällen, Lebenskrisen, beruflichen Schwierigkeiten und als Ratgeber für den Umgang mit Erziehungsproblemen. Dies freut uns sehr, denn es zeigt, wie ein Ansatz zum Thema «Selbstmanagement» dazu beitragen kann, dass auch Gruppen lernen, sich selbständig gut zu managen.

Anmerkungen

(1) Dies unterscheidet den Begriff des Selbstsystems vom Begriff des Selbstkonzeptes. In der akademisch – psychologischen Literatur werden mit dem Begriff des Selbstkonzeptes meistens diejenigen psychischen Anteile bezeichnet, die einem Menschen bewusst sind und über die er in einem Fragebogen oder in einem Interview Auskunft geben kann. Der Begriff des Selbstsystems umfasst hingegen bewusste und unbewusste Anteile.

(2) Wenn man mit der Theorie der somatischen Marker vertraut ist, scheinen hier natürlich sofort interessante Parallelen auf. Es wäre eine wissenschaftliche Untersuchung wert, identitätstheoretische Überlegungen, die auf die emotionale Komponente von Identität abheben, mit der neurowissenschaftlichen Theoriebildung in Beziehung zu setzen.

Teil 2: Trainingsmanual

Einleitung

In diesem Kapitel erfahren Sie, welchen Nutzen dieses Trainingsmanual «Profis» und Trainingsteilnehmenden bietet, Sie erhalten Tipps zum Gebrauch des Manuals, Informationen zu Trainingsaufbau und Trainingsrahmen sowie didaktische Empfehlungen für die Durchführung.

Der Nutzen für TrainerInnen

TrainerInnen bekommen mit diesem Training ein wissenschaftlich fundiertes und evaluiertes sowie vielfach erprobtes Manual an die Hand. Es hat ein breites Anwendungsfeld und eignet sich für einen unbegrenzten Adressatenkreis. Das Manual ist klar strukturiert und zugleich variabel, an unterschiedliche Zielsetzungen und Rahmenbedingungen anpassbar. Es beinhaltet

- konkrete Anleitung zum Vorgehen,
- Impulsreferate zum theoretischem Hintergrund und
- Kopiervorlagen von Arbeitsunterlagen für die Teilnehmenden.

Kurzum, das Manual bietet Orientierung, Zeitersparnis und Sicherheit.

Der Nutzen für TrainingsteilnehmerInnen

Die Teilnehmenden lernen, auf eine neue, ressourcenorientierte Art mit sich umzugehen. Sie erleben ressourcenorientiertes Wahrnehmen, Denken, Fühlen und Handeln in ihren konstruktiven Auswirkungen auf sich und auf andere. Sie klären, was ihnen in ihrer aktuellen Lebenslage besonders wichtig ist und entscheiden, wohin sie dementsprechend ihre Aufmerksamkeit und ihre Energien lenken wollen. Sie lernen, Ziele so zu entwickeln, dass sie von ihrer Gesamtpersönlichkeit getragen sind und somit beste Chancen haben, handelnd verwirklicht zu werden. Sie werden angeleitet, eigene Stärken und Möglichkeiten als Ressourcen zu erkennen, sie wertzuschätzen und systematisch zu nutzen. Sie erweitern ihren Entscheidungsspielraum und ihr Handlungsrepertoire, auch für schwierige Situationen. Last not least eignen sich die Teilnehmenden ein ressourcenorientiertes, lustvolles Verfahren des Selbstmanagements an, auf das sie jederzeit mit Gewinn zurückgreifen können.

Tipps zum Gebrauch des Manuals

Das Manual beschreibt den genauen Ablauf des Trainings. Schritt für Schritt werden die einzelnen Lernphasen dargestellt und erläutert, welcher Part dabei der Leitung zukommt. Das betrifft vor allem

- Impulsreferate, die den Übungen vorangehen (in Kästen hervorgehoben),
- Gestaltungsvorschläge für die zugehörigen Flipcharts,
- Anweisungen für die Einzel- und Gruppenarbeit und
- die hierbei zum Einsatz kommenden Arbeitsunterlagen für die Teilnehmenden.

Als Lesehilfen sind folgende **Hinweissymbole** an den Seitenrändern angebracht:

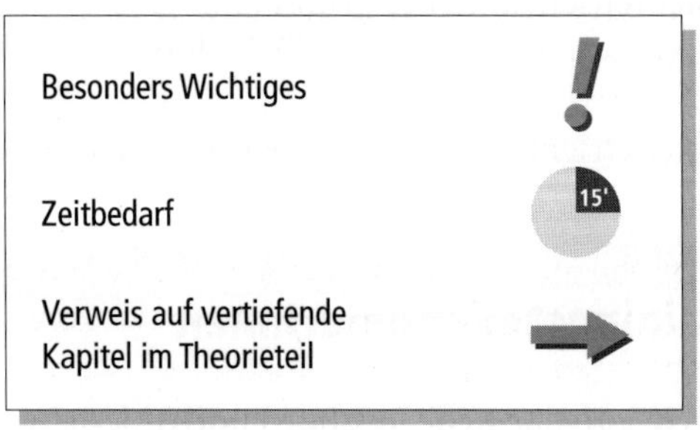

Aufbau des Trainings

Trainingsübersicht – Advance Organizer

Das Training ist stufenweise aufgebaut und folgt einer inneren Logik. Es ist wichtig, die Reihenfolge der einzelnen Trainingsphasen beizubehalten. Der nachfolgende Advance Organizer gibt die fünf Hauptphasen des Trainings wieder:

Phase 1	Phase 2	Phase 3	Phase 4	Phase 5
Mein aktuelles Thema klären	Vom Thema zu meinem Ziel	Vom Ziel zu meinem Ressourcenpool	Mit meinen Ressourcen zielgerichtet handeln	Integration, Transfer und Abschluss

Zu Kapitelbeginn jeder Phase zeigt der Advance Organizer an, wieweit das Training vorangeschritten ist.

Transfersicherung

Ein Qualitätsmerkmal des ZRM ist die Bedeutung, die dem Transfer beigemessen wird. Vorkehrungen zur Transfersicherung werden sowohl während des Trainings als auch beim Übergang vom Training in den Alltag ergriffen. Als weitere, dem Transfer dienliche Maßnahme hat sich bewährt, zwei bis sechs Monate nach Trainingsabschluss eine sorgfältig geplante eintägige Follow up-Veranstaltung durchzuführen. Im Sinne einer Prozessbegleitung und Erfolgssicherung dient sie dazu, die bis dahin gemachten Erfahrungen zu evaluieren und den weiteren Transfer zu optimieren.

Der Trainingsrahmen

Durchführungsmodi und Zeitbedarf

Die Durchführung des Trainings kann sowohl durchgehend, kompakt, als auch sequentiell, an mehreren Einzeltagen erfolgen. Der hierbei erforderliche Zeitaufwand variiert vor allem in Abhängigkeit von der Zahl der Teilnehmenden. Auch die zur Verfügung stehende Zeit und nicht zuletzt das Budget bestimmen den Rahmen mit.

Bei **kompakter Durchführung** dauert das Training zwischen 2 und 5 Tagen, mit jeweils 6 bis 7 Stunden Arbeitszeit. Um auch hier die Möglichkeit zu bieten, Live-Erfahrungen zu machen und einzelne Zwischenprodukte des Trainings im Alltag zu testen, empfiehlt sich ein eher großzügiger Zeitrahmen, der entsprechende Übungsfenster einschließt.

Bei **sequentieller Durchführung** sind 5 bis 6 Halbtage zu je 3 Stunden Arbeitszeit vorgesehen. Der Abstand zwischen den einzelnen Treffen kann zwischen wenigen Tagen und zwei Wochen liegen.
Unser Tipp: 3 Tage en bloc oder 5 bis 6 Sequenzen zu je 3 Stunden.

Teilnehmerzahl und Teilnehmervoraussetzungen

Wir empfehlen, die maximale Zahl der Teilnehmenden auf 12 Personen zu beschränken. Steht eine erfahrene und mit dem Zürcher Ressourcen Modell vertraute CoLeitung zur Verfügung, so kann die Teilnehmerzahl um weitere neun Personen erhöht werden. Diese relativ kleine Gruppengröße ist deshalb nötig, weil die Teilnehmenden einen intensiven Entwicklungsprozess durchlaufen. Um diesen sorgfältig, individuell und verantwortungsbewusst zu begleiten, ist nach unserer Erfahrung, zumindest streckenweise, ein hoher Betreuungsaufwand erforderlich. Auf Seiten der Teilnehmenden sind keine speziellen fachlichen Voraussetzungen erforderlich. Allerdings zeigt die Erfahrung, dass ein gewisser Grad an Offenheit und Neugier, sowie die Bereitschaft, sich auch auf Neues, Unbekanntes einzulassen, den zu erwartenden Ertrag erheblich zu steigern vermag.

Bedarf an Räumen, Material, Medien

Da im Laufe des ZRM-Trainings häufig in Kleingruppen gearbeitet wird, bedarf es außer eines Raumes für das Plenum noch 2 bis 3 kleinerer Nebenräume. Für den Plenumsraum selbst hat sich eine Kreisbestuhlung bewährt, mit einigen wenigen Tischen *außerhalb* des Kreises. Diese Tische können bei Bedarf für Schreibarbeiten im Plenum oder für Phasen der Kleingruppenarbeit genutzt werden.

Die **Ausstattung** sollte umfassen

- 1 bis 2 Flipcharts, Papier, Filzschreiber
- Pinnwände (je eine pro 4 Teilnehmende)
- 1 Bildkartei (siehe Kapitel 2.1.1.3)
- 1 Musikabspielgerät
- Entspannungsmusik
- Pausenmusik
- Malpapier, Malkreiden und Filzschreiber.

Für jeden Teilnehmenden sollte zudem eine leere Mappe vorhanden sein. Hier hinein heften die Teilnehmenden die nach und nach verteilten **Arbeitsblätter** und erstellen so ihr **persönliches Handbuch.**

Didaktische Empfehlungen

Wieviel Theorie braucht es?

Im ZRM messen wir der Theoriebildung einen zentralen Stellenwert bei. Es gibt dafür zwei Gründe.

Wie bereits gesagt, geht es im ZRM-Training schlussendlich um Handlungskompetenz und Erweiterung des Handlungsrepertoires. Dennoch ist es uns ein wichtiges Anliegen, den aktuellen wissenschaftlichen «state of the art» optimal zu nutzen und ihn sowohl in das Gesamtkonzept des Trainings als auch in die einzelnen Verfahrensschritte einfließen zu lassen. Der erste, theoretische Teil dieses Buches macht diesen Anspruch deutlich.

Aber auch für die Teilnehmenden erscheint uns das Thema bedeutsam. Sie sollten während des Trainingsverlaufs stets wissen, auf welchem theoretischen Hintergrund die jeweiligen Trainingsphasen aufbauen. Dies erlaubt ihnen ein kritisches Mitdenken und erleichtert, das Erlebte auch kognitiv einzuordnen. Zudem erwerben sie, neben dem prozeduralen Know-how, zugleich auch theoretisches Wissen, das sowohl für sich gesehen nützlich ist, als auch das neue Handeln unterstützt. Es kann Teilnehmende stärken, sich erfolgreich als «Experte in eigener Sache» zu erleben und damit das für psychische Gesundheit so bedeutsame Selbstwirksamkeitserleben zu fördern.

→ Selbstwirksamkeitserleben 1.3.2.3

Fazit: Jedes Element des Trainings wird von einem Impulsreferat begleitet. Es hat sich bewährt, diese Impulse knapp zu halten (10 bis maximal 30 Minuten) und allfällige Vertiefungen am Interesse der Teilnehmenden auszurichten. Wo immer möglich, sollte mit Visualisierungen gearbeitet werden, mit lebendigen Bildern, Metaphern, Farben und Beispielen.

Eng hiermit verbunden ist das Thema Transparenz: Im ZRM sollen die Teilnehmenden stets wissen, worauf sie sich im nächsten Schritt einlassen. Das beginnt in der Einstiegsphase mit einer Programmvorschau und setzt sich im Training permanent fort, indem der aktuelle Stand und die nachfolgenden Schritte visualisiert und erläutert werden. Dieses Vorgehen ermöglicht es den Teilnehmenden, bei allem zwischenzeitlichen Involviertsein immer wieder mal «aufzutauchen» und sich zu orientieren. Es erlaubt ihnen, das Erlebte mit Abstand zu sichten und es, zusammen mit den neu hinzugekommenen Theorieimpulsen, sinnvoll zu ordnen und in ihre bisherigen Strukturen zu integrieren.

Arbeiten und Kommunizieren nach dem «Hebammen-Prinzip»
Das «Hebammen-Prinzip» benennt eine spezifische Haltung, einen Kommunikations- und Kooperationsstil, der den Umgang zwischen Leitung und Teilnehmenden ebenso wie den der Teilnehmenden untereinander kennzeichnet. Das Prinzip wird der Gruppe im Rahmen der «Spielregeln» (siehe Kapitel 2.1.1.1) sorgfältig erläutert, da es das Klima in der Gruppe wie auch die Qualität der erzielten Ergebnisse maßgeblich beeinflusst.

Das Prinzip geht von der aus der humanistischen Psychologie bekannten Annahme aus, dass alle Menschen zu erkennen vermögen, was für sie jeweils wünschenswert und zuträglich, beziehungsweise nicht zuträglich ist. Zudem beinhaltet es die Überzeugung, dass Menschen grundsätzlich selber im Stande sind, ihre Ziele anzugehen und auftretende Probleme selbst zu lösen. Im Umgang mit anderen – hier also mit den übrigen Teilnehmenden – hat dies mehrere Konsequenzen:

Oberstes Gebot ist, einander aufmerksam und verständnisvoll zuzuhören, die/den Anderen zu akzeptieren, den «Geburtsprozess» zu begleiten und zu erleichtern. In dieser Hebammenhaltung trachten die Teilnehmenden danach, ihr Gegenüber darin zu unterstützen, dass es, sei es durch Bilder, Gesten oder Worte, das ans Licht zu bringen vermag, womit es «schwanger geht». Diese Hebammenhaltung bedeutet für die Leitung ebenso wie für die Teilnehmenden, sich mit eigenen inhaltlichen Stellungnahmen, Urteilen und Ratschlägen zurückzuhalten, es sei denn, diese werden vom Gegenüber ausdrücklich erbeten oder durch das didaktische Arrangement explizit gefordert (z. B. im so genannten «Ideenkorb-Verfahren», siehe Kapitel 2.1.2.2).

Es versteht sich von selbst, dass die Leitungspersonen durch ihre Hebammen-Haltung, ihre Offenheit, ihren ressourcenorientierten, kooperativen Umgang mit sich selbst und mit anderen Modellcharakter haben. Hierin glaubwürdig zu sein, ist ein wesentlicher Erfolgsparameter im Lernprozess der Gruppe.

Die Gruppe gezielt als Ressource nutzen

Obwohl das ZRM-Training auf die Entwicklung der individuellen Person ausgerichtet ist, spielt die Trainingsgruppe und die aus ihr erwachsenden Kräfte und Potenziale eine zentrale Rolle. Das didaktische Bemühen der Leitung richtet sich daher darauf, unter den Teilnehmenden gute, tragfähige Beziehungen zu fördern und ein Klima von Vertrauen, Offenheit und Kooperation entstehen zu lassen. Bereits in der Anfangsphase, gleich zu Beginn, erlebt dies die Gruppe anhand einer strukturierten Kennenlernrunde. Im weiteren Verlauf sind es die immer wiederkehrenden Kleingruppenarbeiten, die das Medium für den Aufbau tragfähiger, vertrauensvoller Zusammenarbeit darstellen.

Ein didaktisches Detail erscheint uns hierbei besonders wirksam und daher erwähnenswert: Die Zusammensetzung der Kleingruppen sollte so oft wie möglich gewechselt werden, so dass möglichst bald und immer wieder jede/r mit jeder/m in Kontakt, Austausch und Kooperation gebracht wird. Bewährt hat sich hierbei, die Zusammensetzung der Kleingruppen durch die Leitung nach einem beliebigen Zufallsprinzip vorzunehmen. Dies fördert die besagte «Durchmischung» und beugt möglichen Cliquenbildungen und unerwünschter Gruppendynamik vor.

Einen privaten *und* einen öffentlichen Bereich vorsehen

Im Zuge eines Selbstmanagement-Trainings, das sich wie das unserige als Teil einer Persönlichkeitsentwicklung versteht, werden früher oder später zwangsläufig auch sehr private, teils auch intime, Vertraulichkeit erfordernde Themen berührt. Im ZRM-Prozess ist dies um so mehr der Fall, als wir großes Gewicht darauf legen, dass die individuelle Entwicklung ganz von der jeweiligen Eigenart der einzelnen Person getragen wird.

Hieraus ließe sich die Konsequenz ziehen, das von den Teilnehmenden Erarbeitete ausschließlich bei ihnen zu belassen und nichts davon in die (Trainings-)Öffentlichkeit bringen zu lassen. Demgegenüber meinen wir, dass mehrere Argumente dafür sprechen, zumindest einen Teil der Ergebnisse der Öffentlichkeit der Trainingsgruppe vorzustellen:

«Commitment»: Soweit es sich bei dem Veröffentlichten um Absichten, Ziele, Vorsätze handelt, steigt mit jedem Sich-Öffnen der Grad der Selbstverpflichtung, das «commitment» des Betreffenden, das Geplante in zielgerichtetes Handeln umzusetzen.

«Modell-Lernen»: Ein zusätzlicher Effekt kann zwischen den Teilnehmenden zum Tragen kommen, indem diese sich gegenseitig im öffentlichen Austausch anregen, Ideen und Maßnahmen ihrer KollegInnen zu übernehmen oder zu adaptieren.

«Social-support»: Bei Teilnehmenden, die nach dem Training weiter in Kontakt bleiben – sei dies als Teammitglied oder im Rahmen von neu im Training installierten Tandems oder Netzwerken (siehe Trainingsphase 5) – erlaubt das Öffentlichmachen konkrete gegenseitige Unterstützung bei der Realisierung der eigenen Vorhaben.

Im Zürcher Ressourcen Modell verfolgen wir aus diesen Gründen eine doppelte Zielsetzung: Bestärkung/Förderung der jeweiligen Einzigartigkeit jeder teilnehmenden Person einerseits *und* Nutzung der Gruppe als Ressource andererseits. Mit dieser zweifachen Zielsetzung ergeben sich, so könnte man meinen, notwendigerweise Konflikte oder einander widersprechende Anforderungen. Diesem potenziellen Dilemma wird im Zürcher Ressourcen Modell auf spezielle Weise abgeholfen. Dies geschieht durch Vorgabe zweier «Gefäße» und einer expliziten, deutlichen Trennung eines individuellen, privaten und völlig geschützten Innenraums einerseits von einem allen Teilnehmenden zugänglichen öffentlichen Raum andererseits.

Die Vorgabe zweier getrennter Bereiche wird durch ein klares didaktisches Arrangement unterstützt und praktisch umgesetzt:

Der **individuelle Raum** ist durch die im Trainingsverlauf immer wieder erfolgenden Phasen der Einzelarbeit und materiell durch das persönliche Handbuch beziehungsweise durch die darin eingehefteten Arbeitsblätter gegeben, in denen die Teilnehmenden die Ergebnisse der einzelnen Arbeitsschritte, dem Einblick Dritter entzogen, nach und nach festhalten. Der **öffentliche Raum** ist zum einen gegeben durch den in Plenumsrunden stattfindenden Austausch. Zum anderen konkretisiert er sich in Form einer «Ergebnisgalerie» (siehe nächsten Abschnitt). Die Arbeiten und Gespräche in Kleingruppen nehmen auf dieser Dimension «privat-öffentlich» eine Zwischenstellung ein.

Unabdingbare Voraussetzung dafür, dass ein solches Konzept der zwei Bereiche gute Früchte trägt, ist allerdings die *absolute Freiwilligkeit*, mit der individuelle Ergebnisse oder Teile davon in die Trainingsöffentlichkeit eingebracht werden! Dies muss von der Leitung deutlich und glaubwürdig dargelegt werden. Erstmals erfolgt dies anlässlich der Erläuterung der «Spielregeln» in Trainingsphase 1. Hierbei beschreibt die Leitung die zwei Bereiche und legt ausführlich dar, wie sie zu handhaben sind. Sie ermutigt die Teilnehmenden nachdrücklich, in eigener Verantwortung und mit großer Sorgfalt zwischen beiden Bereichen zu unterscheiden. Die Erklärung des Chairperson-Konzepts und des Prinzips der «selektiven Authentizität» (Cohn, 1974) sind hierbei hilfreich.

Die Idee der zwei Bereiche sollte, vor allem in den ersten Phasen des Trainings, bei Gelegenheit wiederholt und bekräftigt werden. Dies kann zum Beispiel dadurch erfolgen, dass die Leitung schüchterne oder zögernde Teilnehmende darin ermutigt und verstärkt, bestimmte Inhalte für sich zu behalten. Dieses Erlauben und Bekräftigen des sich Abgrenzens ist nach unserer Erfahrung sehr wirksam und hilfreich. Es kann ein deutliches Gegengewicht gegen allenfalls erlebten Gruppendruck darstellen. Zudem kann es bei der betreffenden Person ebenso wie bei der ganzen Gruppe zu mehr Vertrauen und Sicherheit führen. Zudem hilft es vielen Teilnehmenden paradoxerweise – paradox, gemessen am Wortlaut der besagten Intervention – sich auch vor den anderen zu öffnen.

Visualisierung und Teilnehmerunterlagen

Die Teilnehmenden durchlaufen im ZRM-Training einen vielschichtigen und intensiven Prozess, einen Prozess, bei dem sie auf Vorangegangenes aufbauen und teils auch Vorangegangenes erneut überarbeiten. Um diese Arbeit zu ermöglichen, empfiehlt sich eine sorgfältige Dokumentation und Visualisierung.

Auf Seiten der Teilnehmenden wird dies – wie bereits gesagt – mit Hilfe der von ihnen bearbeiteten **Arbeitsblätter** gewährleistet. Was die von den Teilnehmenden für die Trainingsöffentlichkeit freigegebenen Ergebnisse anbelangt, so werden diese im Verlauf nach und nach mit Moderationskarten auf Pinnwänden in einer «**Ergebnisgalerie**» festgehalten. Dabei entspricht die Struktur dieser Dokumentation dem Aufbau des Trainings:

Ergebnisgalerie

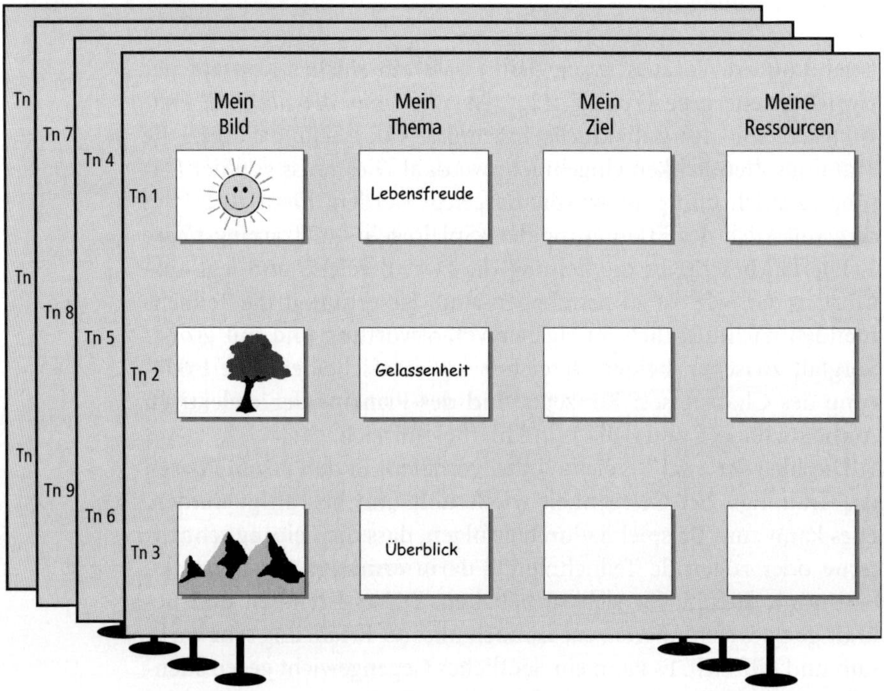

Auf Trainerseite erfolgt die Visualisierung auf Flipchartblättern. Diese werden im Raum in chronologischer Folge aufgehängt und dokumentieren den gesamten Trainingsablauf.

Förderung der Eigenwahrnehmung – ein paralleler Lehrplan

Das ZRM basiert auf einem Menschenbild, das dem Individuum größtmögliche Kompetenz darüber zuschreibt, selbst zu wissen, was nötig ist, um sich gut zu entwickeln. Entsprechend ist auch das ganze Training teilnehmerorientiert und konsequent individuell ausgerichtet. Ein wesentlicher Bestandteil ist es, den Teilnehmenden *selbstkongruente Entscheidungen* über ihre Ziele zu ermöglichen. Um zu erreichen, dass die Teilnehmenden in der Lage sind, zuverlässig zu diagnostizieren, was sie selbst wirklich wollen, wird unter anderem auf neurowissenschaftliche Theoriebildung zurückgegriffen. Hierbei spielt das Konzept der «somatischen Marker» eine zentrale Rolle. Im Zürcher Ressourcen Modell wird davon ausgegangen, dass die Selbstkongruenz von Entscheidungen über körperliche und/oder emotionale Signale erkannt werden kann.

← Somatische Marker 1.1.6 1.3.2

Manchen Menschen fällt die Eigenwahrnehmung ihrer körperlichen und/oder emotionalen Signale leicht, anderen nicht. Um die Eigenwahrnehmung aller Teilnehmenden im Verlauf des Trainings zu verbessern, ist in den gesamten Ablauf diesbezüglich ein zum inhaltlichen Programm paralleler Lehrplan eingebaut, der je nach Interessenlage der Gruppe mehr oder weniger explizit gemacht werden kann. Er besteht darin, *bei der Pausengestaltung auf die Förderung von Eigenwahrnehmung zu fokussieren.* Welcherlei Übungen hierzu ausgewählt werden, kann die Leitung nach ihren persönlichen Vorlieben und Kenntnissen entscheiden. Qi Gong, Yoga oder autogenes Training erfüllen diesen Zweck genauso wie Gymnastikübungen oder allgemeine Tanzeinlagen. Es hat sich auch als nützlich erwiesen, «besinnliche» Elemente mit «ausgelassen-fröhlichen» und «sportlichen» zu kombinieren, um den Interessen und Vorlieben möglichst vieler Teilnehmenden gerecht zu werden. Nicht zuletzt richtet sich die Auswahl der Übungen zur Eigenwahrnehmung auch nach der Zusammensetzung der Gruppe und ihrer aktuellen Verfassung.

2.1 Trainingsphase 1: Mein aktuelles Thema klären

Der Einstieg ist ein wichtiger Moment im gesamten Training. Sorgfältige Planung und Vorbereitung zahlen sich hier besonders aus! In der ersten Trainingsphase werden zwei Ziele verfolgt: Zum einen geht es darum, Orientierung zu bieten und Kontakte anzuregen. Das umfasst Informationen zu Trainingszielen, Verlauf und Spielregeln sowie das Herstellen eines tragfähigen Rapports zu den Teilnehmenden und das Ermöglichen erster Kontakte unter ihnen. Dieses Vorgehen vermittelt ihnen individuelle Sicherheit und legt den Grundstein für eine arbeitsfähige Gruppenstruktur und ein vertrauensvolles, offenes Gruppenklima. Zum anderen erfolgt hier der erste Schritt in die inhaltliche Arbeit. Ziel hierbei ist, – entsprechend dem Rubikon-Prozess – zu erkunden, ob zusätzlich zum bewusst vorhandenen Wissen der Teilnehmenden über ihre aktuellen Lebensthemen auch unbewusste Bedürfnisse vorhanden sind, um diese dann in die weitere Arbeit mit einzubeziehen.

→ Rubikon-Prozess 1.3.1

2.1.1 Der Einstieg

2.1.1.1 Informationen zum Training

Nach einer kurzen Begrüßung der Teilnehmenden visualisiert und erläutert die Leitung die Trainingsziele, den gesamten Trainingsablauf sowie die Spielregeln (siehe Flips 1, 2 und 3 – nächste Seite).

Die ZRM-Spielregeln umfassen die bekannten Kommunikationsregeln für die Arbeit in Gruppen. Erläuterungen zu den zwei ZRM-spezifischen Regeln «Einen privaten *und* öffentlichen Bereich vorsehen» und «Hebammen-Prinzip» – finden sich im Einleitungskapitel bei den didaktischen Empfehlungen.

2.1.1.2 Entspannt starten

Ein wesentliches Spezifikum des ZRM – seine Ressourcenorientiertheit – kommt gleich zu Beginn des Trainings erstmals zum Tragen: Unmittelbar nach der Erstorientierung bietet die Leitung eine ge-

Flip 1

Die Kursziele – Ihr Nutzen

Sie –

- entscheiden, was Ihnen in Ihrer aktuellen Lebenslage besonders wichtig ist
- erleben eine neue, ressourcenorientierte Art, mit sich und anderen umzugehen
- lernen, eigene, bereits vorhandene Stärken und Möglichkeiten (Ressourcen) zu entdecken, sie wertzuschätzen und systematisch zu nutzen
- erweitern Ihren Entscheidungsspielraum und Ihr Handlungsrepertoire
- eignen sich ein ressourcenorientiertes, lustvolles Verfahren des Selbstmanagements an.

Flip 2

Der Kursverlauf

- Mein aktuelles Thema klären
- Vom Thema zu meinem Ziel
- Vom Ziel zu meinem Ressourcenpool
- Mit meinen Ressourcen zielgerichtet handeln
- Integration, Transfer und Abschluss

Flip 3

Spielregeln

- Vertraulichkeit, Schweigepflicht!
- Jede(r) sorgt stets gut für sich (Chairperson-Prinzip)!
- Wünsche, Kritik, Störung direkt äußern!
- „Ich" statt „man"!
- Privaten und öffentlichen Bereich sorgfältig trennen!
- Das „Hebammen-Prinzip" beachten!

führte Entspannung an. In deren Verlauf thematisiert die Leitung den Ankommensprozess, bringt die Teilnehmenden mit ihren eigenen Stärken (Ressourcen) in Kontakt, fördert ihr Wohlbefinden und schafft eine lockere, entspannte Atmosphäre. Zugleich wird damit eine wichtige Voraussetzung für den sich unmittelbar anschließenden ersten Arbeitsschritt – Auswahl eines Bildes in einem möglichst entspannten, introvertierten Zustand – geschaffen.

2.1.1.3 Über Bilder einander kennenlernen

Auch der zweite Schritt des Trainings ist ressourcenorientiert:
Um die Teilnehmenden miteinander in Kontakt zu bringen, bedienen wir uns im ZRM einer **Bildkartei.**

Eine Bildkartei besteht aus einem Satz von etwa 30 bis 80 Bildern mit unterschiedlichen Motiven. Vom Umfang her sollten etwa 2 bis 3 Bilder pro Teilnehmendem zur Verfügung stehen.

Unsere Empfehlung geht dahin, sich eine derartige Kartei selber zu erstellen. Quelle für solche Bilder können Zeitschriften und Bildbände jeglicher Art sein. Hauptkriterium für die Auswahl ist Vielfalt, Vielfalt in jeder erdenklichen Hinsicht: Bildmotiv, Thema, Länder, Mann-Frau, abstrakt-konkret, belebte und unbelebte Natur, Menschen, Tiere, Pflanzen, Landschaften, Bauwerke, Begegnungen zwischen Menschen, zwischen Tieren, zwischen Menschen und Tieren. Auch stilistisch-technisch ist Vielfalt wünschenswert: schwarz-weiß, bunt, Fotografien, Gemälde (von Kindern oder bekannten Meistern). Bei der Auswahl der Bilder sollte außerdem stets im Auge behalten werden, dass sie sich potenziell als Ressourcen eignen.

Als Format eignen sich Bilder im A5 bis A4 Bereich. Um eine zweckmäßige und dauerhafte Nutzung zu gewährleisten, empfiehlt es sich, jedes Bild auf Karton aufzukleben

Die Erstellung einer solchen Kartei in einer Gruppe ist außerordentlich vergnüglich! Außerdem ist so auf einfachste Weise sichergestellt, dass die Bildkartei das Hauptkriterium erfüllt: «*Vielfalt in jeder Hinsicht*».

Gleichzeitig mit dieser Kontaktaufnahme erfolgt ein erster inhaltlicher Einstieg in das Trainingsprogramm: Die Bilder dieser Sammlung werden auf dem Boden lose und beliebig ausgelegt. Die Leitung fordert sodann die Teilnehmenden auf, in aller Ruhe zwischen den ausgelegten Bildern umherzuwandern, die Bilder auf sich wirken zu lassen und bei sich zu beobachten, welches Bild sie *positiv* anspricht. Nachdem dies erfolgt ist, nehmen die Teilnehmenden erneut in der Stuhlrunde Platz. Erst wenn der/die letzte dort wieder angelangt ist, gibt die Leitung den Teilnehmenden die Anweisung, sich «ihr» Bild zu holen.

An die Bilderwahl schließt sich eine strukturierte **Vorstellungsrunde** an. Die Teilnehmenden werden dazu aufgefordert, sich knapp vorzustellen, mit Name, Herkunftsort, Tätigkeit, Motiv für den Besuch des Trainings und Erläuterungen zu ihrem Bild.

Bezüglich des Bildes werden sie gebeten, der Gruppe zu erläutern, weshalb es sie anspricht, wieso es ihnen gefällt und was es ihnen bedeutet.

2.1.2 «Mein aktuelles Thema klären»

Ziel dieses ersten Trainingsschrittes ist, einen intensiven Reflexionsprozess zu ermöglichen. Hierbei soll den Teilnehmenden klar werden, welches Thema in ihrer aktuellen Lebensphase im Vordergrund steht. Ein Impulsreferat bereitet die anschließende Gruppenarbeit vor.

2.1.2.1 Warum wir mit Bildern und «somatischen Markern» arbeiten – *Impuls*

15'

Das Referat thematisiert:

- dass es parallel zu unserem bewussten Erleben weitere, weniger bewusste bis unbewusste Anteile in unserer Persönlichkeit gibt,
- dass unbewusste Anteile eine wesentliche Rolle bei der Bewertung unserer Umwelt und somit auch beim Treffen von Entscheidungen spielen können,
- dass unbewusste Anteile u.a. über Projektionsvorgänge in Erscheinung treten. Diesen Projektionsvorgang machen wir uns bei der Arbeit mit den Bildern zunutze. Ziel dabei ist, auch den weniger bewussten Anteilen in der Psyche, die bei der Auswahl des jeweiligen Bildes mit eine Rolle spielten, ein Stück weit auf die Spur zu kommen. Diese unbewussten Themen sind für uns insofern von besonderem Gewicht, als wir davon ausgehen, dass sie – über das bewusste Wissen hinaus – wichtige Hinweise darüber enthalten, was für die betreffende Person derzeit von besonderer Bedeutung, was für sie ein zentrales Thema sein könnte. Bei der entspannten und «absichtslosen» Auswahl des Bildes, «das mich anspricht», haben diese unbewussten Themen Gelegenheit, in Form der unbewusst ausgelösten Projektion in Erscheinung zu treten, bewusst wahrgenommen und bearbeitet zu werden. An diesem Punkt wird auch der Stellenwert der induzierten Entspannung deutlich, die der Bildauswahl unmittelbar vorausgeht. Sie dient dazu, diesen Projektionsvorgang zu unterstützen, indem sie die ZuhörerInnen in einen Zustand versetzt, der ihre Aufmerksamkeit nach innen fokussiert,
- und dass unbewusst verlaufende Bewertungen und Entscheidungen anhand von «somatischen Markern» beobachtet werden können. Das Konzept der «somatischen Marker» des Neurowissenschaftlers Damasio (1994) besagt, dass jeder Mensch über ein emotionales Bewertungssystem verfügt, das unterhalb der Bewusstseinsschwelle arbeitet. Dieses System äußert sich über sogenannte «somatische Marker». Dies sind objektiv messbare körperliche Signale, die vom Menschen als Körperempfindungen und/oder als starkes Gefühl wahrgenommen werden können. Im ZRM wird davon ausgegangen, dass die Wahrnehmung von somatischen Markern den Zugang zum Selbsterleben eines Menschen erleichtert.

→ Somatische Marker, Selbsterleben
1.1.6
1.3.1
1.3.2.2

2.1.2.2 Die Ressourcen der Gruppe nutzen im «Ideenkorb»

Das Verfahren, mit dem wir den angestrebten Selbstwahrnehmungs- und Selbstreflexionsprozess anregen, bezeichnen wir als «Ideenkorb». Es ist ein wichtiges, dem Hebammen-Prinzip (siehe unter «Didaktische Empfehlungen») verpflichtetes Verfahren, das im weiteren Verlauf mehrfach Anwendung findet und somit den Teilnehmenden sorgsam erläutert werden sollte.

Das **Ideenkorb-Verfahren** wird anhand eines Flips veranschaulicht (siehe Flip 4). Es beinhaltet eine Kleingruppenarbeit zu dritt, bei dem sich zwei Gruppenmitglieder freiwillig als Hilfspersonen einer dritten, der Hauptperson, zur Verfügung stellen. Die Aufgabenstellung ist ähnlich der eines Brainstormings. Zu einem bestimmten Thema – hier das Bild der Hauptperson – sammeln die Hilfspersonen Assoziationen und deponieren sie in einem imaginären Korb.

Die Assoziationen sollen völlig frei sein, alle möglichen Sinneskanäle ansprechen sowie Beobachtungen, Farben, Ideen, Fantasien und Gefühle einbeziehen. Sie sollen außerdem unbedingt *ressourcenorientiert* sein! Das heißt, die Hilfspersonen sollten bei ihren Ange-

Flip 4

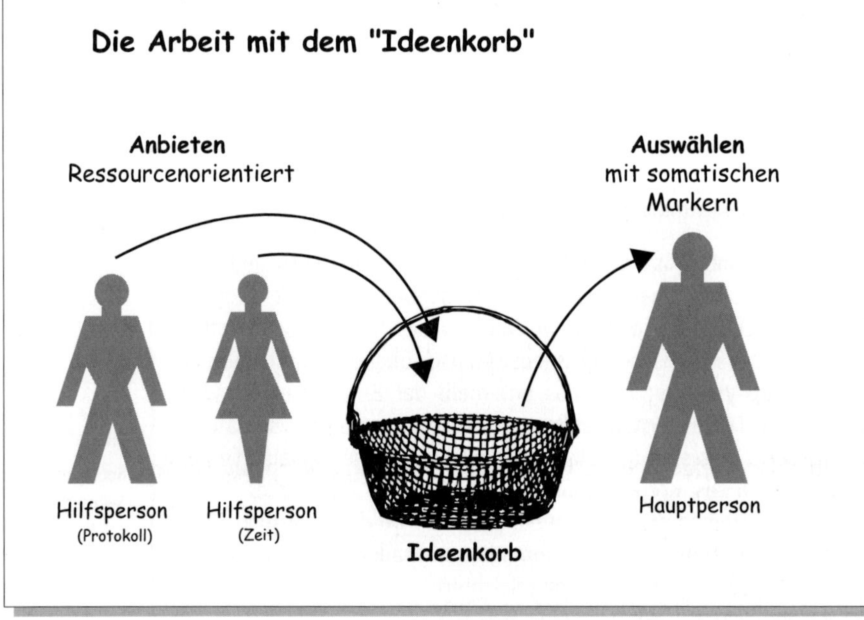

boten davon ausgehen und berücksichtigen, dass das Bild für die Hauptperson bedeutsam und wertvoll ist und eine Quelle von Möglichkeiten, Chancen, Stärken, Energien, kurz, von Ressourcen darstellt!

Das Sammeln im Ideenkorb erfolgt dadurch, dass eine der Hilfspersonen alle Assoziationen protokolliert und diese Notizen anschließend der Hauptperson übergibt. Aufgabe der Hauptperson ist es, sorgfältig darauf zu achten, ob und wenn ja, welche Angebote bei ihr positive somatische Marker auslösen. Diese so als nützlich bewerteten Angebote ermöglichen es der Hauptperson – verbunden mit den eigenen Ideen und Vorstellungen, die das Bild bei ihr bewusst erzeugten – eine reichere und tiefergehende Vorstellung darüber zu entwickeln, worin das Thema ihrer aktuellen Lebensphase besteht. In Dreiergruppen, die von der Leitung nach einem beliebigen Zufallsprinzip (Begründung hierfür, siehe Kapitel «Didaktische Empfehlungen») gebildet werden, erarbeitet jede(r) Teilnehmende, unterstützt von je zwei «Hebammen», das aktuelle Lebensphasen-Thema.

Die Instruktionen für die Kleingruppenarbeit:

- Raumzuteilung für die Gruppen,
- jeweils eine Hilfsperson übernimmt Protokoll- und Zeitwächterfunktion,
- Rollentausch nach 15 Minuten,
- Festhalten der Ergebnisse,
  für den Privatbereich: im Handbuch (Arbeitsblatt 1, im Anhang)
  für den öffentlichen Bereich: auf einer Moderationskarte,
- Zeitbedarf insgesamt: 60 Minuten. 60'

2.1.2.3 Öffentlichkeit herstellen

Nachdem die Gruppen wieder ins Plenum zurückgekehrt sind und die Teilnehmenden ihr aktuelles Thema im Handbuch festgehalten haben, bringen sie ihr Thema – in der von ihnen für die Gruppenöffentlichkeit freigegebenen Form – den übrigen zu Kenntnis. Dieses Herstellen von Öffentlichkeit erfolgt in Form einer «**Themenlandschaft**». Aufgabe der Teilnehmenden ist hierbei, ihr Thema in Form einer psychodramatischen Aufstellung nonverbal und körperlich dargestellt in den Kursraum zu bringen.

Mit der Themenlandschaft arbeiten wir auf verschiedenen Ebenen und verfolgen unterschiedliche Zielsetzungen:

- Auf **kognitiver Ebene** bezweckt das Arrangement, dass die TeilnehmerInnen ihr eigenes Lebensphasenthema mit dem der anderen in Bezug setzen, vergleichen können. Über diese Standortbestimmung hinaus dient diese Inszenierung auch der Herstellung von Öffentlichkeit und der Veranschaulichung der Vielfalt der Themen, die in der Gruppe behandelt werden.
- Auf der **emotional-motivationalen** Ebene wird angeregt, im Kontakt mit den eigenen Empfindungen die Wirkungsweise der somatischen Marker, zumindest in Ansätzen, zu erleben.
- Auf **Körperebene** geht es darum, in einer ersten Annäherung das eigene Thema auch körperlich darzustellen.

Der Ablauf im Einzelnen:

Nachdem die Teilnehmenden Sinn und Zweck der Übung erfahren haben, bittet die Leitung sie, sich in einer Ecke des Raumes zu versammeln. Hier erhalten sie die weiteren Anweisungen. Der gesamte Veranstaltungsraum ist als eine – derzeit noch leere – Themenlandschaft aufzufassen. Diesen Raum werden die Teilnehmenden nach und nach mit ihrem jeweiligen Thema «besetzen» und so allmählich eine Gesamtlandschaft aufbauen. Die konkrete Anweisung lautet somit: «Jede/jeder, einer nach dem anderen, nennt sein Thema und sucht sich im Raum einen Platz, der seinem/ihrem Thema möglichst gut entspricht. Dort stellt er/sie sein/ihr Thema mithilfe seines/ihres Körpers (Haltung, Geste, Mimik, usw.) dar. Dabei setzen die ersten Personen «Fakten», an denen sich die nachfolgenden orientieren. Jede(r) mit einem ähnlichen Thema wird ihren/seinen Platz in der Nähe der/des entsprechenden Teilnehmenden finden. Personen mit andersartigen Themen suchen sich ihren Platz in größerer Entfernung».

Beispiel: Eine Person mit dem Thema «Aus dem Trubel aussteigen, innehalten und mir Abstand verschaffen» könnte sich am Rand, vielleicht am Fenster aufhalten, stehend oder sitzend, halb abgewandt.

Ein(e) andere(r) mit dem Thema «Ich stelle mein Licht nicht weiter unter den Scheffel» könnte sich in den Mittelpunkt des Raumes, vielleicht auf einem Stuhl stehend, stellen, in einer aufrechten, stolzen Haltung.

Ein(e) Dritte(r) schließlich mit dem Thema «Ich nutze meine Neugier und erkunde neue Wege» könnte sich ständig durch den Raum bewegen, überall neugierig forschend.

Wenn alle Teilnehmenden so ihren Platz und ihre körperliche Ausdrucksform für ihr Thema gefunden haben, erhalten sie die Anweisung, sich in die so entstandene Landschaft einzufühlen und gegebenenfalls noch Korrekturen vorzunehmen. Hierzu kann der Hinweis auf sorgsame Selbstwahrnehmung und die Nutzung der somatischen Marker hilfreich sein. Zum Abschluss der Landschaftsaufstellung werden die Teilnehmenden gebeten, aus ihrer Rolle heraus einzeln ihre Befindlichkeit zu äußern.

Hervorzuheben bei der Durchführung der Themenlandschaft sind folgende Punkte:

- Der Einstieg in diese Aufstellung wird erleichtert, wenn die Leitung ein-zwei Beispiele vorgibt bzw. vorspielt.
- Nähe und Ferne zwischen den sich Aufstellenden sollte nach Themenähnlichkeit (und nicht nach Sympathie!) erfolgen.
- Die Aufstellung erlaubt sowohl statische als auch dynamische Ausdrucksformen, bei denen die Teilnehmenden sich bewegen.

Nachdem die Landschaft wieder aufgelöst wurde, versammeln sich alle im Halbkreis vor der **Ergebnisgalerie.** Nacheinander treten die Teilnehmenden nach vorn und heften das von ihnen gewählte Bild und das – auf einer Moderationskarte formulierte – Thema an die Pinnwände.

Diese öffentliche Ergebnissicherung ermöglicht den Teilnehmenden ein weiteres Stück Öffnung und Vertrauenszuwachs. Für die Leitung beinhalten beide Arbeitsschritte ein gutes Diagnostikum am Ende dieser ersten Phase des Trainings.

2.2 Trainingsphase 2: Vom Thema zu meinem Ziel

Auf der Grundlage des Themas, das die Teilnehmenden als für sich persönlich bedeutsam ausgewählt und in groben Zügen benannt haben, erfolgt in dieser Phase eine Umwandlung und Weiterentwicklung diese Themas in ein Ziel. Kernpunkt dieses Vorganges ist die Forderung, dieses Ziel so zu formulieren, dass es in hohem Maße handlungsleitende und handlungsstimulierende Qualität aufweist.

2.2.1 Ziele handlungswirksam formulieren!

Der Logik des Gesamtaufbaus folgend soll nunmehr das meist recht allgemeine und noch ungenau umrissene Thema in ein Ziel umgewandelt werden. Da das ZRM letztlich neue, befriedigendere Handlungen anstrebt, muss dieses Ziel so gestaltet sein, dass es sowohl Leitlinie (Richtung) als auch Motivation (Antrieb) liefert, um es in zielführendes Handeln umzusetzen. Zudem sollte es den Teilnehmenden erlauben, klare Ursache-Wirkungs-Attributionen aufzubauen und sich Erfolge eindeutig selbst zuzuschreiben. Die somit gefestigte Kontrollüberzeugung kann wiederum den Kreislauf von Erfolg und Ermutigung verstärken und dem gesamten Veränderungsprozess zusätzlich Nachhaltigkeit verleihen. Ein relativ ausführliches Impulsreferat erläutert die drei zentralen Kriterien, die ein Ziel erfüllen muss, damit es in der Lage ist und gute Chancen bestehen, zielführendes Handeln herbeizuführen.

→ Drei Kernkriterien für ein handlungswirksames Ziel 1.3.2

2.2.1.1 Drei Kernkriterien der Handlungswirksamkeit – *Impuls*

30'

Anhand des Flips 5 erläutert die Leitung nacheinander die drei Kernkriterien.

Flip 5

Ziele handlungswirksam formulieren!

Das Ziel ist zu formulieren,

1. als Annäherungsziel
2. so, dass es ausschließlich unter eigener Kontrolle steht
3. so, dass es erkennbar (!) motivierende Wirkung zeigt

Annäherungsziel:

Die Unterscheidung von Annäherungs- und Vermeidungszielen ist Ausgangspunkt für das Verständnis dieses Kriteriums. Es fordert, dass die Zielformulierung die Richtung, den gewünschten Soll-Zustand, dem sich die Person annähern möchte, benennt. Vermeidungsaspekte – direkt formuliert oder versteckt enthalten – haben demgegenüber in der Zielformulierung keinen Platz.

Beispiele von Annäherungszielen:
«Ich bin gelassen» oder «Ich genieße meinen leichten Magen».

Vermeidungsziele und somit nicht zulässige Formulierungen sind hingegen beispielsweise:
«Ich bin frei von Angst» oder, als Beispiel eines eher verdeckt geäußerten Vermeidungsziels: «Ich gehe sorgenfrei meinen Weg»

Wichtig ist zudem, dass das geforderte Kriterium «Annäherungsziel» bewertungsfrei ist: Das Ziel: «Ich beiße meinen Hund» ist, unabhängig von seiner moralischen Fragwürdigkeit, somit als gelungene, zutreffende Zielformulierung im Sinne des hier geforderten Kriteriums aufzufassen.

Ausschließlich unter eigener Kontrolle:

Das zweite Kriterium besagt, dass die Zielerreichung allein und ausschließlich durch die betreffende Person bewerkstelligt werden muss. Das heißt, es muss unter ausschließlicher Kontrolle des betreffenden Menschen sein. Walter & Peller (1994, S.78) umschreiben es so: «Das Ziel kann nicht davon abhängig sein, dass irgendetwas anderes oder irgendjemand anderer sich ändert oder zuerst ändert».

Dieses Kriterium ist von nicht zu unterschätzender Bedeutung und sollte daher gut erläutert und begründet und in seiner Einhaltung sorgfältig gecoacht werden.

!

Das Kriterium stellt sicher, dass die Teilnehmenden einen gesunden Weg finden zwischen (oft unbewussten) Allmachtsanwandlungen einerseits und lähmender Ohnmacht andererseits. Es gewährleistet Selbstwirksamkeitserleben, jenen Faktor also, der nach derzeitigem Forschungsstand maßgeblich zur psychischer Gesundheit beiträgt. Es ermöglicht den Teilnehmenden die Erfahrung, dass sie sehr wohl etwas verändern und bewirken können. Zugleich schützt es sie davor, Verantwortung zu übernehmen für Dinge und Ereignisse die – bei Lichte und von außen betrachtet – schlicht und einfach nicht in ihrer Macht stehen. Es schützt vor Überlastung und ungesunden, unzutreffenden Misserfolgszuschreibungen. Stattdessen gibt es einen Rahmen vor für angemessene Verantwortungsübernahme, erlaubt eine klare Erfolgskontrolle und kann somit die Zielhandlung nachhaltig verstärken.

→ Selbstwirksamkeitserleben 1.3.2.2

Erkennbare motivierende Wirkung:

Im Mittelpunkt der Darstellung dieses Kriteriums steht das Konzept der «somatischen Marker» von Damasio (1994). Es besagt vereinfacht:

Unser Körper reagiert – der bewussten Wahrnehmung meist entzogen – auf reale oder imaginierte Situationen mit einer spontanen, bewertenden körperlichen Reaktion (somatischer Marker), die uns signalisiert, ob diese Situation als «gut» und somit anstrebenswert oder als «schlecht» und somit als zu vermeidende einzuschätzen ist. Ein somatischer Marker «markiert» erfahrungsgespeist jede auftauchende Situation (also auch imaginierte Ziele) blitzschnell, noch bevor unser bewußt-vernünftiges Urteilen einsetzen kann, mit dem Label «günstig/anziehend « oder «ungünstig/zu meidend».

→ Somatische Marker 1.1.6 1.3.2.2

Dieses zweite, parallel zu unserem bewussten, vernunftgesteuerten Analyse- und Bewertungsapparat wirkende Entscheidungssystem machen wir uns im Training zunutze. Ermöglicht wird das dadurch, dass diese spontane Körperreaktion, das «Markieren», beobachtbar ist. Voraussetzung hierfür ist allerdings, das Konzept zu kennen und den eigenen Wahrnehmungsapparat – vor allem Augen und Ohren – sensibel und fokussiert auf das Auftauchen einer solche Reaktion auszurichten.

Wie das konkret aussieht, kann recht verschiedene Formen annehmen. Der einfachste, deutlichste Fall ist zugleich einer der häufigsten: Bei der Nennung eines im soeben beschriebenen Sinne «attraktiven» Ziels tritt bei der betreffenden Person ein spontanes, plötzlich hervorbrechendes Lächeln auf; wir nennen es humorvoll-plakativ «Das glückselige Grinsen». Seine Erscheinungsform ist selbstverständlich je nach persönlichkeitsbedingtem Ausdrucksstil mehr oder weniger ausgeprägt. Verbunden mit diesem Ausdruck, jedoch auch unabhängig davon, können weitere Symptome einzeln oder kombiniert auftreten: Erröten, feucht werdende Augen, Aufatmen, deutliches Aufrichten, Veränderung im Klang der Stimme und anderes mehr.

2.2.1.2 Die Gruppenarbeit vorbereiten

! Die anstehende Arbeit der Zielformulierung stellt erfahrungsgemäß eine der anspruchsvollsten Phasen des gesamten Trainings dar. Sie bedarf daher guter Vorbereitung, ausführlicher Anleitung und intensiver Leitungsbetreuung während der anschließenden Gruppenarbeit!

Wie nun die Umsetzung ihres Themas in ein «handlungswirksam formuliertes» Ziel konkret vonstatten geht, erleben die Teilnehmenden beispielhaft anhand einer Demonstration im Plenum. Sie liefert das Modell für das Vorgehen in der anschließenden Gruppenarbeit. Die Demonstration erfolgt mit Hilfe eines/einer Freiwilligen, der/die diesen Vorgang als Hauptperson durchlaufen möchte, und einer weiteren Hilfsperson aus dem Teilnehmerkreis. Eine Hilfsperson – hier die Leitung, in der anschließenden Gruppenarbeit dann ein(e) Teilnehmende(r) – führt dabei das Gespräch, die zweite Hilfsperson protokolliert die im Prozess auftauchenden Formulierungsvorschläge und achtet auf die Zeiteinhaltung.

Unmittelbar vor der Kleingruppenarbeit bittet die Leitung die Teilnehmenden, in Einzelarbeit einen spontanen ersten, provisorischen Versuch zu unternehmen, ihr Thema gemäß den drei Kriterien in ein Ziel umzuformulieren. Auf diesem «Erstentwurf» aufbauend beginnt die Arbeit in den Kleingruppen, mit der ersten «Hauptperson» und ihren beiden Hilfspersonen. Nacheinander werden die drei Kriterien an den ersten Entwurf und die nachfolgenden Alternativen angelegt, freundlich-konstruktiv und sorgsam-nachdrücklich auf ihre vollständige Umsetzung hinwirkend. Auf Wunsch der Hauptperson können beide Hilfspersonen hierbei zusätzlich eigene Formulierungsalternativen anbieten, im Sinne des «Ideenkorb-Verfahrens» (siehe Kapitel 2.1.2.2). Dabei ist streng auf inhaltliche Abstinenz zu achten, das heißt darauf, dass diese Vorschläge sich so eng wie möglich an die wahrgenommenen Interessen der Hauptperson und die von ihr benutzten Begriffe und Bilder anlehnen. Eine Korrektur und Optimierung ist ausschließlich im Sinne der drei Kriterien beabsichtigt.

Von zentraler Bedeutung dafür, dass die Zielformulierung tatsächlich Handlungswirksamkeit entfaltet, ist die Umsetzung des dritten Kriteriums: «erkennbar (!) motivierende Wirkung». !

Für die Leitung und die Hilfsperson bedeutet dies, über bloßes Fragen danach, ob das formulierte Ziel für den betreffenden Teilnehmenden wirklich motivierend sei, hinauszugehen. Es gilt vielmehr, spontane, der bewussten Selbststeuerung entzogene nonverbale und/oder paraverbale Reaktionen – das heißt die somatischen Marker – zu registrieren. Sie geben Hinweise darauf, dass das Ziel in der speziellen Fassung «X» tatsächlich einen motivierenden Freude- oder gar Begeisterungsfunken im gesamten Organismus auszulösen vermag. Bloß kognitiven, vernünftigen, moralisch-ethischen Standards zu entsprechen, reicht als Motiv für nachhaltige Handlungsveränderung oft nicht aus, wie man am Schicksal vieler Neujahrsvorsatze leicht ersehen kann.

Im einfachsten Fall zeigt die Hauptperson bei der Nennung einer gelungenen, im wahrsten Sinne des Wortes «bewegenden» Zielformulierung jenes plötzlich und unwillkürlich auftretende Strahlen, oder befreite Lächeln – das besagte «glückselige Grinsen». Zuweilen treten jedoch auch nur leichte Veränderungen der Stimme, des Blickverhaltens, der sichtbaren Gesichtsdurchblutung, der Atmung, der gesamten Körperhaltung auf. So unterschiedlich diese Reaktionen auch ausfallen, so stimmen die am Prozess Beteiligten interessanterweise bei ihrem Auftreten in der Regel jedoch erstaunlich sicher darin überein, dass «es jetzt stimmt, passt».

Entsprechend der Gesamtphilosophie des ZRM folgt selbstverständlich, dass die jeweilige «Hauptperson» alleinige und unbestrittene entscheidende Instanz darüber ist, welche Formulierungsvariante sie schlussendlich wählt – immer vorausgesetzt natürlich, dass die drei Kriterien erfüllt sind.

2.2.1.3 Das handlungswirksame Ziel in Gruppen erarbeiten

Nachdem allfällige Vorgehensfragen geklärt sind, teilt die Leitung die Teilnehmenden nach dem Zufallsprinzip in Dreiergruppen ein. Die drei Personen rotieren dabei nacheinander in ihren Rollen, so dass jede ihr Ziel formulieren kann. Eine Hilfsperson übernimmt die Leitung des Gesprächs. Die zweite protokolliert die Formulierungsvarianten und stellt diese der «Hauptperson» zur Verfügung. Das vorläufige Endergebnis dieses Trainingsschrittes, das handlungswirksame Ziel, notiert jede(r) in das Handbuch (Arbeitsblatt 2, im Anhang). Die für die Gruppenöffentlichkeit gedachte Zielformulierung halten die Teilnehmenden auf einer Moderationskarte fest.

15' 30' pro Person

Da der Zeitaufwand von Person zu Person sehr unterschiedlich ausfallen kann, sind Arbeitszeiten hier eher großzügig zu kalkulieren (15 bis 30 Minuten pro Person). Anschließende Pausen können hierbei als Pufferzeiten hilfreich sein.

2.2.1.4 Öffentlichkeit herstellen und Kriterienerfüllung sichern

Die Entwicklung eines handlungsleitenden und handlungsmotivierenden Ziels nimmt im gesamten Training eine klare Schlüsselstellung ein. Die Wirksamkeit aller nachfolgenden Schritte bemisst sich in hohem Maße an der Qualität der Ziele.

Daher folgt nach der Gruppenarbeit noch ein weiterer Schritt zur «Qualitätssicherung». Er dient in erster Linie dazu, die Einhaltung der drei Kriterien abzusichern. Darüber hinaus schärft dieser Überprüfungsvorgang noch einmal das Verständnis der Teilnehmenden für die drei Kernkriterien der Handlungswirksamkeit von Zielen und erlaubt einen öffentlichen Austausch. Der Leitung dient der Schritt dazu, Gewissheit zu erlangen, dass sich alle Teilnehmenden eine tragfähige Basis für den weiteren Trainingsverlauf erarbeitet haben.

Der Ablauf: Im Halbkreis vor den Pinnwänden der Ergebnisgalerie sitzend, veröffentlicht jede(r) Teilnehmende einzeln, nacheinander, in der für ihn/sie angemessenen Form ihre/seine Zielformulierung auf einer Moderationskarte. Noch einmal überprüfen die Teilnehmenden gemeinsam mit der Leitung die Ziele in Hinblick auf die drei Kernkriterien, äußern Zustimmung oder Bedenken und geben konstruktiv Anregungen. Gegebenenfalls erfahren die Zielformulierungen somit erneut Korrekturen. Die endgültige Entscheidung hierfür liegt wiederum ausschließlich beim Einzelnen.

2.2.1.5 Das Ziel systemisch optimieren

Nun endlich erhalten die Teilnehmenden Gelegenheit, weitere Kriterien an ihre Ziele anzulegen. Dies betrifft Kriterien, die meist ohnehin schon im vorangegangenen Schritt hie und da aufschienen, dort aber – mit Rücksicht auf die Konzentration auf die drei Kernkriterien – ausdrücklich hintangestellt wurden.

Anhand des Arbeitsblattes 3 (siehe Anhang) überprüfen die Teilnehmenden in Einzelarbeit oder mit einem selbstgewählten Partner eine Reihe weiterer Kriterien. Zum einen findet der systemische Aspekt Berücksichtigung, indem die voraussichtlichen Auswirkungen der Zielerreichung auf die Lebenssituation und auf das Sozialgefüge der betreffenden Person angesprochen werden. Unter dem Gesichtspunkt der Selbstregulation bedeutsam ist zum anderen die Frage danach, woran die Person erkennen wird, dass sie ihr Ziel erreicht hat. Kritisch beleuchtet wird das Ziel auch dahingehend, dass die zu erwartenden «Kosten» und «Gewinne» erfragt und miteinander verglichen werden. Jede dieser vorwegnehmenden Überlegungen kann zu einer erneuten Überarbeitung des Ziels führen.

Ein kurzer Plenumsaustausch über allenfalls vorgenommene Zielmodifikationen regt an, verschafft Überblick und gibt nochmals Sicherheit, auf dem rechten Weg zu sein.

2.3 Trainingsphase 3: Vom Ziel zu meinem Ressourcenpool

Ausgehend vom soeben entwickelten persönlichen Ziel, geht es in dieser Trainingsphase darum, die zur Erreichung dieses Ziels verfügbaren persönlichen Ressourcen zu entwickeln. Diese bewusst sehr vielfältig angelegten Ressourcen werden Schritt für Schritt in einem «Ressourcenpool» zusammengetragen.

2.3.0 Ressourcen und Ressourcenpool – *Impuls*

15'

Zu Beginn dieser Trainingsphase klärt die Leitung im Rahmen eines Impulses, was im ZRM unter «Ressourcen» und «Ressourcenpool» verstanden wird.

«Ressourcen»

Wir gehen von einer sehr umfassenden Definition aus, so wie sie etwa Grawe (1998) vorschlägt. Als Ressource nennt er «zum Beispiel motivationale Bereitschaften, Ziele, Wünsche, Abneigungen, Interessen, Überzeugungen, Werthaltungen, Geschmack, Einstellungen, Wissen, Bildung, Fähigkeiten, Gewohnheiten, Interaktionsstile, physische Merkmale wie Aussehen, Kraft, Ausdauer, finanzielle Möglichkeiten...« (S. 34).

Für den Aufbau des Ressourcenpools im ZRM stehen *persönliche* Ressourcen im Vordergrund, Ressourcen, die in der Person angesiedelt sind. Dabei betrachten wir das in Trainingsphase 2 entwickelte Ziel als neues neuronales Netz und alles, was die Aktivierung dieses Netzes unterstützen kann, als Ressource. Gedächtnispsychologisch ausgedrückt wird das neue neuronale Netz, welches das Ziel repräsentiert, in der nun anstehenden Trainingsphase auf möglichst vielen Informationsebenen gespeichert, es wird «multicodiert».

→ Neuronale Netze 1.2

Multicodierung 1.3.3

Welche Art von persönlichen Ressourcen jede/r Teilnehmende zur Erreichung des gesteckten Ziels letztlich nutzt, ist – wie die Rückmeldungen der Teilnehmenden zeigen – sehr unterschiedlich, beziehungsweise hoch individuell.

Daher bieten wir im ZRM bewusst eine möglichst breite Palette von Möglichkeiten an, damit jede/r für sich das Optimale herausfinden kann. Das Gesamt an möglichen Ressourcen nennen wir «Ressourcenpool».

Dieser Ressourcenpool wird nun in der Folge nach und nach aufgebaut und komplettiert. Dazu legt die Leitung einen Flip (siehe weiter unten, Flip 6) an, auf dem die einzelnen Ressourcen-Arten, in dem Maße wie sie behandelt werden, aufgeführt werden. Die Dokumentation der konkreten Ressourcen, die jede/r Teilnehmende für sich als relevant entdeckt, erfolgt wiederum auf den beiden Ebenen: «privat-vertraulich» im eigenen Handbuch sowie «öffentlich» in eingeschobenen Austausch-Runden und auf den Pinnwänden der «Ergebnisgalerie». Die Klärung des Begriffs «Ressourcen» und die Einführung des Gefäßes «Ressourcenpool» gibt das Startsignal für den schrittweisen Aufbau der für die Zielerreichung erforderlichen Ressourcen.

2.3.1 Ressourcenaufbau 1: Das «handlungswirksam formulierte Ziel» – ein zentrales Element im Ressourcenpool

Der Ressourcenaufbau beginnt mit einem Hinweis der Trainingsleitung auf das soeben entwickelte Ziel: Die Befragung ehemaliger Teilnehmerinnen und Teilnehmer nach den Ressourcen, die sie vor allem zur Erreichung ihres Zieles einsetzen, ergab, dass etliche von ihnen ausschließlich mit ihrem Ziel arbeiten. Das heißt, das Ziel in seiner spezifischen handlungsorientierten Fassung ist für sie bereits hinreichendes Mittel, um das Geplante zu verwirklichen! Offenbar erfüllen bei diesem Personenkreis die drei Kernkriterien, die bei der Zielformulierung berücksichtig wurden, die theoretischen Erwartungen voll.

! Fazit: Bereits das handlungswirksam formulierte Ziel ist als eine zentrale, potenziell hochwirksame Ressource anzusehen.

Im Anschluss an diesen Hinweis wird das handlungswirksam formulierte Ziel als erste Ressource in den Pool eingetragen, sowohl in dem von der Leitung angefertigten Flip 6 als auch im individuellen Ressourcenpool der Teilnehmenden (Arbeitsblatt 4, im Anhang).

Flip 6

Der Ressourcenpool – Einstieg

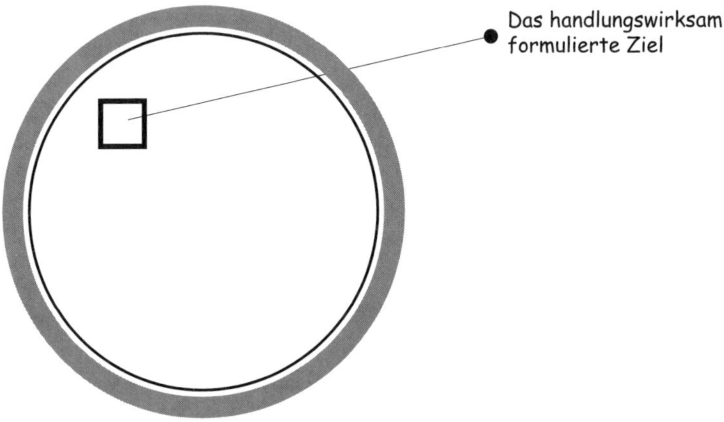

2.3.2 Ressourcenaufbau 2: Erinnerungshilfen und Auslöser entwickeln

2.3.2.1 Neuronale Plastizität oder «Vom Trampelpfad zur Autobahn» – *Impuls*

20'

Zur gedanklichen Vorbereitung der nachfolgenden Trainingsphase dient ein Impulsreferat über neuere einschlägige Befunde aus den Neurowissenschaften. Welche Konsequenzen hieraus folgen, wie attraktiv und nützlich diese Befunde für die eigene Entwicklung sein können, wird durch wissenschaftliche Informationen und eine anschauliche Graphik dargelegt. Die zu diesem Thema von Hüther (1997, 2001) angeführten Befunde zur neuronalen Plastizität bilden den Kern des Impulses:

→ Neuronale Plastizität 1.3.3.2

> Es gilt inzwischen als wissenschaftlich allgemein anerkannt, dass unser Hirn auch bis ins hohe Alter hinein zu wesentlichen, auch strukturellen Veränderungen in der Lage ist. Diese Plastizität ermöglicht stets aufs Neue eine optimierte Anpassung des Individuums an die in Interaktion mit seiner Umwelt auftauchenden Anforderungen. Die im Zuge einer derartigen Optimierung erfolgreichen Hirnverbindungen werden hierbei

verstärkt, mit dem Ergebnis, dass sie bei künftigen Entscheidungs- und Handlungsabläufen mit erhöhter Wahrscheinlichkeit genutzt werden. Weniger erfolgreiche oder mit Misserfolg gekoppelte neuronale Bahnen verkümmern hingegen und verlieren entsprechend an «Attraktivität». Wie diese bildlich gesprochene «Verbreiterung, Stärkung» von Hirnverbindungen durch Lernprozesse zustande kommt, lässt sich anhand einer Abbildung mit Befunden von Birbaumer & Schmidt, 1996 anschaulich belegen (siehe Arbeitsblatt 5, im Anhang).

Neuronale Plastizität 1.2.2

Das soeben entwickelte Ziel kann man somit als eine – zumindest in ihrer spezifischen Ausformung- neu konstituierte Hirnverschaltung verstehen. Die Frage ist nun, wie diese neue und erst rudimentär ausgebildete Verbindung gestärkt werden kann. Denn nur dann hat das Ziel eine reelle Chance, alternativ zu den in Jahren und Jahrzehnten herausgebildeten, meist automatisch ablaufenden Routine-Reaktionen, das Handeln mitzusteuern. Bildhaft gesprochen geht es darum, «Aus schmalen neuronalen Pfaden breite Autobahnen» werden zu lassen.

2.3.2.2 Die Umsetzung im Training

Eine zentrale Folgerung für die Praxis aufgrund der zitierten wissenschaftlichen Befunde liegt auf der Hand: Um dem neuen Ziel und den mit ihm verknüpften emotionalen, motivationalen und energetisierenden Prozessen gute Realisierungschancen zu verschaffen, sollte es möglichst häufig aktiviert werden. Diese Aktivierung des Zieles und der mit ihm zusammenhängenden Potenziale kann auf verschiedene Weisen erfolgen: Zum einen findet sie selbstverständlich dann statt, wenn die zugehörige Handlungssequenz *real* durchlaufen wird. Dieses ist Gegenstand von Trainingsphase 4. Eine Aktivierung im Hirn findet zum anderen jedoch auch dann statt, wenn die entsprechenden neuronalen Verknüpfungen lediglich angestoßen und *mental* durchlaufen werden. Dazu genügt ein In-Erinnerung-Rufen des Ziels oder irgendeines mit ihm verknüpften Elements.

Mit Hilfe des Arbeitsblattes 6 (siehe Anhang) erstellt jedes Gruppenmitglied eine Liste aller erdenklichen Erinnerungshilfen, die imstande sind, das gewünschte neuronale Netz zu aktivieren. Diese Erinnerungshilfen besitzen, in Termini der Verhaltenstheorie, den Charakter von Hinweisreizen oder Auslösern (z.B. ein Parfüm, ein Symbol oder ein Kleidungsstück, das die Zielvorstellung auslöst).

An dieser Stelle ist es wichtig, die Teilnehmenden darauf hinzuweisen, dass ihr Bild aus der Bildkartei erfahrungsgemäß eine zentrale Erinnerungshilfe darstellt, die sie entsprechend nutzen sollten.

2.3.2.3 Öffentlichkeit herstellen und Austauschen

Nachdem die Arbeitsblätter in Einzelarbeit ausgefüllt wurden, erfolgt im Plenum eine «Tauschbörsen-Runde». Hierbei äußern die Teilnehmenden – wie immer freiwillig – einige ihrer Erinnerungshilfen und regen sich so gegenseitig zu weiteren «Entdeckungen» an.

2.3.3 Ressourcenaufbau 3: Das Ziel in den Körper bringen

Im folgenden Trainingsschritt geht es darum, eine weitere, sehr wirksame Ressource für die Multicodierung des neuen neuronalen Netzes nutzbar zu machen, unseren Körper.

2.3.3.1 Das Handlungsmodell des ZRM – *Impuls*

30'

Körperliche Ressourcen 1.3.3.3

Ein Impulsreferat, visuell unterstützt durch ein Flip, legt zunächst dar, wie wir uns im ZRM das Zustandekommen von (Ziel-)Handlungen erklären und weshalb und auf welchem Weg unser Körper zur Zielerreichung wesentlich beitragen kann (siehe Flip 7):

- Wir verstehen das soeben entwickelte Ziel als ein neu generiertes neuronales Netz.
- Neuronale Netze und somit auch unsere Ziele können, so der aktuelle wissenschaftliche Stand, im Organismus auf mehreren Ebenen gespeichert, «multicodiert» werden.
- Je besser ein neuronales Netz multicodiert ist, desto besser ist die Behaltensleistung und desto besser ist es aktivierbar.
- Die «Multicodierung des Ziels» erfolgt im ZRM auf drei Ebenen:
  - kognitive Ebene
  - emotionale Ebene
  - körperliche Ebene
- Zielrealisierendes Handeln kann von jeder dieser Ebenen her ausgelöst werden.

Statt von linearen Kausalzusammenhängen gehen wir von einer Vernetztheit zwischen den drei genannten Ebenen aus. So können Kognitionen und Emotionen einerseits entsprechende Körperreaktionen hervorrufen. Andrerseits können Veränderungen in der körperlichen Verfassung auch entsprechende Veränderungen auf der Ebene der Emotionen und /oder der Kognitionen mit sich bringen.

Flip 7

Das Handlungsmodell des ZRM

Multicodierung ermöglicht das Zustandekommen von (Ziel-) Handlungen auf mehreren Wegen

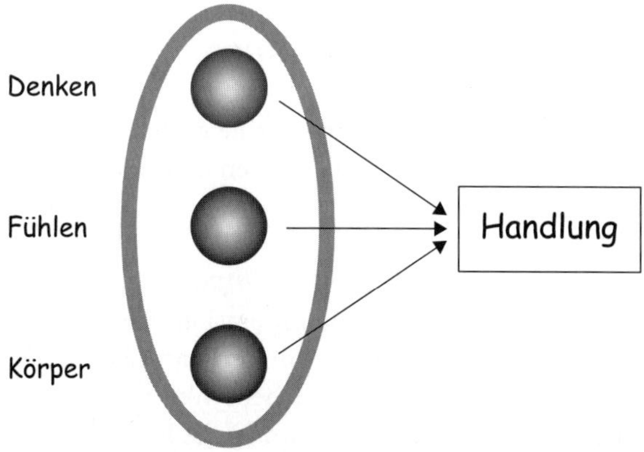

Der bisherige Aufbau des Ressourcenpools (Zielentwicklung, Erinnerungshilfen und Auslöser) war schwerpunktmäßig auf die beiden erstgenannten Codierungsebenen (Kognitionen und Emotionen) gerichtet. Im Folgenden geht es nunmehr darum, den Körper als weiteren «Auslöser» und Unterstützer der Zielhandlung in unseren Ressourcenpool mit einzubeziehen. Dazu starten wir mit einem kleinen **Haltungs-Experiment,** das die Auswirkungen der Körperhaltung auf die kognitive und die emotionale Ebene ein Stück weit auch erlebbar machen soll:

Zunächst bittet die Trainingsleitung die Gruppenmitglieder, sich möglichst unbequem, eingefallen, mit gesenktem Blick und flacher Atmung hinzusetzen. Mit der Anweisung, diese Physiologie beizubehalten werden die Teilnehmenden sodann aufgefordert, sich glücklich, selbstbewusst und voller Tatendrang zu fühlen. Das Ergebnis ist klar: Die Aufgabe ist kaum lösbar. Auch das umgekehrte Arrangement, aufrechter Sitz oder Stand, gehobener Blick, volle Atmung und die Anweisung, sich unglücklich, handlungsunfähig, ohnmächtig, minderwertig zu fühlen, stellt die Teilnehmenden vor eine kaum lösbare Aufgabe.

Fazit: Die äußere Verfassung des Körpers hat deutlichen Einfluss auf innere Vorgänge, wie Gefühle, Gedanken, Selbstwertempfinden, Aktivierungsniveau, Handlungsbereitschaft. Die Aufgabe, die sich hieraus stellt, ist klar: Es gilt herauszufinden, welche spezifische Körperverfassung mit dem jeweils angestrebten Ziel korrespondiert, um so die Zielhandlung zu unterstützen.

Der sich nunmehr anschließende Ressourcenaufbau zum Einbeziehen des Körpers in die Zielrealisierung vollzieht sich in zwei Teilschritten: Zunächst erfolgt er auf mentaler Ebene, *virtuell*. Absicht hierbei ist, ein mentales Vorstellungsbild davon entstehen zu lassen, wie der eigene Körper bei der Zielerreichung hilfreich mitwirken kann. Zusätzlich geht es darum, die Selbstwahrnehmung für die eigene körperliche Verfassung zu intensivieren.

In einem zweiten Teilschritt erarbeitet sodann jede(r) Teilnehmende, unter *realer* Mitwirkung seines/ihres Körpers jene Komponenten der körperlichen Verfassung, die speziell zu seinem/ihrem Ziel «passen».

2.3.3.2 Den Ressourcenaufbau mental bahnen

Der mentale Ressourcenaufbau beginnt mit einem kleinen Experiment. Es dient zum einen dazu, Verständnis zu erzeugen für die Wirksamkeit von mentalem Training. Darüber hinaus soll es Neugier und Motivation wecken für die sich anschließende Fantasiereise.

→ Mentales Training 1.3.3.3

Mit dieser Vorgabe und der Einladung, sich überraschen zu lassen, führt die Leitung mit den Teilnehmenden im Plenum das so genannte «**Armdreh-Experiment**» durch:

> Die Teilnehmenden verteilen sich stehend so, dass sie sich, auch bei ausgestreckten Armen, frei, ohne einander zu berühren, drehen können. Der Stand ist sicher, schulterbreit, der Oberkörper in normaler Haltung, die Arme fallen locker herab. Jede(r) achtet darauf, den Platz auf dem er/sie steht, während des gesamten Experiments exakt beizubehalten.
>
> Im ersten Übungsteil erfolgt sodann die Anweisung, beide Arme seitlich, gestreckt, bis in Schulterhöhe anzuheben. Nun drehen die Teilnehmenden, weiterhin mit gestreckten Armen und gleichbleibender Fußstellung, den Oberkörper in eine Richtung (ob nach rechts oder nach links ist gleichgültig) so weit wie es ihnen mit *äußerster* Anstrengung überhaupt möglich ist. Der Punkt, auf den ihre Hand am äußersten «Anschlag» zeigt, sollen sie sich genau merken. Hiernach gehen die Teilnehmenden bei gleichbleibender Fußstellung wieder in ihre Ausgangshaltung (Oberkörper normal, Arme locker herabfallend) zurück.

In dieser Ausgangshaltung verbleibend, erleben die Teilnehmenden nunmehr den zweiten Übungsteil, der *ausschließlich mental* vollzogen wird. Sie durchlaufen dabei den soeben noch real durchgeführten Bewegungsablauf, Schritt für Schritt, noch einmal in ihrer Fantasie – mit *einem* wesentliche Unterschied: Sobald sie bei ihrer Drehung bei ihrem Anschlagspunkt angelangt sind, teilt ihnen die Leitung mit, dass sie, zu ihrem eigenen Erstaunen, ganz locker und leicht ein deutliches Stück über ihre bisherige Marke weiterdrehen können. Danach dürfen die Teilnehmenden in ihrer Fantasie wieder in die Ausgangsstellung zurückdrehen. Nach einer kurzen Pause wird dieser Schritt noch einmal wiederholt, mit dem Unterschied, dass die Teilnehmenden nunmehr nicht nur über ihren ersten Anschlagspunkt sondern – locker, spielerisch, leicht und verblüfft – auch noch über ihre zweite Markierung ein erhebliches Stück weit hinausgelangen. Erneut gehen die Teilnehmenden mental wieder in ihre Ausgangsstellung zurück.

Der dritte und letzte Übungsteil wird nunmehr wieder *real* vollzogen. Anweisung und Ablauf sind dieselben wie im ersten Übungsteil. Das Ergebnis ist bei nahezu allen Teilnehmenden überzeugend: sie können mühelos ein deutliches Stück weiter drehen als bei ihrem ersten, angestrengten Versuch.

Mit diesem kleinen Experiment erleben die Teilnehmenden «Am eigenen Leib» auf überzeugende Weise, dass ihr Körper zu deutlich weiter gehenden Leistungen imstande ist, wenn er zuvor durch mentale Bahnung hierauf vorbereitet wird.

Die Einstimmung auf die **Fantasiereise zum Ziel** beginnt mit dem Hinweis auf die weit verbreitete und bewährte Praxis des Mentaltrainings im Leistungssport. Die Auswirkungen solcher «lediglich» mental vollzogenen Handlungsabläufe auf reales Handeln sind dort offensichtlich und werden in den Sportwissenschaften erforscht (z.B. Gubelmann 1998). Das kleine «Armdreh-Experiment», das die Teilnehmenden soeben am eigenen Leib erfahren haben, weist in die gleiche Richtung. Ziele und zugehörige Handlungen, die mental vorbereitet werden, haben deutlich bessere Aussichten verwirklicht zu werden, als wenn sie ohne diese Vorkehrung angegangen werden.

Diese Einsichten nutzen wir nunmehr, um auch die Zielerreichung und die zugehörigen Handlungen und Begleitumstände mental zu «bahnen». Hierzu folgt eine angeleitete «Fantasiereise zu meinem Ziel». In deren Verlauf werden die Anwesenden zunächst in eine tiefe Entspannung geführt und dort mit ihrem Ziel in Kontakt gebracht. Die Teilnehmenden erhalten sodann Anregungen, sich mit Hilfe ihrer Fantasie einen Entwurf ihrer Zielverwirklichung zu machen, einschließlich der hierzu erforderlichen Handlungen und inneren Prozesse, die für sie damit einhergehen. Ausführlich lenkt die Leitung die Aufmerksamkeit der Teilnehmenden auf ihren Körper. Die Teilnehmenden werden aufgefordert, ihn in seiner äußeren Verfassung und in seinen inneren Prozessen zu beobachten. Hierbei interessiert die Beschreibung des eigenen Organismus im Kontakt mit dem Ziel. Bezüglich der äußeren Verfassung geht es um Stand, Haltung, sichtbare Bewegungen, Mimik, hörbare Stimme. Die inneren Prozesse betreffen die Atmung, das Temperaturempfinden, den Körpertonus, wahrgenommene Geräusche und Gerüche.

In unmittelbarem Anschluss an die Fantasiereise tragen die Teilnehmenden die Eindrücke, die sie soeben gesammelt haben, in ihr Handbuch ein (Arbeitsblatt 7, im Anhang). Darüber hinaus notieren sie alle erdenklichen Beobachtungen, die für sie anlässlich ihrer «Reise» auftauchten (z.B. Symbole, fantasierte Bilder und Kontextmerkmale wie Beleuchtung, Umgebung, Tiere, Pflanzen sowie Assoziationen jeder Art). Die hierbei gesammelten Daten liefern wertvolle Bausteine für den nachfolgenden zweiten Teilschritt.

2.3.3.3 Die zieladäquate Körperverfassung real entwickeln

Die Erarbeitung der zieladäquaten körperlichen Verfassung erfolgt in Gruppenarbeit. Das Vorgehen in diesen Gruppen demonstriert die Leitung vorweg im Plenum, unterstützt von zwei Freiwilligen. Eine(r) davon, die «Hauptperson», widmet sich der anstehenden Aufgabe, die zweite Person übernimmt Hilfsfunktionen, indem sie die Aussagen der Hauptperson protokolliert. Die übrigen Teilnehmenden erhalten zu Beginn der Demonstration das Arbeitsblatt 8 (siehe Anhang), auf dem sie das Vorgehen der Leitung während der Übung mitvollziehen können.

Ziel der Übung ist, dass die jeweilige Hauptperson sich ein möglichst klares Bild davon macht, in welchem Zustand ihr Körper ist, wenn sie sich mental mit ihrem Ziel in Verbindung setzt. Es geht also darum festzustellen, in welcher äußeren Verfassung sich in dem Moment der eigene Körper befindet und welche inneren Prozesse (Gefühle, Bilder, Gedanken) sich dabei abspielen.

Bei der Demonstration sollte die Leitung vor allem folgende Punkte beachten und deutlich hervorheben:

- Es empfiehlt sich, den Ablauf der Übung in groben Zügen vorweg zu schildern, um den Zuschauern das Mitverfolgen zu erleichtern und der Hauptperson Sicherheit zu geben.

- Die Übung sollte in aller Regel zunächst im Stehen durchgeführt werden, da dies die Selbstwahrnehmung sämtlicher Körperempfindungen erleichtert.
- Ausgangspunkt während der gesamten Demonstration ist das Ziel der betreffenden Person. Um die Präsenz des Ziels durchgehend zu gewährleisten, sollte es zu Beginn und auch im späteren Verlauf immer wieder explizit angesprochen werden.
- Sobald das Ziel genannt ist und die Leitung den Eindruck hat, dass die Hauptperson mit dem Ziel mental gut verbunden ist, beginnt die Leitung damit, Schritt für Schritt, die Checkliste im Arbeitsblatt 8 durchzugehen. Dabei werden äußere und innere Merkmale unterschieden und nacheinander alle Sinne angesprochen.
- Parallel dazu ist flexibel, empathisch und vertiefend auf das einzugehen, was seitens der Hauptperson geäußert wird.
- Das in der Fantasiereise gesammelte Material sollte soweit wie möglich mit einbezogen werden.

Nach dieser Demonstration und nach Klärung allfälliger Vorgehensfragen gehen die Teilnehmenden in Dreiergruppen selbständig an die Arbeit.

! Diese Phase wird von manchen Teilnehmenden als sehr anspruchsvoll erlebt. Eine intensive Betreuung durch die Leitung ist hier daher dringend angeraten!

2.3.3.4 Die Ergebnisse einprägsam festhalten

Wenn die Teilnehmenden aus der Gruppenarbeit ins Plenum zurückkehren, folgt eine ausgiebige Einzelarbeit. Sie dient dazu, das soeben Erarbeitete erneut zu sichten und die bedeutsamsten Ergebnisse in einprägsamer Form festzuhalten. Aus den in der Gruppenarbeit von der Hilfsperson festgehaltenen Beschreibungen des zielrelevanten Körperzustandes wählt jede Person zunächst die für sie wichtigsten Elemente aus und trägt sie in ihr Handbuch ein (Arbeitsblatt 8, im Anhang).

Um diese wichtige «Ernte» noch in einem weiteren, anschaulicheren Modus zu speichern, wird sie bildhaft repräsentiert: Mit Farbstiften malen die Teilnehmenden ein Bild ihres äußeren und inneren Körperzustandes in ein abstraktes, vorgegebenes Körperschema hinein (Arbeitsblatt 9, im Anhang). Ergänzend können sie weitere, zu ihrem Ziel als zugehörig empfundene, Kontextmerkmale anfügen. Dabei entstehen farbenfrohe, fantastische, für Außenstehende unter Umständen auch skurril wirkend Bilder. Beispiel: Das vorgegebene Menschenschema mit einem roten Kreis im Bauchraum, ein gelbes und ein blaues Auge, hat die linke Hand zur Faust geschlossen, steht mit zwei riesengroßen grünen Elefantenohren in einer bunten Frühlingswiese. Rechts und links wird das Ressourcen-Männlein/-Weiblein von zwei aufrecht sitzenden Löwen flankiert.

2.3.3.5 Öffentlichkeit herstellen und Austauschen

Auch zum Abschluss dieses Ressourcenaufbaus 3, der den Körper als Ressource nutzt, bringen die Teilnehmenden ausgewählte Elemente dessen, was sie sich an körperlichen Ressourcen erarbeitet haben, in die Öffentlichkeit der Gruppe.

Im Halbkreis um die Pinnwandgalerie versammelt, bittet die Leitung die Teilnehmenden, jeweils einen kleinen Teil ihrer «Schätze» zu veröffentlichen. Auf einer Moderationskarte symbolisiert jede(r) ein oder zwei Merkmale ihres/seines zieladäquaten Körperzustandes und erläutert sie kurz. Wer mag, kann stattdessen auch – ausnahmsweise! – etwas aus seinem Privatbereich veröffentlichen, indem er sein soeben gemaltes Ressourcen-Männlein/Weiblein vorübergehend an die Pinnwand heftet.

2.3.4 Den Ressourcenpool aktualisieren

Der Ressourcenaufbau ist nunmehr um ein gutes Stück, konkret um die Gruppe der Erinnerungshilfen und Zielauslöser sowie um die Gruppe der Körperressourcen, vorangeschritten. Es ist an der Zeit, den persönlichen Ressourcenpool (Arbeitsblatt 4, im Anhang) zu aktualisieren. Der Flip mit dem Ressourcenpool erhält nunmehr folgende Gestalt:

Flip 8

Der Ressourcenpool – Zwischenstand

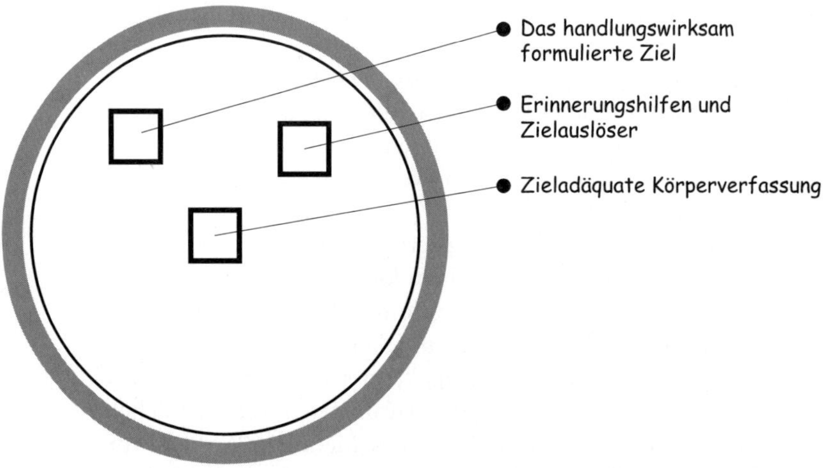

2.4 Trainingsphase 4: Mit meinen Ressourcen zielgerichtet handeln

Dieser vierte Trainingsabschnitt befasst sich mit dem zielgerichteten Einsatz der Ressourcen. Ausgehend von einer einfachen Typologie von Situationen, planen die Teilnehmenden, wie sie die von ihnen zuvor entdeckten/entwickelten Ressourcen zielgerichtet aktivieren beziehungsweise einsetzen und somit ihr Ziel verwirklichen können.

2.4.1 Die ZRM-Strategie zur Realisierung von Zielen – *Impuls*

15'

Nachdem die Teilnehmenden wissen, welches Ziel sie verwirklichen möchten und welche Mittel (Ressourcen) ihnen hierfür zur Verfügung stehen, geht es nunmehr um die Frage, wie die Realisierung ihrer Ziele konkret vonstatten gehen soll. Viele herkömmliche Trainings würden an dieser Stelle damit beginnen, das angestrebte Ziel in Unterziele zu unterteilen, diese wiederum in weitere Untereinheiten zu gliedern, um schließlich auf die Ebene konkreter Handlungen zu gelangen, mittels derer das Ziel beziehungsweise vorgelagerte Unterziele verwirklicht werden können. Radikal anders lautet die Strategie, die wir im ZRM verfolgen. Sie besagt, vereinfachend dargestellt, dass Menschen, die hinsichtlich ihres Zieles in einer optimalen körperlichen, emotionalen und geistigen Verfassung sind, spontan, aus der Situation heraus, die für sie derzeit bestmögliche Lösung der anstehenden Aufgaben realisieren können.

Bezogen auf unser Training heißt das, dass die Teilnehmenden keine neuen Skills im Sinne eines Verhaltenstrainings erlernen. Vielmehr eignen sie sich ein Meta-know-how an, das sie in die Lage versetzt, ihre *vorhandenen* Potenziale situationsangepasst und zielbezogen einzusetzen und auch in schwierigen Situationen «das Beste aus sich zu machen». Die Aufgabe, die sich für die Realisierung des jeweiligen Ziels stellt, besteht also darin, zum rechten Zeitpunkt, am rechten Ort – eben da, wo das Ziel sinnvollerweise verwirklicht werden soll – die zugehörigen Ressourcen zu aktivieren. Das ist das Thema dieses vierten Trainingsabschnittes.

Es hat sich als zweckmäßig erwiesen, **drei Typen von Situationen** zu unterscheiden, in denen Ziele und ihre Realisierung aktuell werden können.

Situationstyp 0: Bekannte, vertraute Situationen, in denen es uns nahezu selbstverständlich gelingt, das erstrebte Ziel zu verwirklichen.

Situationstyp 1: Vorhersehbare Situationen, in denen wir gern unser Ziel verwirklichen möchten, uns aber bislang dazu nicht imstande sahen.

Situationstyp 2: Unvorhersehbare, sich überraschend ergebende Situationen, in denen wir unser Ziel gern verwirklichen würden, auch wenn uns dies zuweilen erst im Nachhinein bewusst wird.

Diese Typologie ist Ausgangspunkt für die Arbeit in Trainingsphase 4.

2.4.2 Planung des Ressourceneinsatzes für vorhersehbare Situationen (Situationstyp 1)

Die soeben beschriebene Typologie lässt erkennen, dass sich eine Planung des Ressourceneinsatzes für Situationen des Typs 0 erübrigt. Hingegen ist offensichtlich, dass eine solche Planung für Situationen des Typs 1 – vertraute, vorhersehbare, bislang aber als «schwierig» eingeschätzte Situationen – Sinn macht.

2.4.2.1 Auswahl einer geeigneten Situation und Festlegen konkreter Ausführungsmaßnahmen

Angeleitet durch das Arbeitsblatt 10 (siehe Anhang) wählt jede(r) Teilnehmende in Einzelarbeit zunächst eine Situation des Typs 1 aus ihrem/seinem persönlichen Alltag aus und vergegenwärtigt sich hierzu einige, diese Situation kennzeichnende Merkmale: beteiligte Personen, wichtige Rahmenbedingungen, das eigene bisherige Befinden in dieser Art von Situationen.

Diesem Arbeitsschritt gehen zwei Leitungshinweise voraus: Die gewählte Situation soll zum einen zeitlich möglichst nahe am Trainingsende liegen. Dies soll die Teilnehmenden anhalten, sich möglichst unverzüglich eine ganz konkrete Aufgabe vorzunehmen und somit den Transfer des Gelernten in die Wege zu leiten. Zum anderen soll die Situation, was ihren Schwierigkeitsgrad betrifft, sorgfältig ausgewählt werden. Das handlungswirksam formulierte Ziel und die an sie geknüpften Ressourcen stellen, wie gesagt, neurowissenschaftlich gesehen ein noch sehr «junges», frisch erzeugtes Netz neuronaler Verknüpfungen dar. Gegenüber den über Jahrzehnten herausgebildeten, festverankerten Verhaltensmustern und automatisierten Verhaltensroutinen stellt dieses Netz, bildlich gesprochen, ein Kleinkind dar, das sich anschickt, neben routinierten «alten Hasen» einen eigenen Raum zu beanspruchen und eigene Bedeutung zu erlangen.

→ Neuronale Netze 1.3.3.2

Diesen «Machtverhältnissen» können und sollen die Teilnehmenden Rechnung tragen! Dies geschieht dadurch, dass sie sorgfältig darauf achten, ihr neuentwickeltes neuronales Netz zu stärken, indem sie ihm *Erfolge* ermöglichen. Denn neben der *häufigen* Aktivierung von neuronalen Netzen ist ihre *erfolgreiche* Nutzung eine wichtige Bedingung für deren Bahnung und Stärkung. Für die anstehende Aufgabe heißt das, zunächst eine Situation mit einem geringeren Schwierigkeitsgrad auszuwählen, einem Schwierigkeitsgrad, der dem «Neuling» reelle Erfolgsaussichten einräumt.

→ Neuronale Plastizität 1.3.4

In unmittelbarem Anschluss an die Festlegung der anvisierten Situation gehen die Teilnehmenden – weiterhin in Einzelarbeit – daran, den Ressourceneinsatz für eben diese Situation zu planen. Das Arbeitsblatt 11 (siehe Anhang) liefert ihnen dazu entsprechende Anregungen: Es geht dabei um Beschaffung und Platzierung mobiler und stationärer Erinnerungshilfen/Auslöser, um Organisation von Unterstützung durch Dritte, um das Festlegen und Einrichten einer «Ressourcen-Tankstelle» – eines Ortes im Raum, in dem sich der/die Betreffende bei Bedarf immer wieder mit seinen/ihren Ressourcen bewusst «auftanken» kann.

2.4.2.2 Öffentlichkeit herstellen und Planungen austauschen

Die von den Einzelnen vorgenommenen Planungen und Vorsatzbildungen sind erfahrungsgemäß sehr fantasiereich, vielfältig und anregend. Nach der erfolgten Einzelarbeit gibt die Leitung im Plenum daher Gelegenheit für einen Austausch in Form einer offenen «Börse», mit der Aufforderung, geeignet Erscheinendes zu übernehmen oder zu adaptieren.

Bevor es mit dem Situationstyp 2 weitergeht, erfolgt noch ein Hinweis: Den Teilnehmenden ist dringend anzuraten, bei ihren Umsetzungsvorhaben nach dem Training diese *vorhersehbaren* Situationen in den Mittelpunkt zu stellen. Erfahrungsgemäß sind hierbei die besten Erfolgsaussichten gegeben und somit auch die besten Aussichten dafür, die neu entstandenen neuronalen Verknüpfungen zu stärken und zu stabilisieren.

2.4.3 Planung des Ressourceneinsatzes für unvorhergesehene Situationen (Situationstyp 2)

Ein erstes ausführlicheres Impulsreferat umreißt zunächst die Ausgangslage, in die wir in überraschend eintretenden Situationen gelangen. Es beschreibt, wo die Trainingsteilnehmenden voraussichtlich auf Grenzen stoßen können und möglicherweise auch Frustrationen zu gewärtigen haben, sofern sie von unrealistischen Erwartungen ausgehen. Im zweiten unmittelbar anschließenden Impuls lernen die Teilnehmenden eine Art «Erste-Hilfe-Programm» kennen, das sie in überraschend auftretenden Situationen einsetzen können, auch dann, «wenn alle üblichen Stricke reißen».

30'

2.4.3.1 Ausgangslage, «Grenzerfahrungen», Konsequenzen – *Impuls*

Während wir uns auf vorhersehbare Situationen relativ leicht vorbereiten können, ist eine Planung des Ressourceneinsatzes für Situationen, die als unerwartet, plötzlich über uns hereinbrechend erlebt werden, formal besehen, ein Widerspruch in sich, da Planung wenigstens ein Mindestmaß an Vorhersehbarkeit voraussetzt. In die gleiche Richtung weisen auch Berichte von Personen, die am ZRM-Training teilgenommen haben. Demnach erleben sie, neben vielen ermutigenden Erfolgen, gelegentlich auch frustrierende Momente, in denen ihnen der Zugriff auf ihr Ziel und ihre Ressourcen unmöglich ist. Dies wird als umso schmerzlicher erlebt, als sie sich – zumindest im Nachhinein betrachtet – gerade *jetzt* die Verwirklichung ihres Ziels wünschten. Gemeinsames Merkmal all dieser Situationen ist stets, dass sie als unerwartet, überraschend eintretend, beschrieben werden. Ein weiteres, wesentliches, durchgehend auftretendes Merkmal ist, dass diese Situationen von den

Betroffenen als hochgradig belastend erlebt werden und mit starken negativen Emotionen verbunden sind. Dies kann sowohl Ärger, Zorn, Empörung oder Wut sein als auch Überraschung, Schrecken, Angst, Ohnmacht oder Resignation. Man könnte sagen, dass es sich um Belastungs-Situationen handelt, in denen die Betreffenden überrascht werden, über keine adäquate, souveräne Antwort verfügen und stattdessen mit einer spontan ablaufenden, automatisierten Belastungs-Routine reagieren. Vereinfachend gesagt geht es dabei entweder um ein unkontrolliertes «An die Decke Gehen» oder darum, den inneren Rückzug antretend, in Resignation und Lähmung zu verfallen.

Erst im Nachhinein, vielleicht auf dem Heimweg von der Arbeit oder unter der nächsten Dusche, erkennen die Betroffenen, dass sie *wieder einmal* in ihre alten Muster verfallen sind. Allerdings, so zeigen Berichte von ehemaligen Teilnehmerinnen und Teilnehmern sowie eigene Erfahrungen, werden diese «Ausrutscher», wenn man erst einmal für sie sensibilisiert ist, von Mal zu Mal schneller erkannt. Dies geht soweit, dass man sie bereits *während* ihres Ablaufes registriert. Im nachfolgenden Ablaufmodell geben die Stufen 1 bis 3 diesen Vorgang graphisch wieder. Die Teilnehmenden bekommen dieses Ablaufmodell als Arbeitsblatt 12 (siehe Anhang).

Teilnehmende, die gut ein Jahr nach ihrem Trainingsbesuch befragt wurden, berichten über einen weiteren interessanten Befund: Während das Realisieren der Ziele zunächst einen bewussten und auch mit Aufwand verbundenen Vorgang darstellt, wird er mit der Zeit, nach und nach selbstverständlicher und aufwandloser. Es scheint, dass sich das Ziel nach etwa einem Jahr bewussten Einsatzes wie von allein einstellt, es hat sich «automatisiert» (siehe Stufe 6 des ZRM-Ablaufmodells, nächste Seite).

Wir meinen, dass die am Training Teilnehmenden von diesem Ablaufmodell unbedingt Kenntnis haben sollten. Das Wissen um diese Abläufe bereitet sie realistisch auf die – neben allen Erfolgserlebnissen – ebenfalls möglichen Klippen vor. Es grenzt zum einen überzogene Erwartungen ein. Zum anderen vermindert es unnötige und unangemessene Fehlattributionen dahingehend, dass das ganze Training aufgrund einzelner Misserfolgserlebnisse als unwirksam bewertet oder die eigene Person pauschal als unfähig abqualifiziert wird. Schließlich macht es noch einmal deutlich, weshalb wir den Teilnehmenden so dringend empfehlen, die Umsetzung ihrer Ziele unbedingt anhand *vorhersehbarer* Situationen zu trainieren, deren

Das ZRM-Ablaufmodell

Der Umgang mit *unvorhersehbaren* Situationen

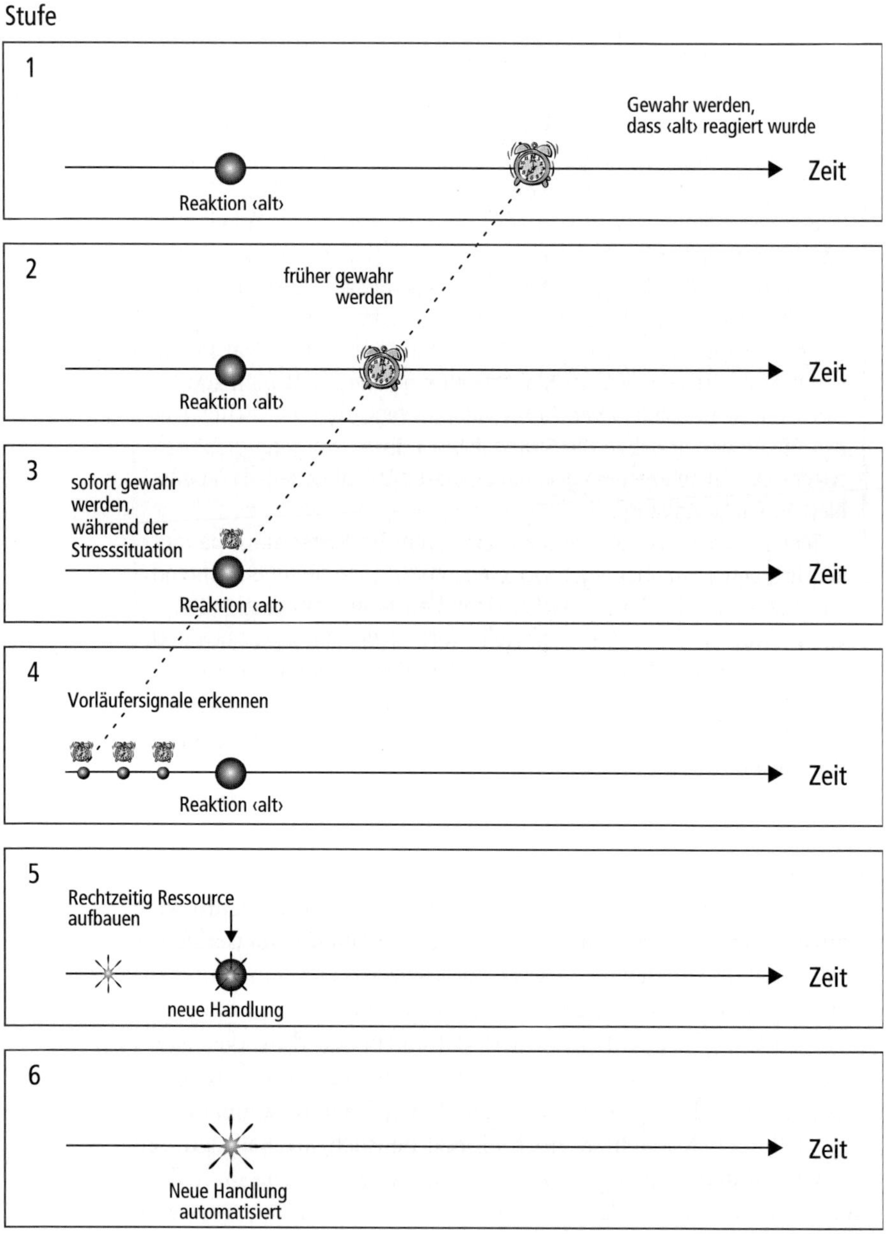

Erfolgsaussichten ungleich höher liegen und die somit längerfristig erheblich besser zu einer Automatisierung der Ziele und der zugehörigen Handlungen beizutragen vermögen.

Auch «ausgefuchste Selbstmanagementprofis» sind erfahrungsgemäß nicht davor gefeit, immer noch, gelegentlich, in alte Überlastungs-Muster zu verfallen. Solche «Ausraster», besonders wenn es sich um die dynamische, extrovertierte Form des «An-die-Decke-Gehens» handelt, mögen aktuell und auch nachträglich zuweilen als befreiend und wohltuend erlebt werden. Oft jedoch hinterlassen sie beim betreffenden Akteur unbefriedigende, unangenehme Gefühle des Kontrollverlustes, Scham- oder Schuldgefühle. Dann stellt sich die Frage, ob und gegebenenfalls was wir in solchen Situationen tun können, um zu einem befriedigenderen Ergebnis zu gelangen.

Eine elegante, vielleicht sogar weise Form des Umgehens mit diesen «Aussetzern» könnte sein, sie als Teil unserer (gegenwärtigen) Persönlichkeit zu akzeptieren, froh zu sein, dass sie uns – so unterstellen wir hier – nur relativ selten und zudem in einer noch halbwegs (sozial-)verträglichen Form «besuchen».

Für diejenigen jedoch, die darüber hinaus aktiv handelnd etwas ändern möchten, bieten wir im folgenden ein handlungsorientiertes Konzept mit bewährten Maßnahmen an, die es ermöglichen, konstruktiv mit unerwarteten Belastungssituationen umzugehen.

2.4.3.2 Unerwünschte Belastungs-Routinen, Vorläufersignale, Stopp-Befehle – *Impuls*

30'

Dieser ebenfalls relativ ausführliche Impuls soll den Teilnehmenden ein möglichst anschauliches, plausibles Bild davon entwerfen, was in unerwartet über sie hereinbrechenden, hochbelastenden Situationen in ihnen abläuft sowie davon, wie sie konkret mit solchen Situationen umgehen können. Das theoretische Konzept, das hier vorgestellt wird, ist angeregt durch dass klassische Modell der Stressbewältigung von Lazarus (1981) und Ideen aus dem Stressbewältigungstraining von Schlottke und Wahl (1983). Es bezieht sich auf die Stufen 4 und 5 des ZRM-Ablaufmodells.

Besonders Situationen, in denen wir überraschend unter Druck geraten, sind offenbar geeignet, uns gegen unseren Willen von zielorientiertem Handeln abzubringen. Klassische Stress-Theorien erklären dies damit, dass die Person sich plötzlich bedroht fühlt und sich zugleich überfordert sieht, der Herausforderung angemessen, «vernünftig» zu

Flip 9

Das unwillkürliche Abkommen vom zielgerichteten Handeln zur unerwünschten Belastungs-Reaktion

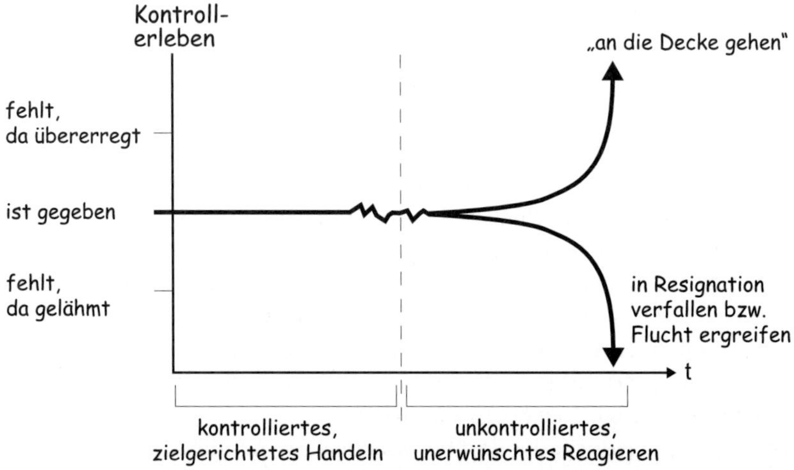

Flip 10

Analyse der Kernzone der Belastungs-Episode – Vorläufersignale und Stopp-Befehl

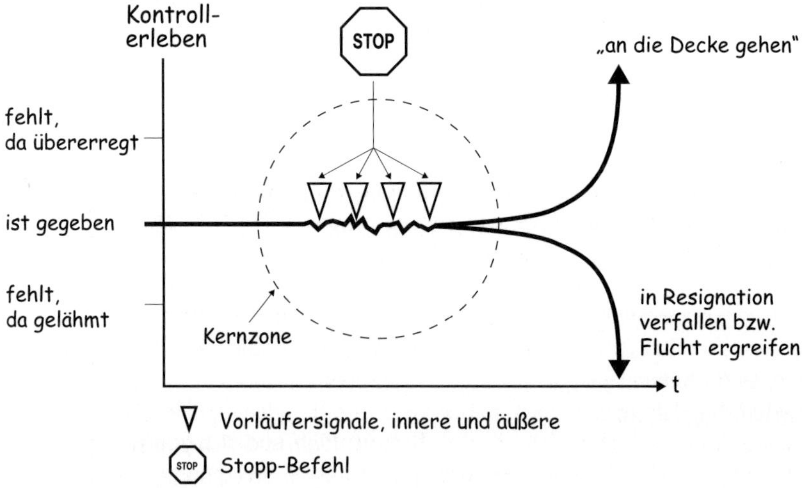

begegnen. Kognitiv-vernunftsmäßige Steuerungsanteile treten dabei in den Hintergrund, während emotionale Anteile verstärkt die automatisierte, stereotyp ablaufende Überlastungsreaktion bestimmen. Zwei Reaktionsformen lassen sich hierbei, stark vereinfacht, unterscheiden: Das «Aus-der-Haut-Fahren» oder «An-die-Decke-Gehen» einerseits und andrerseits eine Reaktion des «Abgleitens», des Rückzugs, der Flucht oder der Lähmung. Mit beiden Formen geht ein Verlust des Kontrollerlebens einher (siehe Flip 9).

Subjektiv erleben wir uns in diesen Situationen als überrascht oder gar überwältigt, so als würden wir bei einem harmlosen Sommerausflug plötzlich von Räubern überfallen. Mit Abstand betrachtet, können wir jedoch sehr wohl feststellen, dass diese «Überfälle» sich nicht ganz so unerwartet ereignen, wie wir es im betreffenden Moment «naiv» erleben. Offenbar gibt es typische, wiederkehrende, emotional belastende Drucksituationen, auf die wir spontan, mit wiederum typischen, relativ gleichförmig ablaufenden Automatismen reagieren.

→ Automatismen 1.1.5 Abb.3

Um Hinweise darauf zu bekommen, was sich in solchen Momenten in uns abspielt und was wir möglicherweise anstelle des unwillkürlichen «Abspulens» unserer bisherigen Belastungs-Routine unternehmen können, lohnt es, den Ablauf einer solchen Episode etwas genauer unter die Lupe zu nehmen. Besonders interessiert hierbei jenes Intervall auf der Zeitachse, in dem die Weichenstellung erfolgt, die entscheidet, ob die Person ihren begonnenen, zielgerichteten und kontrollierten Handlungsstrang fortsetzt oder aber davon abkommt und auf eine der beiden «Routine-Schienen» gerät, das heißt «an die Decke geht» oder die Flucht ergreift bzw. in die Resignation abgleitet (siehe Flip 10)

Bei der Analyse der Kernzone der Belastungs-Episode gehen wir , wie gesagt, davon aus, dass die als überraschend hereinbrechend erlebte Situation, mit Abstand betrachtet, nicht ganz so neuartig-einmalig ist, wie das im betreffenden Moment erlebt werden mag. Daraus folgt, dass es – noch bevor die Person in eines der beschriebenen automatisch ablaufenden Muster gerät – bestimmte Merkmale der Situation geben muss, die die betreffende Person – zumindest bis dahin – offenbar nicht oder nicht rechtzeitig genug zu registrieren imstande war. Diese potenziellen Warnungen nennen wir «Vorläufersignale».

Sobald die betreffende Person durch Vorläufersignale gewarnt wurde, muss sie Maßnahmen ergreifen, um den sich anbahnenden Belastungsautomatismus zu unterbrechen. Schlottke und Wahl (1983) sprechen von «Stopp-Befehlen», die sich die betreffende Person in einem inneren Dialog selbst erteilt. Dies kann beispielsweise durch das Wort «Stopp!» oder «Halt» erfolgen. Der gleiche Effekt kann auch durch andere Selbstinstruktionen oder selbstinduzierte Bilder erzielt werden, etwa indem die Person vor ihrem inneren Auge einen Vorhang mit einem großen Stoppschild niedergehen lässt.

Erst im *Anschluss* an die Unterbrechung der angelaufenen unerwünschten Routine kann die Person ein geeignetes Element aus ihrem Ressourcenpool zum Einsatz bringen, um das entsprechende neuronale Netz zu aktivieren, welches das erwünschte zielgerichtete Handeln ermöglicht. Flip 11 veranschaulicht diesen Sachverhalt.

Von diesen Vorstellungen ausgehend, liegt die Konsequenz für das Training auf der Hand: Es muss darum gehen, die Teilnehmenden hinsichtlich der für *sie persönlich* latent kritischen Situationen zu sensibilisieren. Sie sollen ihre **individuellen Warnsignale** erkennen. Dies erfordert Antworten auf folgende Fragen:

Flip 11

Die Rückkehr zu kontrolliertem, zielgerichteten Handeln nach Unterbrechung der unerwünschten Routine

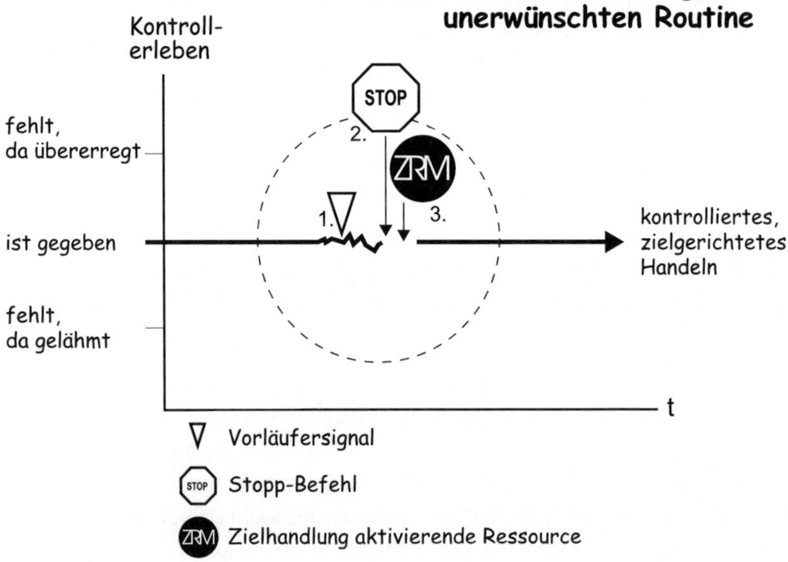

- In welcher Art von Situationen gerate ich wiederholt unter Druck?
- Durch welche Merkmale sind diese Situationen gekennzeichnet?
- Welche Merkmale lassen sich im Vorfeld dieser Situationen ausmachen, insbesondere:
  - Welche Merkmale *in der äußeren Umwelt* gehen meinen üblichen «Ausrastern» voraus («äußere Vorläufersignale»)?
  - Welche Vorgänge *in mir selbst* (kognitiv, emotional, körperlich) kündigen mir an, dass ich mich einer solchen riskanten Situation nähere («innere Vorläufer-Signale»)?
- Mit welchen Stopp-Befehlen unterbreche ich die sich anbahnende Belastungsroutine?

Ein erstes Ergebnis dieses Prozesses der Sensibilisierung, des Bewusstmachens und der Maßnahmeplanung besteht darin, dass die Teilnehmenden sich auch für unerwartet auftretende Situationen ein handhabbares konkretes Repertoire aneignen. Es erlaubt ihnen, bereits angelaufene Belastungs-Automatismen frühestmöglich zu stoppen, um anschließend neue, befriedigendere Wege zu beschreiten.

Ein zweites Ergebnis besteht darin, dass die anfänglich als überraschend erlebte Situation zunehmend als bekannt und vorhersehbar angesehen werden kann. In dem Maße, in dem es gelingt, potenzielle Überlastungssituationen besser zu antizipieren, nähern sich diese Episoden dem Situationstyp 1 (bekannt, vorhersehbar) und werden dadurch auch wieder zugänglich für die dort vorgesehene bewusste Planung des zielgerichteten Ressourceneinsatzes.

In jedem Fall bieten diese Maßnahmen konkrete Handhaben, sich vom Gefühl des an die eigenen Emotionen Ausgeliefertseins zu befreien und stattdessen Kontrollerleben zu ermöglichen.

2.4.3.3 Analyse, Vorsatzbildung und Austausch

Mit Hilfe von Arbeitsblatt 13 (siehe Anhang) wird der beschriebene Sensibilisierungs – und Bewusstmachungsprozess in einer Analyse angestoßen. Dabei sucht und wählt jede Person eine für sie typische Situation aus, bei der sie in alte, unerwünschte Überlastungs-Muster zu verfallen neigt. Daran schließt sich das Identifizieren von möglichen Gemeinsamkeiten von dieser zu ähnlichen Situationen an. Es werden sowohl gemeinsame äußere Merkmale der Situation aufgespürt (z. B. Umgang mit Behörden oder anderen Autoritäten) als auch gemeinsame innere Symptome (z. B. das Aufsteigen des Gefühls, ungerecht behandelt zu werden, ein Kribbeln im Bauch).

Dieser Arbeit schließt sich ein Suchen und Festlegen von solchen Unterbrechern beziehungsweise Stopp-Befehlen an, die der jeweiligen Person – häufig bereits aufgrund bisheriger Erfahrung – besonders geeignet erscheinen, den sich ankündigenden, unerwünschten Überlastungs-Automatismus anzuhalten.

Ein anschließender ausgiebiger Austausch im Plenum hat sich in aller Regel als sehr ergiebig erwiesen, da in der vorausgehenden Einzelarbeit reichhaltige Erfahrungen zusammengetragen und oft auch beeindruckend kreative «Erfindungen» gemacht werden. Andere Teilnehmende können diese Ideen häufig – direkt oder adaptiert – übernehmen oder sich zu weiteren Einfällen anregen lassen.

Auf diese Analyse aufbauend schließt ein Schritt zur Vorsatzbildung an – zunächst erneut in Einzelarbeit. Hierzu plant jede Person mithilfe des Arbeitsblatts 14, wie sie in Situationen des soeben identifizierten Typs das in der Analyse erarbeitete Know-how anzuwenden gedenkt. Sie beschreibt, welche äußeren und inneren Vorläufersignale sie beachten wird und legt fest, auf welche Weise sie persönlich die Stopp-Funktion, d.h. die notwendige Unterbrechung der anlaufenden Belastungsreaktion, realisieren wird.

! Die Leitung sollte hier erneut nachdrücklich darauf hinweisen, dass vielfältige, einhellige Erfahrungen dafür sprechen, dass erst *nach* dieser Unterbrechung eine Rückbesinnung auf das ursprüngliche Ziel erfolgreich möglich ist.

Im Anschluss an die individuelle Vorsatzbildung schließt sich wiederum ein Austausch im Plenum an.

2.4.3.4 Den Ressourcenpool aktualisieren

Die soeben von den Teilnehmenden erarbeiteten Erkenntnisse – Identifikation persönlicher Überlastungssituationen, Vorläufersignale, Stopp-Befehle – stellen weitere nützliche Selbstmanagement-Ressourcen dar. Somit kann die Leitung zum Abschluss dieser Trainingsphase den Flip «Ressourcenpool» im Plenum um dieses «Notfallrepertoire» erweitern (siehe Flip 12). Die Teilnehmenden ihrerseits füllen ihren persönlichen Ressourcenpool entsprechend weiter auf (Arbeitsblatt 4, im Anhang).

Flip 12

Der Ressourcenpool – Zwischenstand

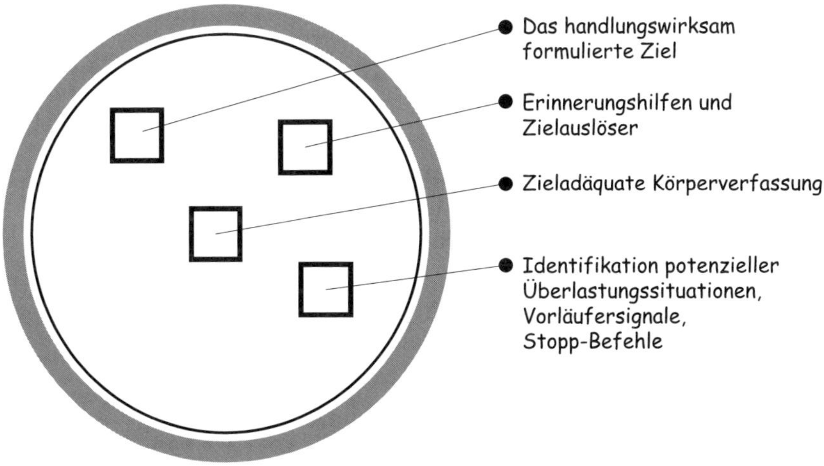

2.5 Trainingsphase 5: Integration, Transfer und Abschluss

In dieser letzten Phase des ZRM-Trainings geht es zunächst darum, den mehrstufigen und komplexen Prozess, den die Teilnehmenden durchlaufen haben, in einem sorgfältigen Reflexionsvorgang zu rekapitulieren, die vielen Mosaiksteine zu einer Gestalt zusammenzufassen und diese in einem möglichst einprägsamen Modus festzuhalten, zu symbolisieren. Des Weiteren werden in dieser Phase Ressourcen der Gesamtgruppe noch einmal aktiviert und genutzt, um die Verwirklichung der von den Teilnehmenden entwickelten Vorsätze weiter abzusichern. Ein kurzer Ausblick und eine Plenumsrunde beschließen das Training.

2.5.1 Den Trainingsprozess reflektieren, integrieren, symbolisieren

Zum Abschluss des Trainings erfolgt eine Reflexion des gesamten durchlaufenen Prozesses und die Integration der Ergebnisse. Dies geschieht in zwei Schritten.

Den ersten Schritt tun die Teilnehmenden in Einzelarbeit. Sie malen dazu ein Bild mit dem Titel «Mein Ziel, meine Ressourcen». 30' Die Leitung ermutigt sie, das Bild völlig frei zu gestalten, gegenständlich oder abstrakt. Wichtig ist allein, dass sie sich beim Malen innerlich mit ihrem Ziel und den zugehörigen Ressourcen mental verbinden und aus diesem Zustand heraus ein wie auch immer beschaffenes Produkt entstehen lassen.

Manche empfinden es angenehm und hilfreich, wenn sie bei dieser Arbeit von leiser, entspannender (Barock-)Musik begleitet werden. Andere ziehen völlige Ruhe vor. Daher empfiehlt es sich, die Arbeit in zwei getrennten Räumen anzubieten, einem mit, einem ohne Musik. Material: A4- oder A3-Blätter, bunte Kreide und/oder Buntstifte.

In einem zweiten Schritt bilden die Teilnehmenden freigewählte 30' Paare. Diese ziehen sich an einen ruhigen Ort zurück, mit dem Auftrag, sich im Gespräch auszutauschen. Das zu Trainingsbeginn ausgewählte Bild und das soeben selbst geschaffene Abschlussbild sind hierbei hilfreiche Bezugspunkte.

Das Gesprächsthema lautet: «Mein Prozess im Trainingsverlauf». Unterstützt durch das Arbeitsblatt 15 (siehe Anhang) sollen die Paare folgende Punkte reflektieren:

- Wie bin ich zu Trainingsbeginn gestartet? (dazu das Eingangsbild aus der Bildkartei)
- Welche Veränderungen gab es im Verlauf des Trainings?
- Wo stehe ich jetzt? (dazu das Schlussbild)

Den Teilnehmenden ist anzuraten, das Gespräch mit einer klaren Rollenverteilung vorzunehmen, so, dass jeweils nur eine Person ihren Prozess laut reflektiert, während die andere lediglich zuhört, allerdings anteilnehmend, aktiv rückfragend und *bewertungsfrei*. Bei Halbzeit erfolgt Rollentausch. Dieser Austausch wird in aller Regel als bedeutsam und sehr angenehm erlebt. Befördert durch die freie Partnerwahl hat er zudem häufig relativ intimen Charakter. Daher erfolgt ausnahmsweise an dieser Stelle kein öffentlicher Austausch im Plenum. Dies wird den Teilnehmenden bereits vor ihrem Gespräch angekündigt.

Ein kurzer Hinweis der Leitung schließt diesen Reflexions- und Integrationsschritt ab. In ihm wird darauf aufmerksam gemacht, dass das von den Teilnehmenden soeben erstellte Bild eine wichtige Ressource darstellt, die in höchst komprimierter Form den gesamten Trainingsertrag synthetisiert. Somit ist das Bild bestens als Erinnerungshilfe und Auslöser für das Ziel und die daran gekoppelten zielrealisierenden Handlungen geeignet. Entsprechend sorgfältig sollten die Teilnehmenden die weitere Verwendung dieses Bildes planen.

2.5.2 Den Transfer sichern, die Trainingsgruppe als Ressource nutzen

Dieser Trainingsabschnitt startet mit einem Impulsreferat zum Thema Transfer. Die Teilnehmenden werden angehalten, die Peers der Gruppe auch nach dem Training als wertvolle Ressource zu nutzen und sich in Tandems und/oder Netzwerken gegenseitig zu unterstützen.

2.5.2.1 Transfereffizienz: Ein Qualitätsmerkmal des ZRM – Impuls

30'

Auch wenn der Begriff Transfer erst jetzt, gegen Ende des Trainings explizit aufscheint, so ist die Umsetzung des Gelernten in den Alltag bereits viel früher Bestandteil des Trainingsgeschehens, genaugenommen von Anbeginn an bzw. aus seiner Grundkonzeption heraus. Wir meinen damit die zentrale und durchgängige Stellung des Konzepts «Ressourcen» und zwar der bereits vorhandenen, wenn auch zuweilen unbemerkten oder ungenutzten Ressourcen, über die jede(r) Teilnehmende schon zu Trainingsbeginn verfügt.

Anders als in vielen sonstigen Trainings, bei denen die Ressourcen, die die betreffende Person zur Realisierung ihrer Ziele einsetzen möchte, oft erst mühselig erworben werden müssen, sind die im ZRM-Training erforderlichen Ressourcen bereits von Anbeginn an gegeben. Nachdem sie aufgedeckt und bewusstgemacht wurden, geht es lediglich noch darum, ihren systematischen Einsatz zu erlernen, zu planen und einzuüben. Entsprechende Rückmeldungen von Teilnehmern und Teilnehmerinnen bestätigen uns, dass dieser Sachverhalt ihnen den Transfer spürbar erleichtert.

Dem Anspruch eines effizienten Transfers wurde im bisherigen Trainingsverlauf auch anderweitig maßgeblich Rechnung getragen. Dies erfolgte zum einen durch das strikt auf Handlungswirksamkeit angelegte Verfahren zur Entwicklung des Zieles. Die dabei eingebauten Kernkriterien (Formulierung als Annäherungsziel, ausschließlich unter eigener Handlungskontrolle und Zustimmung durch somatische Marker) bewirken, dass das so formulierten Ziele für einen nicht unerheblichen Teil der Teilnehmenden eine Ressource darstellt, die bereits allein das gewünschte Handeln herbeiführen kann.

Zum anderen diente die gesamte Planung des Ressourceneinsatzes in Trainingsphase 4 der Transfereinleitung. Antizipation und Festlegung der Situationen, in denen unmittelbar im Anschluss an das Training das entwickelte Ziel umgesetzt werden soll, stellen, wie auch einschlägige Literatur zum Thema «Ausführungsintentionen» zeigt, einen wichtigen Beitrag zur Transfersicherung dar. Soweit zu den im bisherigen Trainingsverlauf getroffenen Maßnahmen in Sachen Transfer.

→ Ausführungsintentionen 1.2.5

Ressourcenorientiertes Selbstmanagement und der systematische Einsatz persönlicher Ressourcen zur Zielerreichung erfordern einen Umlernprozess. Es gilt alte, eingeschliffene Muster der Selbststeuerung zu verlassen und neue, noch ungewohnte Handlungsabläufe einzuüben. Der Ausbau der dazugehörigen neuronalen Netze erfordert eine möglichst häufige und erfolgreiche Nutzung dieser neuen Bahnungen. Dieser Prozess des Umlernens ist, wie jeder andere Lernvorgang auch, häufig mit Unsicherheit verbunden. Bildlich gesprochen ist es ein «zartes Pflänzchen», das auch nach Trainingsende vielfältigen Schutz und Pflege braucht, um sich zügig und kräftig zu entwickeln. Die Umsetzung des Gelernten vom Training in den Alltag erfährt in dieser letzten Trainingsphase daher noch eine weitere, bewährte Absicherung durch das Konzept der **«Sozialen Ressourcen».** Demnach gehen wir im Zürcher Ressourcen Modell davon aus, dass individuelle (Um-)Lernprozesse erheblich zuverlässiger gelingen, wenn sie sozial unterstützt werden. Dabei erfolgt die Unterstützung sowohl emotional und motivational, auf der Beziehungsebene, als auch fachlich, auf der Sachebene.

Soziale Ressourcen 1.3.5

Konkret für das Training heißt das: Die soziale Unterstützung kann sowohl in Paaren, in «Tandems», als auch in Gruppen mit mehreren Personen, in «Netzwerken» erfolgen. Beiden Formen ist gemeinsam, dass ihr Zusammenschluss *freiwillig* erfolgt und dass er vom *Ziel gegenseitiger Unterstützung* im Umlernprozess getragen wird.

Langjährige Erfahrungen mit diesem Konzept zeigen zudem, dass sich die Kooperation bei Vorliegen folgender Voraussetzungen erheblich ertragreicher gestaltet:

- Die teilnehmenden Personen sollten zumindest ein Mindestmaß an *Sympathie* füreinander empfinden und erfahren haben, dass sie *respektvoll* miteinander umzugehen vermögen.
- *Räumliche Nähe* der Wohnorte ermöglicht es, über fernmündliche Kontakte hinaus, sich ab und zu auch persönlich zu treffen.
- Auch wenn der Zusammenschluss freiwillig, informell, zielbezogen und lediglich für eine wie auch immer begrenzte Zeit erfolgt, so sollte er – einmal vereinbart – als *verbindlich* betrachtet und gehandhabt werden.

Wie die Teilnehmenden diese Unterstützung im einzelnen gestalten, ist ihnen selbst überlassen. Als Starthilfe für die ersten Treffen mögen noch zwei Tipps dienen: Als hilfreich hat sich erwiesen, einen *Arbeitsteil und einen lockeren informellen Teil* einzuplanen. Für die Treffs im Netzwerk empfiehlt sich darüber hinaus eine *Aufteilung der Rollen* dahingehend, dass eine Person die Gastgeberrolle, eine andere eine Moderatorenrolle übernimmt.

2.5.2.2 Soziale Ressourcen nutzen, Kooperation vereinbaren in Tandems und Netzwerken

Die im Impuls soeben angeregte Kooperation erfordert als erstes, dass sich jede(r) Teilnehmende mit einem oder mehreren seiner KollegInnen zusammenfindet. Um für alle transparent zu machen, wo die übrigen wohnen, regt die Leitung eine Aufstellung der Gruppe im Seminarraum in Form einer «lebendigen Landkarte» an. Sobald sich diese gebildet hat, erfolgt die Anweisung, sich frei zu Tandems oder Netzen zusammenzuschließen. Aufgabe ist sodann, eine konkrete, verbindliche terminliche Absprache zu treffen, die entweder ein persönliches Treffen, zumindest jedoch eine Kontaktaufnahme per Telefon oder E-mail beinhaltet. Gegenstand dieses Kontaktes sind der Austausch über die zwischenzeitlich gemachten Erfahrungen mit den im Training entwickelten Zielen und Ressourcen sowie die Perspektiven der zukünftigen gegenseitigen Unterstützung.

Auch wenn es formal gesehen lediglich um eine Terminabsprache geht, so empfiehlt sich dennoch , den Teilnehmenden an dieser Stelle reichlich Zeit einzuräumen. 30'

Zudem sollte die Leitung zum Abschluss im Plenum transparent machen, welche Tandems und Netze sich gebildet haben und sicherstellen, dass für wirklich alle Anwesenden zumindest ein Mindestmaß an sozialer Unterstützung organisiert wurde.

2.5.2.3 Der Ressourcenpool – Endstand

Mit der intensiven Kooperation im Verlauf des Trainings haben sich die Teilnehmenden eine weitere, diesmal *außerhalb* ihrer eigenen Person gelegene, wertvolle Ressource geschaffen: die **Peers** dieses Trainings. Diese soziale Ressource ist es wert, gepflegt und genutzt zu werden. Die Installierung der Tandems und Netzwerke geben hierfür bewährte Gefäße ab. Um dies deutlich zu machen und zu bekräftigen, erweitert die Leitung im Plenum den Flip mit dem Ressourcenpool um diesen Aspekt und schließt ihn damit zugleich auch ab. (siehe Flip 13, nächste Seite). Auch die Teilnehmenden vervollständigen ihren persönlichen Ressourcenpool (Arbeitsblatt 4, im Anhang).

2.5.3 Ausblick und Abschluss

Die gesamte Anlage dieser letzten Phase ist auf das Trainingsende und den Übergang in den privaten und beruflichen Alltag der Teilnehmenden hin ausgerichtet. Auf die «Zeit danach» zielt auch der

Flip 13

Der Ressourcenpool – Endstand

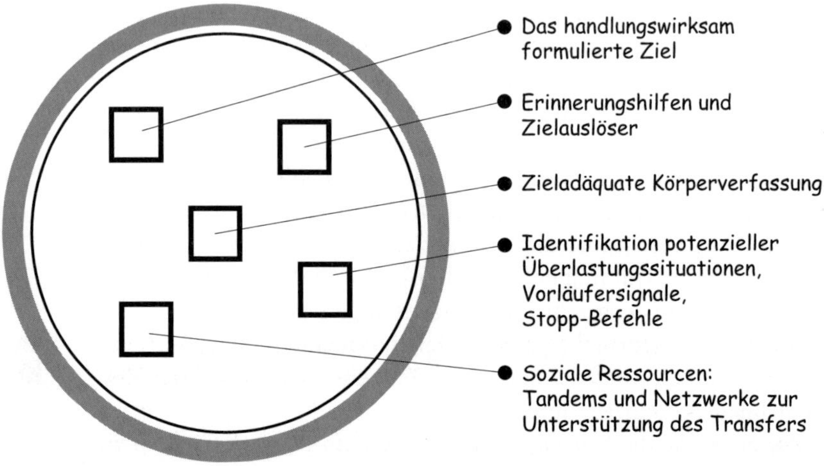

Flip 14

Schlussrunde

Was nehme ich aus dem Training mit?

Möchte ich etwas zurücklassen?

Was ich sonst noch sagen möchte ...

Im Augenblick fühle ich mich ....

folgende Hinweis, in dem die Leitung die Aussicht auf eine mögliche **Follow up-Veranstaltung** eröffnet. Eine solche sollte, falls sie zustande kommt, innerhalb der nächsten 2 bis 6 Monate stattfinden und einen Tag umfassen. Dieses Treffen bietet die Möglichkeit, die bis dahin gemachten Erfahrungen auszutauschen, Erfolge zu verstärken und den persönlichen Entwicklungsprozess zu optimieren. Es hat sich gezeigt, dass bei diesen Follow up-Veranstaltungen insbesondere folgende Punkte zur Sprache kommen:

- Zielerweiterung und Zielveränderung,
- Erarbeitung zusätzlicher Ziele und zugehöriger Ressourcen,
- Optimierung des Ressourceneinsatzes,
- Theoretischer Klärungsbedarf.

Sodann läutet die Leitung die **Abschlusssequenz** ein.

Je nach der noch vorhandenen Zeit, dem inzwischen gewachsenen Klima und der aktuellen Stimmung der Gruppe und der Leitung, kann der Abschluss unterschiedlich gestaltet werden. Er kann fröhlich-ausgelassene Formen (z.B. Tanz oder ein anderes spielerisches Abschiedsritual) oder auch eher sachlich-ruhige Formen (zum Beispiel Partner-Gespräche oder eine gemeinsame Trainingsevaluation) annehmen.

Wir schildern hier eine relativ nüchterne, leicht anzuleitende «Standard-Variante» in Form einer «Abschlussrunde im Plenum»:

Auf einem Flip präsentiert die Leitung einige wenige Punkte, die die Aufmerksamkeit der Teilnehmenden auf Wesentliches ausrichtet und dem Ablauf Struktur gibt (siehe Flip 14).

Bevor die Plenumsrunde startet, kann eine Entspannungstrance vorgeschaltet werden, in deren Verlauf noch einmal die wichtigsten Etappen des Trainings durchlaufen und in Erinnerung gerufen werden. Alternativ zu dieser angeleiteten «Revue» kann die Leitung die Teilnehmenden auffordern, das Training anhand der im Raum in chronologischer Reihenfolge aufgehängten Flips noch einmal an sich vorbeiziehen zu lassen. Auf jeden Fall sollten die Teilnehmenden einige Minuten still bei sich sein können, bevor sie sich im Plenum äußern.

Damit, dass jede Person – die Leitung am Ende – zu den angebotenen Fragen Stellung nimmt, endet das Training.

ZRM-Forschung

Prozessorientierte Untersuchung von Persönlichkeitsentwicklung mittels Zeitreihen

Ferdinand Keller und Maja Storch

Im vorliegenden Text werden die Ergebnisse einer Untersuchung dargestellt, welche Persönlichkeitsentwicklung prozessanalytisch erfasst. Die Datenlage gründet sich auf die Erhebung täglicher Verlaufsdaten bei einer Stichprobe von 14 Studierenden der Universität Zürich, die an einem Selbstmanagementtraining mit dem Zürcher Ressourcen Modell ZRM teilgenommen haben. Mit dieser Untersuchung werden zwei Ziele verfolgt. Zum einen soll exploriert werden, inwieweit methodisch gesehen die Analyse von Zeitreihen nützlich ist, um Prozesse der Persönlichkeitsentwicklung zu erfassen. Zum zweiten wird damit die Wirksamkeit des Zürcher Ressourcen Modells untersucht. Der Untersuchungsansatz basiert wesentlich auf der Erhebung täglicher Verlaufsdaten zu Stimmung, Aktivität, Anspannung/Nervosität und Kontrollerleben. Die Grundlagen dieses prozessorientierten Ansatzes sowie die bisher vorliegenden Ergebnisse werden in diesem Artikel dargestellt. Unsere Untersuchungen zeigen, dass Zeitreihen eine vielversprechende Methode darstellen, um Persönlichkeitsentwicklung zu analysieren. Es ergeben sich deutliche Hinweise auf die Wirksamkeit des ZRM-Trainings.

1. Theoretischer Hintergrund

Das Zürcher Ressourcen Modell ist die theoretische Grundlage eines Selbstmanagementtrainings, das Menschen dabei unterstützen soll, zielgerichtet zu handeln. Im Verlauf des Trainings erlernen die Teilnehmenden die theoretischen und praktischen Voraussetzungen, um sich selbstkongruente Ziele zu setzen und diese nachhaltig in zielrealisierendes Alltagshandeln zu überführen. Das ZRM-Training ist konsequent ressourcenorientiert. Es arbeitet dabei ausschließlich mit Ressourcen, über welche die Teilnehmenden entweder bereits verfügen, oder auf die sie leichten Zugriff haben. Aufgrund dieser Maßnahmen wird die Umsetzung des im Training Gelernten im beruflichen oder privaten Alltag der Teilnehmenden entscheidend gefördert (siehe auch Kapitel 2.4 in diesem Buch).

Auswirkungen des ZRM-Trainings erwarten wir vor allem in drei Punkten: Stabilität in Stimmung und Kontrollerleben, innerpsychische Kohärenz sowie Entkoppelung von Stimmung und Kontrollerleben. Durch konsequentes Selbstmanagement lernen die Teilnehmenden, Einfluss auf ihr Gefühlsleben und auf ihre Handlungen zu nehmen. Von Außenreizen gesteuertes Reagieren wird zunehmend durch zielgerichtetes Handeln ersetzt. Dieser Umstand sollte sich in einer zunehmenden Stabilität der Stimmungslage und des subjektiv empfundenen Kontrollerlebens (Rotter, 1954) äußern. Weil die Teilnehmenden im ZRM-Training auch lernen, sich selbstkongruente Ziele zu setzen, erwarten wir auch auf der Ebene des Selbstsystems stabilisierende Effekte. Dieses Phänomen entspricht dem Konzept des Kohärenzerlebens von Antonovsky (1979). In diesem Sinne erwarteten wir zunehmende innerpsychische Kohärenz als Wirkung des Selbstmanagementtrainings.

Außerdem gingen wir davon aus, dass bei zunehmender Fähigkeit zum Selbstmanagement die Kennwerte von Stimmung und Kontrollerleben sich allmählich entkoppeln müssten. Ohne diese Kompetenzen geht Kontrollverlust über das eigene zielgerichtete Handeln in einer schwierigen Situation aufgrund von «learned helplessness» (Seligman, 1975) oft mit einem Stimmungseinbruch einher. Mit zunehmender Selbstmanagementkompetenz sollte sich der Attributionsstil ändern. Misserfolg führt dann eher dazu, dass neue Strategien für das zielgerichtete Handeln entwickelt werden, wird also mit einer proaktiven Einstellung bewältigt. Auch wenn die Stimmung aufgrund des Misserfolges getrübt ist, müsste das Kontrollerleben erhalten bleiben.

Auf methodischer Ebene entschieden wir uns für die Analyse dieser Prozesse mittels Zeitreihen. Im Gegensatz zu Fragebogendaten, bei denen die innerpsychische Stabilität über einschlägige Fragebogenitems erfasst wird, versuchen wir mit dem Zeitreihenansatz, die zunehmende Stabilität in den Verlaufsdaten selbst nachzuweisen. Analog verhält es sich mit der als Effekt des ZRM-Trainings zu erwartenden zunehmenden Kohärenz. Die Entkoppelung von Stimmung und Kontrollerleben kann mangels geeigneter Instrumente in

Fragebogenform überhaupt nicht erfasst werden; darum stellt die Kreuzkorrelationsanalyse der beiden Zeitreihen diesbezüglich eine aussichtsreiche Möglichkeit dar.

Bezogen auf die Effekte, die vom ZRM-Training bewirkt werden sollten, und geeigneter Operationalisierungsmöglichkeiten, die sich aus den Zeitreihendaten ergeben, formulierten wir ursprünglich die folgenden drei Hypothesen (vgl. Keller, Storch & Bigler, 1999):

1. die Stabilität in der Stimmung und im Kontrollerleben sollte zunehmen, d.h. die Standardabweichungen sollten über die Zeit abnehmen.
2. die innerpsychische Kohärenz sollte sich intensivieren, d.h. die Autokorrelation **(1)** sollte über die Zeit zunehmen.
3. die Koppelung zwischen Stimmung und Kontrollerleben sollte abnehmen, d.h. die Kreuzkorrelation zwischen den beiden Zeitreihen sollte sich vermindern.

In diesem Text liegt der Schwerpunkt auf den beiden ersten Hypothesen; für Hypothese 3 vgl. Ausführungen bei Keller et al. (1999).

Bei Keller et al. (1999) finden sich allgemeine Ergebnisse zum Grundkurs und beispielhaft die Analyse zum Verlauf einer Person bezüglich der drei Hypothesen. Dort sind ebenfalls technische Details zur Zeitreihenanalyse (ZRA; vgl. z.B. Box & Jenkins, 1976; Shumway & Stoffer, 2000) beschrieben, auf die hier nur insoweit eingegangen wird, als sie zum Verständnis und vor allem der Interpretation nötig sind. Im folgenden werden diese Befunde erweitert um die Verlaufsanalysen der weiteren Personen, die an dem Kurs teilnahmen, sowie um die Ergebnisse aus dem Aufbaukurs, den dieselben Personen etwa ein halbes Jahr später absolvierten.

Als Indikator für Stabilität sollte außer der Standardabweichung auch die Zahl der so genannten «Ausreißer» herangezogen werden. Diese fallen in den Grafiken der Einzelpersonen als abrupte Einbrüche der Verlaufskurve nach unten auf (seltener: Ausreißer nach oben). Als Ausreißer gezählt werden alle Werte, die außerhalb eines «Bandes» von 2,5 Standardabweichungen um den Mittelwert der Zeitreihen liegen. Damit ist die Wahrscheinlichkeit zufälliger Ausreißer hinlänglich gering gehalten. Vom Konzept her interessieren uns am ehesten additive Ausreißer (z.B. kurzfristige «Stimmungseinbrüche»), die mit diesem Verfahren recht gut erfasst werden können. **(2)**

2. Methodik: Stichprobe und Erhebungsverfahren

Die Stichprobe bestand aus insgesamt 14 Studierenden an der Uni Zürich, die an einem ZRM-Trainig teilnahmen. Die untersuchten Studierenden besuchten im Sommersemester einen ZRM-Grundkurs, in dem die Grundlagen des ressourcenorientierten Selbstmanagements gelehrt werden. Im Wintersemester besuchten sie einen ZRM-Aufbaukurs, in dem die Kenntnisse aus dem Grundkurs auf ungeliebte Anteile der eigenen Persönlichkeit erweitert werden. Theoretisch orientiert sich das Zürcher Ressourcen Modell hierbei an der Schattentheorie von C.G. Jung. Die Studierenden füllten jeweils morgens und abends vier visuelle Analogskalen aus, die sich auf ihre Stimmung, Anspannung, Aktivität und auf ihr Kontrollerleben bezogen. Jede Skala hat eine Länge von 100 mm; hohe Werte stehen jeweils für die positive Seite der Skala. Der Grundkurs fand im Sommersemester statt und umfasste fünf Wochen mit jeweils zwei Stunden ZRM-Training. Die Datenerhebung startete einen Monat vor Kursbeginn («baseline») und dauerte etwa zwei Monate über den Kurs hinaus. Insgesamt stehen pro Person jeweils circa 248 Zeitpunkte zur Verfügung. Der Aufbaukurs im darauffolgenden Wintersemester war nach demselben Erhebungsschema angelegt. In die endgültige Auswertung gingen elf Personen ein. Eine Person wurde herausgenommen, weil sie viele fehlende Werte hatte. Eine weitere Person gab nach kurzer Zeit nur noch sehr hohe Stimmungswerte zwischen 95 und 100 an. Wegen der daraus resultierenden hohen Autokorrelation und einer minimalen Varianz (Deckeneffekt) wurden die Daten dieser Person nicht verwendet. Eine dritte Person kreuzte zu jedem Zeitpunkt in allen vier Skalen denselben Wert an. Trotz Variation über die Zeit wurde sie wegen dieser fehlenden Differenziertheit hier ebenfalls nicht berücksichtigt (Grunddaten siehe Keller et al., 1999).

3. Ergebnisse

3.1 Überblick über zeitliche Abhängigkeiten und Tagesschwankungen (Grundkurs)

In **Tabelle 1** findet sich eine schematische Übersicht über die Größe der Autokorrelationen und der Tagesschwankungen in den vier untersuchten Variablen, woraus sich eine «Typologie» der Personen ableiten lässt. Die meisten Personen weisen eine zeitliche Abhängigkeit in der Stimmung auf, es gibt jedoch auch Personen, die kaum «seriell abhängig» sind. Auch Tagesschwankungen sind insgesamt nicht sehr ausgeprägt; am deutlichsten zeigen sie sich in der Aktivität. Dies kann ein studentenspezifisches Phänomen sein; es steht zu vermuten, dass bei Menschen mit festen Arbeitszeiten die Tagesschwankungen größer sind.

Tabelle 1: Autokorrelation zu lag1 und lag 2 sowie Tagesschwankungen (x = signifikant; xx bedeutet Autokorrelation > 0,25 bzw. Tagesschwankungen > 10mm; xxx = Tagesschwankungen >20 mm)

	lag 1				lag 1				Tagesschwankungen			
Person	Sti	Kon	Spa	Akt	Sti	Kon	Spa	Akt	Sti	Kon	Spa	Akt
1	xx	xx	x	–	–	–	–	–	–	–	xx	xx
2	xx	xx	xx	x	–	xx	–	x	–	–	x	xxx
3	x	xx	xx	xx	x	xx	–	x	x	x	x	x
5	x	x	x	x	x	–	x	–	–	–	–	x
6	–	–	–	x	–	–	–	–	x	xx	x	xx
8	x	x	x	–	–	–	x	–	–	–	–	–
9	–	–	–	–	–	–	–	–	–	–	–	–
10	x	x	xx	x	–	–	–	–	x	–	x	xxx
11	x	x	–	–	–	x	–	–	–	–	–	–
12	x	–	x	–	–	–	–	–	x	x	x	xx
13	xx	x	x	–	–	xx	x	–	–	–	–	x

Sti = Stimmung; Kon = Kontrollerleben; Spa = Anspannung; Akt = Aktivität

3.2 Veränderungen bezogen auf monatliche Zeitfenster

3.2.1 Standardabweichungen (Hypothese 1)

Als angemessene Größenordnung für die Zeitfenster wurde t=60 (entspricht 30 Tagen oder circa einem Monat) verwendet. In **Abbildung 9** sind die Standardabweichungen (SD) bezogen auf jeweils einen Monat in der Zeitreihe Stimmung zu sehen. Damit Trends und einzelne extreme Werte die SD nicht verzerren, sind die einzelnen Zeitfenster jeweils zuvor mit einer linearen Regressionsanalyse trendbereinigt worden. Außerdem wurden Ausreißer, die mehr als 2,5 SD (bezogen auf die gesamte Zeitreihe) vom Mittelwert entfernt lagen, korrigiert auf den Wert von 2,5 SD. Man sieht, dass im Grundkurs (linke Hälfte) die SD über die vier Monate hinweg zumeist abnehmen. Im Aufbaukurs liegen die einzelnen Personen en-

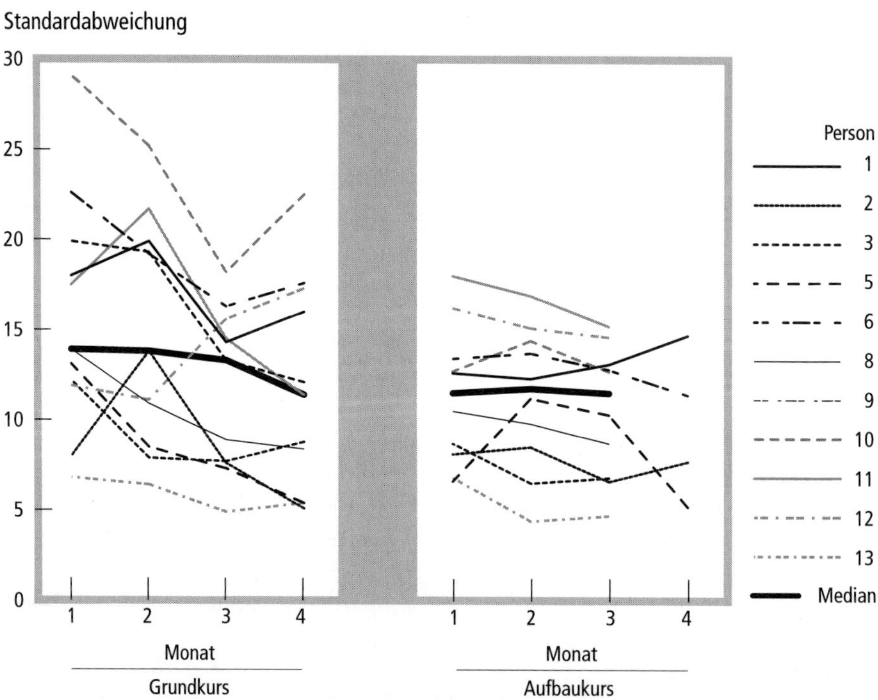

Abbildung 9: Verlauf der Standardabweichungen in Monatsintervallen für die Zeitreihe Stimmung.

ger beieinander. Person 10, die im Grundkurs die höchsten SD aufwies, liegt im Aufbaukurs weit unten (für den vierten Monat wurde der Median nicht eingezeichnet, da die Daten des vierten Monats bei einigen Personen nicht vollständig waren). Im Kontrollerleben ergaben sich Effekte in vergleichbarer Größenordnung.

3.2.2 Autokorrelation (Hypothese 2)

Als Größenordnung für die Zeitfenster wurde wieder t=60 verwendet. **Abbildung 10** zeigt die Autokorrelation (lag 1) in der Zeitreihe Stimmung bezogen auf jeweils einen Monat. Die einzelnen Zeitfenster wurden wieder trendbereinigt und ausreißerkorrigiert (s.o.). Im Median ist insgesamt ein Rückgang der Autokorrelation zu erkennen, allerdings mit großen intraindividuellen Schwankungen, die im Aufbaukurs bestehen bleiben. Auch hier zeigen sich im Kontrollerleben vergleichbare Effekte.

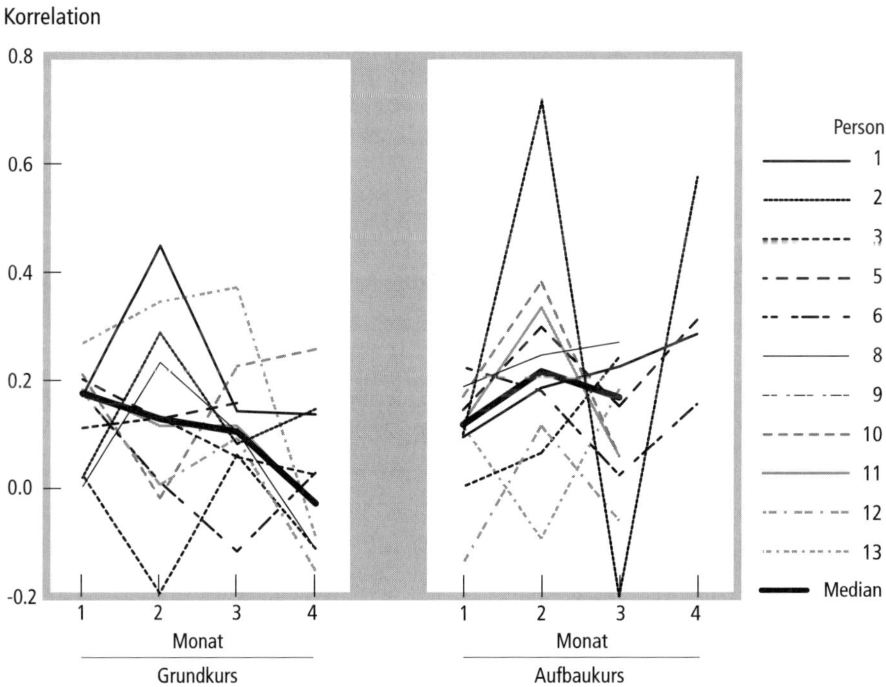

Abbildung 10: Verlauf der Autokorrelationskoeffizienten (lag 1) in Monatsintervallen für die Zeitreihe Stimmung.

3.3 Vergleich von Grundkurs und Aufbaukurs (gesamte Zeitreihen)

In **Tabelle 2** sind einige Kennwerte der Zeitreihe Stimmung dargestellt, zusammengefasst für den gesamten Grundkurs (GK) und den gesamten Aufbaukurs (AK; Person 3 ist in den folgenden Gesamtmitteln und Signifikanztests nicht berücksichtigt, da sie nicht mehr am AK teilgenommen hat). Die Verschiebung in den Mittelwerten von GK zu AK ist bei den meisten Personen sehr gering und liegt mit einer Ausnahme unter 10 mm. Eine konsistente Zunahme tritt ebenfalls nicht auf, so dass das Gesamtmittel ungefähr gleich bleibt. Der Vergleich mittels t-Test für abhängige Stichproben ergibt t=–0,5, was bei df=9 nicht signifikant ist. Als zweiter Kennwert ist die «Bandbreite», definiert als 2,5 Standardabweichungen um den Mittelwert, aufgeführt. Anstatt der einfachen SD (wie in Abb. 1) wurde diese Größe gewählt, da sie auch als Definitionskriterium für die Ausreißer diente. Hier zeigt sich bei den meisten Personen eine Abnahme im AK und der t-Test verweist auf eine signifikante Reduktion (t=3,02, p=.014). Die Anzahl der Ausreißer nimmt in keinem

Tabelle 2: Kennwerte im Vergleich von Grundkurs (GK) und Aufbaukurs (AK) für die Zeitreihe Stimmung

	Mittelwert		range (2.5 SD)		Ausreißer		Autokorrelation*	
Person	GK	AK	GK	AK	GK	AK	GK	AK
1	**65.2**	**69.0**	**44.5**	**34.8**	**5**	**5**	**0.27**	**0.25**
2	**89.5**	**91.3**	**39.4**	**31.5**	**10**	**8**	**0.37**	**0.45**
3	**79.5**	**–**	**48.5**	**–**	**10**	**–**	**0.24**	**–**
5	**60.1**	**69.3**	**28.1**	**29.7**	**8**	**3**	**0.24**	**0.32**
6	**78.3**	**79.1**	**51.6**	**36.2**	**9**	**3**	**–**	**0.21**
8	**55.5**	**59.8**	**30.0**	**27.5**	**3**	**2**	**0.23**	**0.33**
9	**76.2**	**64.7**	**39.2**	**39.8**	**8**	**0**	**–**	**–**
10	**73.1**	**80.6**	**63.7**	**44.8**	**11**	**7**	**0.24**	**0.50**
11	**76.1**	**79.2**	**49.6**	**43.3**	**5**	**3**	**0.14**	**0.19**
12	**82.4**	**76.0**	**26.4**	**21.3**	**10**	**3**	**0.15**	**0.20**
13	**76.0**	**72.6**	**18.2**	**17.3**	**6**	**6**	**0.27**	**0.21**
Mittel	**73.2**	**74.2**	**39.1**	**32.6**	**7.5**	**4.0**		**–**

* geschätzte Autokorrelation für lag 1 (basierend auf der Zeitreihe ohne Ausreißer-Korrektur, aber trendkorrigiert mit linearer Regression; nur signifikante Koeffizienten).

Fall zu und liefert daher eine noch deutlichere Verbesserung von GK zu AK (t=3,80, p=.004). Die Autokorrelationen (lag 1) nehmen bei den meisten Personen zu, wenn auch zum Teil nur minimal. Ein formaler Vergleichstest ist in diesem Fall schwierig (vgl. Diskussionsteil), aber ein einfacher Rangtest ergibt ein Signifikanzniveau von circa 5 Prozent.

In der Zeitreihe Kontrollerleben **(Tab. 3)** ergeben sich ebenfalls keine Mittelwertsunterschiede zwischen GK und AK (t=–1,26, n.s.). In der Bandbreite sind die Veränderungen etwas weniger ausgeprägt wie diejenigen in der Stimmung, sind aber noch tendenziell signifikant (t=2,23, p=.053). Bei der Anzahl der Ausreißer findet sich dagegen keine signifikante Abnahme mehr (t=–0,94, n.s.). Die Autokorrelationen (lag 1) nehmen wieder bei den meisten Personen zu, wenn auch weniger häufig als bei der Stimmung.

Zur Absicherung wurden alle Vergleiche zusätzlich noch nonparametrisch mit dem Wilcoxon-Test für abhängige Stichproben berechnet. Wie anhand der etwas geringeren Teststärke zu erwarten lagen die p-Werte geringfügig höher, ohne dass sich an der Interpretation dadurch etwas ändern würde.

Tabelle 3: Kennwerte im Vergleich von Grundkurs (GK) und Aufbaukurs (AK) für die Zeitreihe Kontrollerleben

	Mittelwert		range (2.5 SD)		Ausreißer		Autokorrelation*	
Person	GK	AK	GK	AK	GK	AK	GK	AK
1	75.7	78.4	28.0	30.5	6	7	0.30	0.33
2	91.5	93.9	14.4	20.2	4	4	0.35	0.56
3	84.1	–	22.6	–	6	–	0.27	–
5	60.6	71.5	26.3	22.8	3	1	0.23	0.44
6	76.6	82.7	44.5	33.7	4	5	–	0.13
8	58.1	63.1	29.2	28.0	4	5	0.24	0.32
9	70.1	61.4	38.2	35.9	3	3	–	–
10	83.1	85.3	43.7	35.1	11	5	0.19	0.38
11	81.1	86.2	47.1	34.4	3	5	0.19	–
12	83.5	80.2	25.6	16.0	5	3	–	–
13	66.8	66.0	14.1	12.0	2	0	0.22	–
Mittel	74.7	76.9	31.1	26.9	4.5	3.8	–	–

* geschätzte Autokorrelation für lag 1 (basierend auf der Zeitreihe ohne Ausreißer-Korrektur, aber trendkorrigiert mit linearer Regression; nur signifikante Koeffizienten).

4. Diskussion

Die vermutete Zunahme der Stabilität (Hypothese 1) kann bestätigt werden, nachdem sich in der Variablen Stimmung im monatlichen Verlauf und insbesondere im Vergleich von GK und AK die Bandbreite und die Zahl der Ausreißer deutlich verringerte. Angesichts der geringen Teststärke bei nur 10 Personen kann dies als erfolgversprechendes Indiz für den Nachweis der Wirksamkeit von ZRM gelten. Auch in der Variablen Kontrollerleben gingen die Effekte in die vermutete Richtung.

In der vorliegenden Auswertung haben wir die Ausreißer durch die Festlegung einer «Bandbreite» definiert. Bei der Betrachtung der Zeitreihen sind die Einbrüche in Stimmung und Kontrollerleben jedoch oftmals frappierend, und für weitere Untersuchungen erscheint es unerlässlich, neben der statistischen Präzisierung auch der psychologischen Wertigkeit dieser Ausreißer nachzugehen. Anstatt den Einfluss äußerer Ereignisse in Nachbefragungen zu erheben bietet es sich an, dass die Teilnehmenden bereits auf den täglichen Erhebungsbögen vermerken, ob ein belastendes Lebensereignis stattgefunden hat. Dazu verwenden wir in einer laufenden Studie die Münchner Ereignisliste (MEL), die eine Reihe von Lebensbedingungen und -ereignissen vorgibt und in der jeweils der Grad der Belastung und die Richtung (positiv–negativ) erfasst wird (vgl. Keller, 1997). Außerdem erweist sich eine solche prospektive Erfassung nützlich als «stimulated recall», falls später ereignisbezogene Interviews durchgeführt werden sollen. Aus psychologischer Perspektive wäre es sinnvoll, neben der Anzahl von Ausreißern auch die Länge einer «Abweichung» zu erfassen: handelt es sich um einen kurzen Einbruch oder dauert die Abweichung mehrere Tage an? Einen interessanten Ansatz verfolgen Woyshville et al. (1999), die neben der Stimmung auch die an diesem Tag maximale und minimale Ausprägung der Stimmung erheben, wodurch sich ein alternativer Einblick in die tagesbezogene Variabilität ergibt.

Die Annahme einer zunehmenden Autokorrelation (Hypothese 2) lässt sich vorerst nur in der Tendenz belegen. Dafür sind unterschiedliche Gründe denkbar. Ein methodisches Problem besteht im Nachweis einer Veränderung der Abhängigkeitsstruktur in der Zeitreihe, die bei einer visuellen Betrachtung und bei kleinen Unterschieden nur schwierig zu erkennen ist. **(3)** Wichtiger erscheint uns aber eine inhaltliche Thematik, die im Zusammenhang mit der Autokorrelation auftauchte: gefordert war zunehmende Autokorrelation, d.h. der vorige Zeitpunkt sollte «nachwirken». Dieser «Nachwirkungs-Effekt» kann als Kohärenz bezeichnet werden, denn bei einer Autokorrelation von Null wäre man nur auf den jeweiligen Zeitpunkt bezogen und reagierte (in der formalen Sprache der ZRA ausgedrückt) auf die momentanen «random shocks». Wie aus Tabelle 1 ersichtlich weist Person 9 aber keine signifikante Autokorrelation auf, ohne dass man diese Person nun für pathologisch halten müsste. Eine zu hohe Autokorrelation kann im übrigen ebenfalls bedenklich sein, denn dies würde bedeuten, dass vergangene Dinge eine größere Wirkung haben als momentane Einflüsse. Die Entwicklung hin zu mehr oder weniger Autokorrelation ist daher individuell verschieden und sollte folglich als therapeutisches Ziel vorab für jede Person festgelegt werden. Ähnlich könnte übrigens auch für die Standardabweichungen argumentiert werden, wo bei manchen «eingeengten» Personen durchaus auch eine Erhöhung der Schwankungsbreite – im Sinne einer zunehmenden Flexibilität – als therapeutisches Ziel angestrebt werden kann.

5. Weitere Forschungsplanung

Für die weitere Forschungsplanung ergeben sich aus diesen Befunden und Überlegungen zunächst zwei Folgerungen:

1. Die Angaben auf den visuellen Analogskalen sollten validiert werden durch den Einsatz einiger «etablierter» Persönlichkeitsfragebogen mit vorwiegendem «trait-Charakter». In einer Folgestudie verwenden wir daher noch den Fragebogen zu «Sense of Coherence» (Antonovsky, 1979), einen Fragebogen zur Lebenseinstellung von Jerusalem und Schwarzer, einen Persönlichkeitsfragebogen (NEO-FFI; Borkenau & Ostendorf, 1993), die «Allgemeine Depressions-Skala» (ADS; Meyer & Hautzinger, 2001) und die Münchner Ereignisliste (MEL).

2. Zur Abschätzung möglicher methodischer Artefakte sollte eine Kontrollgruppe einbezogen werden. Es könnte argumentiert werden, dass die Abnahme der Standardabweichung und der Ausreißer nur methodisch (z.B. Ermüdungseffekt) oder durch soziale zeitbezogene Phänomene erklärbar sein könnte; zum Beispiel beginnt der Kurs im März und damit vor dem Semesterbeginn, dann wird es Frühling, und am Ende der Datenerhebung ist der

Sommer erreicht, wo das Semesterende naht, aber auch Prüfungszeiten anstehen. Auch zur Veränderung der Autokorrelationen über die Zeit ist aus der Literatur wenig bekannt. In einer laufenden Studie wird daher parallel zur ZRM-Gruppe auch eine Wartekontrollgruppe aus Erstsemester-Studierenden erhoben, um diese Effekte abschätzen zu können.

Anmerkungen

(1) Die Autokorrelation besagt dabei, wie stark der jeweils jetzige Stimmungswert vom jeweils vorigen Stimmungswert abhängt (korreliert). Der Abstand (genannt: lag) zum vorigen wird als lag 1, der Abstand zu zwei Zeitpunkten (= 1 Tag) wird als lag 2 bezeichnet.

(2) In der ZRA werden vier Typen von Ausreißern unterschieden: additive Ausreißer, innovative Ausreißer, Verschiebung im Niveau und temporäre Änderungen. Die automatische Entdeckung und Klassifizierung solcher Ausreißer ist Gegenstand vielfältiger Forschung und wird bei der simultanen Analyse mehrerer ZR (multivariater Fall) noch entsprechend komplizierter (Tsay, Pena & Pankratz, 2000). Obwohl inzwischen im Statistiksystem SAS eine experimentelle Version zur Ausreißeranalyse zur Verfügung gestellt wird, beschränken wir uns für die folgenden Analysen auf ein einfaches Vorgehen.

(3) Nyblom (1989) schlägt einen formalen Test vor, mit dem die Variabilität der Autokorrelation über die Zeit untersucht werden kann. Der Test wurde von uns auch eingesetzt, doch besteht das Problem einer geringen Teststärke, d.h. die ZR müssen lang sein oder die Veränderung in der Autokorrelation groß. Monatliche Zeitfenster sind hierfür wohl zu kurz.

Literatur

Antonovsky, A. (1979). *Health, Stress and Coping. New Perspectives on Mental and Physical Well-Being.* Jossey-Bass: San Francisco.

Borkenau, P. & Ostendorf, F. (1993). *NEO-Fünf-Faktoren-Inventar nach Costa und McCrae. Handanweisung.* Göttingen: Hogrefe

Box, G.E.P. & Jenkins, G.M. (1976). *Time series analysis* (rev. ed.). Oakland, CA: Holden-Day.

Keller, F. (1997). *Belastende Lebensereignisse und der Verlauf von Depressionen.* Münster: Waxmann

Keller, F., Storch, M. & Bigler, S. (1999). Exploring the dynamics of personality change with time series models. In W. Tschacher & J. Dauwalder (Eds.), *Dynamics, synergetics, autonomous agents: Nonlinear systems approaches to cognitive psychology and cognitive science* (pp. 267–276). Singapore: World Scientific

Meyer, T.D. & Hautzinger, M. (2001). Allgemeine Depressions-Skala (ADS). *Diagnostica, 47,* 208–215

Nyblom, J. (1989). Testing for the constancy of parameters over time. *Journal of the American Statistical Association, 84,* 223–230

Rotter, J.B. (1954). *Social Learning and Clinical Psychology.* Prentice Hall: Englewood Cliffs.

Seligman, M.E.P. (1975). *Helplessness: On Depression, Development and Death.* Freeman: San Francisco.

Shumway, R.H. & Stoffer, D.S. (2000). *Time series analysis and its applications.* New York: Springer-Verlag.

Tsay, R.S., Pena, D. & Pankratz, A.E. (2000). Outliers in multivariate time series. *Biometrika, 87,* 789–804.

Woyshville, M.J., Lackamp, J.M., Eisengart, J.A. & Gilliland, J.A.M. (1999). On the meaning and measurement of affective instability: Clues from chaos theory. *Biological Psychiatry, 45,* 261–269.

Nachwort

Warum wir mit dem Zürcher Ressourcen Modell zufrieden sind

Zum Ende dieses Buches haben wir das Bedürfnis, noch einmal zusammenzutragen, was in unseren Augen die Gründe dafür sind, das Zürcher Ressourcen Modell nützlich zu finden. Wir sind von der *integrativen Potenz* unseres Ansatzes überzeugt. Er verbindet theoretisch-psychologische und praktisch-psychologische Elemente in einem einzigen Konzept. Er ist zudem anschlussfähig an die aktuellen Ergebnisse der Neurowissenschaften. Unsere Erfahrungen mit zahlreichen KollegInnen mit den verschiedensten methodischen Ausrichtungen zeigen, dass die Systematik des Zürcher Ressourcen Modells für viele von ihnen einen brauchbaren «roten Faden» zur Diagnostik und Planung ihrer Vorgehensweise darstellt.

Was uns am Zürcher Ressourcen Modell auch gut gefällt, ist der große *Respekt vor der Individualität* jedes einzelnen Menschen. Das Zürcher Ressourcen Modell beruht auf einer konstruktivistischen Erkenntnistheorie. Dies wird zwar im Seminar selbst nicht explizit erwähnt, durch die Arrangements der Kleingruppenarbeit im «Ideenkorb» lernen die Teilnehmenden jedoch, ihre eigene Welt und die der anderen Trainingsteilnehmenden respektvoll und wertschätzend zu behandeln. Weil wir einen Ressourcenpool erstellen, der jedem Menschen die Möglichkeit gibt, seine Lieblingsmethode auszuwählen, passt sich die Methode dem Menschen an und nicht umgekehrt. Weil wir konsequent ressourcenorientiert arbeiten, machen Trainingsteilnehmende die Erfahrung, dass Lernen und Entwicklung mit Lust und Freude verbunden sein kann. Und alle können auf ihre ganz spezifische Art und Weise Ideen entwickeln, wie sie ihre persönliche Lebenssituation mit Ressourcen bereichern können. Die neurowissenschaftliche Sichtweise, dass psychische Entwicklung letztendlich in dem Erwerb von neuem Wissen besteht, das zur Herstellung des psychobiologischen Wohlbefindens tauglich ist, vermeidet überflüssige Bewertungs- und Labelingprozesse.

Interessanterweise glauben wir inzwischen, ohne dass wir das Zürcher Ressourcen Modell anfänglich speziell dafür geplant hatten, dass die von uns empfohlene Vorgehensweise auch für *interkulturelle Themen* tauglich ist. Da das Zürcher Ressourcen Modell inhaltlich keinerlei Vorgaben macht, sondern ausschließlich Entwicklungsprozesse systematisch begleitet, bringen die Teilnehmenden ihre Inhalte selbst ein. In Arbeitsformen, die sehr stark an Sprache gebunden sind, haben «fremdsprachige» Klienten oft Verständigungsprobleme. Außerdem kann es sein, dass Wertsysteme, die den KlientInnen selbst oft gar nicht bewusst sind, in der Beratungsarbeit mit den Wertsystemen einer Fachperson aus einer anderen Kultur konfligieren. Unsere Erfahrungen mit fremdsprachigen Teilnehmenden zeigen, dass diese Art von Problemen im Zürcher Ressourcen Modell nicht auftaucht. Dies liegt zum einen an der konstruktivistischen Grundhaltung und der damit verbundenen Kommunikationskultur, die im Zürcher Ressourcen Modell gelernt wird. Zum anderen liegt dies an der Auswahl der relevanten Inhalte durch die somatischen Marker. Somatische Marker sind eine anthropologische Konstante, über die jeder Mensch verfügt. Hierbei spielt es keine Rolle, ob ein Mensch aus Asien, aus Lateinamerika, aus Norwegen oder aus einem schwäbischen Dorf stammt. Wenn wir fremdsprachige Teilnehmende im Training haben, empfehlen wir oft, dass sie ihre Ziele in ihrer Muttersprache formulieren. Um bei einer russischen Teilnehmerin zu beobachten, ob ein somatischer Marker auftaucht, muss man nicht russisch sprechen, denn somatische Marker sind ein körperliches Phänomen und kein sprachliches.

Unser Ansatz kann für pädagogische Kontexte auch in der Arbeit mit *Jugendlichen* wichtige Anregungen bringen. In einer Zeit des raschen Wandels gehört die Selbstkompetenz zu einer überlebenswichtigen Fähigkeit. Da immer weniger allgemeinverbindliche Werte existieren, sind junge Menschen in der heutigen Zeit in einem großen Ausmaß auf die Fähigkeit zur Selbststeuerung angewiesen. Darum gehört dieses Wissen unter dem Stichwort «Schlüsselkompetenzen» eigentlich schon in die Schulen. Weil das Zürcher Ressourcen Modell in relativ kurzer Zeit im Rahmen eines Gruppensettings durchlaufen werden kann, empfiehlt es sich nicht nur unter inhaltlichen, sondern auch unter ökonomischen Aspekten für pädagogische Felder.

Wir haben bei der Konzeption unseres Trainings große Sorgfalt darauf verwendet, den Aspekt der *Transfereffizienz* systematisch in das Training mit einzubeziehen. Wir arbeiten im Zürcher Ressourcen Modell nur mit Ressourcen, die die Teilnehmenden entweder bereits besitzen oder die sie bei sich problemlos freisetzen können. Im Zürcher Ressourcen Modell lernen sie dann, diese Ressourcen gezielt in den Dienst ihres zielrealisierenden Handelns zu stellen. Weil wir schon im Seminar sehr viel Wert auf die Vorbereitung der zielrealisierenden Handlung «draußen», im Leben selbst, legen, beenden die Teilnehmenden das Training in der Regel mit großem Vertrauen in ihre Selbstwirksamkeit. Bisher wurde diese Transfereffizienz, von der wir überzeugt sind, noch nicht in systematisch angelegten Studien bewiesen, die unseren eigenen wissenschaftlichen Ansprüchen genügen würden. Die Seminar- und Lizentiatsarbeiten, die von den Studierenden hierzu geschrieben wurden, beziehen sich jeweils auf kleine Stichproben und sind meistens auch nicht im Kontrollgruppendesign angelegt. Sie hatten den Charakter von explorativen Studien im Dienste der permanenten Evaluation und Verbesserung unseres Trainings. Nach 10 Jahren sorgfältigen Sammelns von Rückmeldungen und darauf aufbauender Optimierung des Zürcher Ressourcen Modells liegt dies jetzt in einer Form vor, die in großem Maßtab überprüft werden kann. Erste Untersuchungen hierzu haben wir selbst schon begonnen, der Artikel «ZRM-Forschung» in diesem Buch ist ein Beispiel für unsere eigene Tätigkeit auf diesem Gebiet.

Was uns noch am Herzen liegt

Die Ressourcenperspektive wird im Zürcher Ressourcen Modell von Anfang bis Ende konsequent eingehalten. Dahinter steht die implizite Annahme, dass Menschen glücklicher wären, wenn sie mit sich selbst, dem System, in dem sie sich aufhalten und ihrem zukünftigen Leben ressourcenorientiert umgehen können. Zu unserem großen Erstaunen treffen wir in unseren katamnestischen Befragungen immer wieder auf Teilnehmende, die, nach einiger Zeit der Erfahrung mit ihren Ressourcen, genug davon haben. «Heute morgen hatte ich gar keine Lust, meine Ressourcen zu aktivieren.» Oder «Ich wusste genau, was ich laut ZRM hätte tun können, aber ich wollte einfach ausrasten. Ich hatte gar keinen Bock, vernünftig zu sein!» Diese Aussagen beschreiben ein interessantes Phänomen. Solange diese Menschen nicht wussten, wie sie mit Selbstmanagement-Techniken eine bestimmte Handlungsweise erzeugen konnten, waren sie der festen Überzeugung, dass sie glücklicher wären, wenn sie wüssten, wie sie das bewerkstelligen könnten. Im Verlauf der Arbeit mit dem ZRM-Training haben sie gelernt, wie Handlung zielgerichtet gesteuert wird. Und nach einiger Zeit, meistens gerade dann, wenn die Dinge gut geregelt sind, meldet sich ein Persönlichkeitsanteil, der gar keine Lust mehr darauf hat, so geplant zu funktionieren.

Anfangs waren wir sehr erstaunt über dieses Phänomen. Nach vielen Gesprächen mit unseren Trainingsteilnehmenden, KollegInnen und Studierenden sind wir es inzwischen nicht mehr. Wir glauben, dass die Trainingsteilnehmenden, die solche Erfahrungen machen, auch dem Ressourcenansatz seine Grenzen weisen. Ressourcenorientiert zu denken ist sicher ein Fortschritt gegenüber einer einseitigen Problemperspektive. Als solcher sollte er auch dringend beibehalten und verstärkt gelehrt und angewendet werden. Aber auch der Ressourcenansatz darf nicht in Einseitigkeit verfallen, denn dann erzeugt er neue Tabus. Wenn die Zufriedenheit und der Sinn eines Menschenlebens nur noch nach dem Prinzip der neuronalen Plastizität programmiert werden muss, kann im schlimmsten Fall die Vision von einer glückselig grinsenden Menschheit auftauchen, in der persönliche Tragödien und Schicksalsschläge keinen Platz mehr haben. Eine Welt, in der die Melancholie und das Abgründige ausgerottet sind, ist aber genauso unmenschlich wie eine Welt, in der die Freude fehlt. Darum sollte der konsequente Einsatz von Ressourcen letztendlich nicht zum Glücksterror ausarten.

Ein Teilnehmer formulierte einmal: «Ich will jetzt nicht zum Ressourcen-Rambo werden!» Dieser Teilnehmer hat in unseren Augen mit einem bemerkenswert sicheren Instinkt eine Grundtatsache der menschlichen Existenz erfühlt, die wir aufgrund unserer ganz persönlichen Erfahrungen, jenseits von allen segensreichen Auswirkungen einer ressourcenorientierten Sichtweise, nur unterstreichen können. Auch das Dunkle, das Schwere, das Unaussprechliche und das Schmerzliche hat seinen Platz im Leben eines Menschen. Vieles lässt sich steuern, manches auch nicht. Und wahrscheinlich gehört diese Ungewissheit zum menschlichen Leben dazu.

Dies ist, so finden wir, ein guter Gedanke am Ende eines Buches über ressourcenorientiertes Selbstmanagement.

Wir grüßen Sie herzlich,

Frank Krause Maja Storch

Anhang

Einladung zum Kopieren und Kooperieren

Auch wenn der Begriff Zürcher Ressourcen Modell ZRM® marken-rechtlich geschützt ist, so ist das ZRM-Training selbst als «Open Source» konzipiert. Das heißt, wir stellen KollegInnen ein Verfahren zur Verfügung, das jede(r) NutzerIn übernehmen oder nach Bedarf modifizieren kann.

Wir laden daher ein, die folgenden Vorlagen zu kopieren und/oder sie gemäß Ihrem persönlichen Stil und Ihren Bedürfnissen abzuändern, zu ergänzen, usw.

Wir freuen uns,

wenn Sie auf das ZRM und seine Autoren als Quelle verweisen und wenn Sie uns Ihre Erfahrungen und Ideen zur Optimierung des Trainings mitteilen.

E-mail-Adresse: feedback@zrm.ch

Arbeitsblätter für die Teilnehmenden

– Kopiervorlagen –

Mein Thema klären mit Hilfe des Unbewussten

Ergebnisse der Bildauswertung . . .

Assoziationen, Beobachtungen und Eindrücke zum Bild
von meinen GesprächspartnerInnen und von mir selber:

. . . kombiniert mit meinen sonstigen Einsichten:

Mein hauptsächliches Thema im Augenblick
- eigenes Resümee -

_ _

_ _

_ _

_ _

Mein Ziel klären

Das Ziel muss –

- als **Annäherungsziel** formuliert sein !
- vollständig innerhalb der **eigenen Kontrolle** sein !
- erkennbar **Freude machen, motivierend sein** !

Mein Ziel, 1. Entwurf:

Mein Ziel, 2. Entwurf:

Mein Ziel,
in der heute endgültigen Fassung

Arbeitsblatt 2

Zürcher Ressourcen Modell ZRM®

Kopiervorlage

Mein Ziel systemisch optimieren

Anwendungsbereich

Wann, wo, mit wem und wie oft möchten Sie Ihr Ziel erreichen, – in der Arbeit, in Ihrem Privatleben ?

Konsequenzen

Was passiert, wenn Sie Ihr Ziel erreichen, was wird sich in Ihrem Leben ändern (Situationen, Beziehungen) ?

Persönliche Gewinne und Verluste

Was wird Ihr Gewinn sein und wie äußert er sich ?

Gibt es Dinge, die Sie bei der Verfolgung Ihres persönlichen Ziels aufgeben oder loslassen müssen ?

Zielkorrektur ?

Möchten Sie eine Korrektur bzw. Optimierung Ihres eingangs genannten Ziels vornehmen ? Wenn ja, wie lautet Ihr Ziel jetzt ?

Mein persönlicher Ressourcenpool

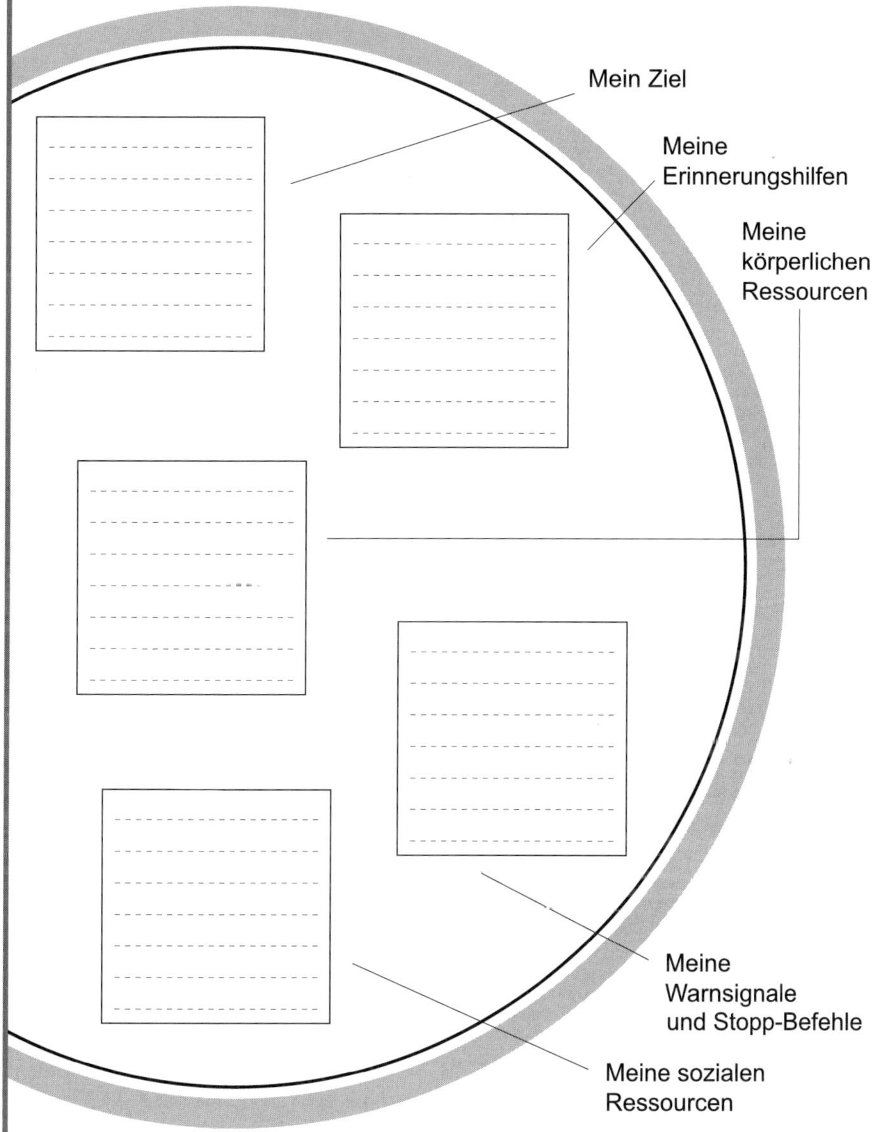

Arbeitsblatt 4

Zürcher Ressourcen Modell ZRM®

Kopiervorlage

Neuronale Plastizität

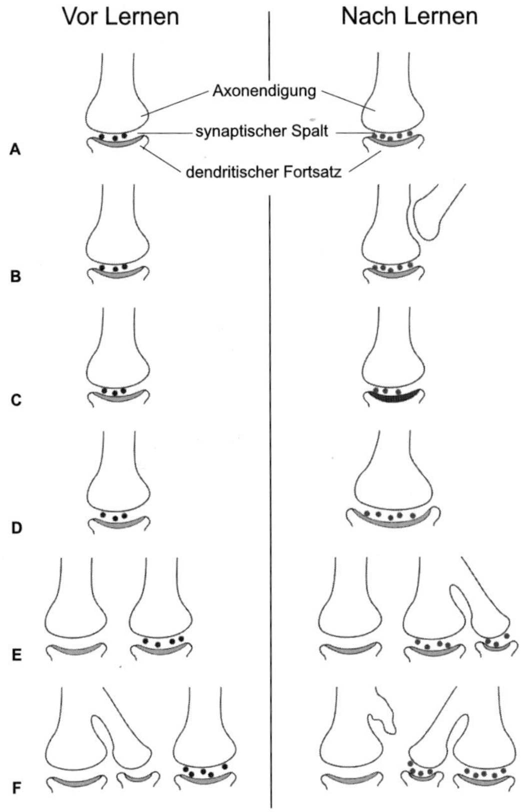

Synaptische Veränderungen, die eine Grundlage für Speicherung sein können. A Nach einer Trainingsprozedur führt jeder neue Impuls im betroffenen neuronalen System zu einer verstärkten Ausschüttung von Transmittermolekülen (symbolisiert durch *Punkte*). **B** Ein Interneuron moduliert die Polarisation der Axonendigung und löst die Ausschüttung vermehrter Transmittermoleküle pro nervalen Impuls aus. **C** Modifikation der postsynaptischen Rezeptormembran führt zu einer verstärkten Reaktion auf dasselbe Ausmaß von Transmittersubstanz. **D** Die Fläche des synaptischen Kontakts erhöht sich mit Training. **E** Ein Erregungskreis, der öfters benützt wird, erhöht die Anzahl der synaptischen Kontakte. **F** Eine häufig benutzte neuronale Verbindung 'übernimmt' vorher weniger benützte Synapsen.
(Nach Birbaumer & Schmidt, 1996, S.577; Biologische Psychologie, Springer: Heidelberg)

Arbeitsblatt 5

Ressourcen, die mein Ziel aktivieren

Folgende Erinnerungshilfen – mobile oder stationäre – werde ich einrichten, um mein Ziel möglichst häufig mental zu aktivieren:

Musik:

Parfüm:

Schmuck:

Pflanzen:

Bilder:

Kleider:

Farben:

anderes:
(Menschen, Tiere, Orte ,
Spirituelles, Symbole, etc.)

Fantasiereise zum Ziel – Notizen

Mein Körper – äußerer Zustand und innere Vorgänge (stehend/liegend/sitzend/in Bewegung, ruhig/aktiviert, warm/kühl, etc.):

Ort / Landschaft:

Jahreszeit / Farben:

Untergrund / Umgebung:

Tageszeit / Temperatur:

Geräusche / Gerüche:

Symbole / Kleider / Tiere:

Anderes:

Mein Ziel in den Körper bringen

Vergegenwärtigen Sie sich nochmals Ihr Ziel !

Nehmen Sie alles zu Hilfe, was an Erinnerungshilfen nützlich ist. (Ihr Bild, Ihr Thema, Landschaft, Tier, Farbe, etc.). Sie können auch Elemente aus der Fantasiereise einbeziehen.

Wie verändert sich Ihr Körper, wenn er in Kontakt mit Ihrem Ziel kommt ?

Checken Sie durch (erst im Stehen, dann, falls erforderlich, im Sitzen):

äußere Merkmale

- Stand, Stellung der Füße
- Waden, Knie, Oberschenkel
- Becken, Bauch, Brustraum
- Rücken, Schultern, Hände
- Kopfhaltung, Blick

innere Merkmale

- Atmung
- Körpertonus
- Temperaturwahrnehmungen
- "zugehörige“ Farben, Geräusche, Gerüche, Bilder
- alles, was spontan auftaucht

Meine körperlichen Ressourcen

äußere Merkmale	**innere Merkmale**

Meine körperlichen Ressourcen

Zeichnen Sie in die Figur ihre Körperressourcen ein – äußerer Zustand und innere Vorgänge (Haltungsmerkmale, Atmung, Farben, Gefühle, Energien, zugehörige Symbole, hinzugedachte Umgebungsmerkmale, etc.).

Eine *vorhersehbare* Situation, in der ich meine Ressourcen gezielt einsetzen möchte

Situation
schwieriges Kundengespräch, Konfliktgespräch mit KollegIn, offen „gegen den Strom schwimmen“, Teamsitzung, etc.:

Beteiligte Personen
Zahl, Funktion, Beziehung zu mir, etc.:

Wichtige Rahmenbedingungen
Zeitdruck, Anwesenheit Dritter, etc.:

Mein bisheriges Befinden in dieser Situation:

Den Transfer in den Alltag sicherstellen – für *vorhersehbare* Situationen –

So bereite ich die ausgewählten, vorhersehbaren Situationen konkret vor:

Folgende **Erinnerungshilfen** – mobile oder stationäre – werde ich einsetzen, um mein Ziel aktuell zu aktivieren:

An folgendem Ort, in folgender Weise werde ich mir eine **„Ressourcen-Tankstelle“** einrichten, an der ich mich mit meinen Ressourcen „aufladen“ kann:

Auf folgende Weise werde ich mir **Unterstützung durch Dritte** sichern, um meinen Ressourceneinsatz zu gewährleisten (ArbeitskollegIn, NetzwerkpartnerIn, etc.):

Das ZRM-Ablaufmodell

Der Umgang mit *unvorhersehbaren* Situationen

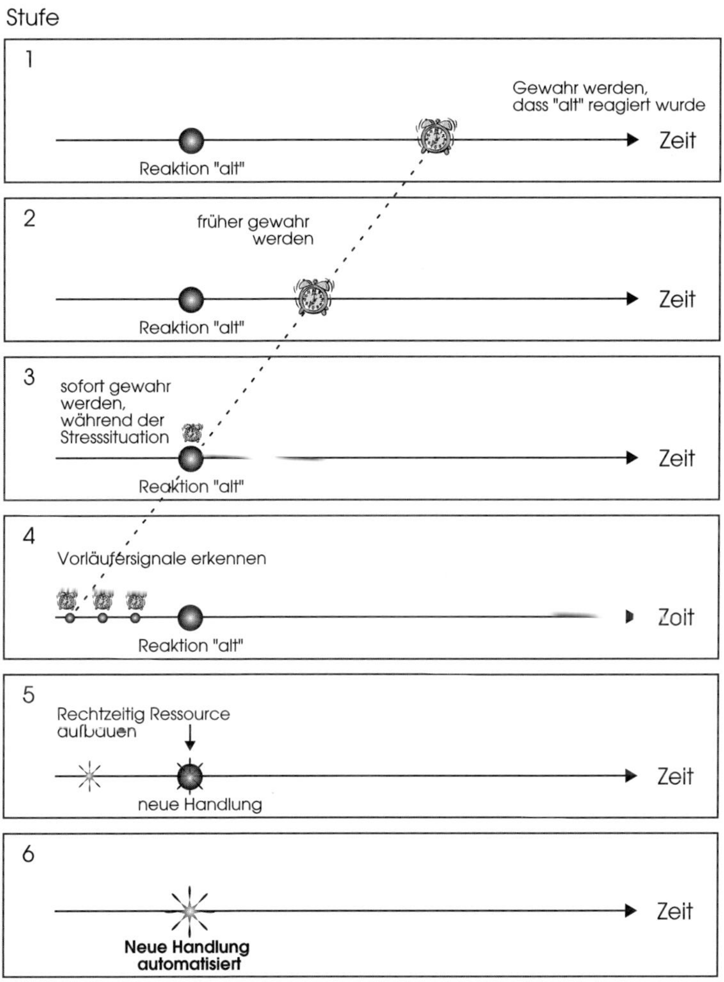

Analyse der Kernzone der bisherigen, unerwünschten Überlastungs-Routine

– Vorläufersignale identifizieren und Stopp-Befehle festlegen –

Bei folgenden unvorhersehbaren Situationen hat es mich „kalt erwischt", bin ich in alte, unerwünschte Routinen gefallen:

Welche externen oder internen Gemeinsamkeiten im (Vor-)Verlauf dieser Situationen erkenne ich ?

Welche Vorläufersignale kann ich identifizieren (äußere, in meinem Umfeld; innere, in mir selber) ?

Welche Stopp-Befehle sind für mich geeignet, um die eingefahrene Überlastungs-Routine zu unterbinden ?

Den Transfer in den Alltag sicherstellen
– für *unvorhersehbare* Situationen –

Bei überraschend auftretenden Überlastungssituationen werde ich die alte Routine unterbrechen

durch Beachtung folgender (innerer und/oder äußerer) **Vorläufer-Warn-Signale**:

durch frühestmöglichen Einsatz folgenden **Stopp-Befehls**:

Danach bringt mich folgende **Ressource** (Bild, Erinnerungsgegenstand, Satz, Melodie, Geste, etc.) am besten wieder mit meinem Ziel, und meinem zielgerichteten Handeln in Verbindung:

Mein Prozess im ZRM–Training

Von wo bin ich gestartet ?
Mein Bild aus der Bildkartei:

Mein Weg
Meine Zielformulierung:

Meine wichtigsten Ressourcen:

Wo stehe ich jetzt ?
Mein selbstgemaltes Ressourcenbild:

Was mir sonst noch wichtig ist:

Literatur[*]

Adelman, P.K. & Zajonc, R.B. (1989). Facial Efference and the Experience of Emotion. *Annual Review of Psychology, 40,* 249–280.

Antonovsky, A. (1979). Health, Stress and Coping. *New Perspectives on Mental and Physical Well-Being.* Jossey-Bass: San Francisco.

Bachmann, N. (1998). *Die Entstehung von sozialen Ressourcen abhängig von Individuum und Kontext. Ergebnisse einer Multilevel-Analyse.* Waxmann: Münster.

Badura, B. (1981). *Soziale Unterstützung und chronische Krankheit.* Suhrkamp: Frankfurt.

Bamberger, G. (1999/2001). *Lösungsorientierte Beratung.* Beltz: Weinheim.

Bandura, A. (1997). *Self-Efficacy. The Experience of Control.* W.H. Freeman: New York.

Bargh, J.A., Chen, M. & Burrows, L. (1996). The automaticity of social behavior: Direct effects of trait concept and stereotype activation on action. *Journal of Personality and Social Psychology, 71,* 230–244.

Bargh, J.A., Gollwitzer, P.M., Lee-Chai, A., Barndollar, K. & Trötschel, R. (2001). The Automated Will: Nonconscious Activation and Pursuit of Behavioral Goals. *Journal of Personality and Social Psychology, 81,* 1014–1027.

Barkhaus, A. (1999). Theorie der Identität: Begriff und klassische theoretische Ansätze. In H. Dohrenbusch & J. Blickenstorfer (Hrsg.), *Allgemeine Heilpädagogik. Eine interdisziplinäre Einführung, Band II* (55–69). Edition SZH: Luzern.

Barkhaus, A., Mayer, M., Roughley, N. & Thürnau, D. (1996). *Identität, Leiblichkeit, Normativität. Neue Horizonte anthropologischen Denkens.* Suhrkamp: Frankfurt am Main.

Bartlett, F.C. (1932). *Remembering: A Study in Experimental and Social Psychology.* Cambridge University Press: Cambridge.

Berger, P.L. & Luckmann, Th. (1984). *Die gesellschaftliche Konstruktion der Wirklichkeit.* Fischer: Frankfurt am Main.

Beutel, M.E. (2001). Neurowissenschaften und Psychotherapie. Neuere Entwicklungen, Methoden und Ergebnisse. *Psychotherapeut, 47,* 1–10.

Birbaumer, N. & Schmidt, R.F. (1996). *Biologische Psychologie.* Springer: Heidelberg.

* Die Literatur zum Kapitel «ZRM-Forschung» wird separat auf S. 212f. aufgeführt.

Blair, I.V., Ma, J.E., Lenton, A.P. (2001). Imagining Stereotypes Away: The Moderation of Implicit Stereotypes Through Mental Imagery. *Journal of Personality and Social Psychology, 81,* 828–841.

Blasi, A. (1988). Identity and the Development of the Self. In D. Lapsley & F. Power (Eds.), *Self, Ego and Identity: Integrative Approaches* (226–243). Springer: New York.

Blasi, A. (1991). The Self as Subject in the Study of Personality. In D. Ozer, J. Haley, A. Stewart & R. Hogan (Eds.), *Perspectives in Personality: Self and Emotion* (19–37). Kingsley: London.

Bloch, S. (1986). Approches pluridisciplinaires de l'émotion. Modèles effecteurs des émotions fondamentales: relation entre rythme respiratoire, posture, expression faciale et éxperience subjective. *Bulletin De Psychologie, 39,* 843–846.

Bower, G.H. (1981). Mood and memory. *American Psychologist, 36,* 129–148.

Brunstein, J. & Maier, G. (1996). Persönliche Ziele: Ein Überblick zum Stand der Forschung. *Psychologische Rundschau, 47,* 146–160.

Büssing, A., Herbig, B. & Ewert, Th. (2001). Implizites und explizites Wissen – Einflüsse auf Handeln in kritischen Situationen. *Zeitschrift für Psychologie, 209,* 174–200.

Carver, C.S. & Scheier, M.F. (1981). *Attention and Self-Regulation: A Control Theory Approach to Human Behavior.* Springer: New York.

Cohn, R. (1974). Zur Grundlage des themenzentrierten interaktionellen Systems: Axiome, Postulate, Hilfsregeln. In R. Cohn (Hrsg.). *Von der Psychoanalyse zur Themenzentrierten Interaktion TZI* (152–175). Klett-Cotta: Stuttgart.

Craik, F.I. & Tulving, E. (1975). Depth of Processing and the Retention of Words in Episodic Memory. *Journal of Experimental Psychology: General, 104,* 268–294.

Damasio, A. (1994). *Descartes' Irrtum. Fühlen, Denken und das menschliche Gehirn.* München: List.

Damasio, A. (2001). *Ich fühle, also bin ich. Die Entschlüsselung des Bewusstseins.* München: List.

Dann, H.-D. & Krause, F. (1988). Lehrerhandeln bei Unterrichtsstörungen. *Psychologische Beiträge, 30,* 269–291.

de Shazer, S. (1989). *Der Dreh. Überraschende Wendungen und Lösungen in der Kurzzeittherapie.* Auer: Heidelberg.

Deneke, F.-W. (2001). *Psychische Struktur und Gehirn. Die Gestaltung subjektiver Wirklichkeiten.* Schattauer: Stuttgart.

Döring-Seipel, E. (1996). *Stimmung und Körperhaltung. Eine experimentelle Studie.* Psychologie Verlags Union: Weinheim.

Dörner, D., Kreuzig, H.W., Reither, F. & Stäudel, Th. (1983). Lohhausen. *Vom Umgang mit Unbestimmtheit und Komplexität.* Huber: Bern.

Dornes, M. (1993). *Der kompetente Säugling. Die präverbale Entwicklung des Menschen.* Fischer: Frankfurt am Main.

Downing, G. (1996). *Körper und Wort in der Psychotherapie. Leitlinien für die Praxis.* Kösel: München.

Edelman, G.M. (1987). *Neural Darwinism. The Theory of Neuronal Group Selection.* Basic Books: New York.

Ekman, P. (1992). Facial Expressions of Emotion: New Findings, New Questions. *Psychological Science, 3,* 34–38.

Elliot, A. & Sheldon, K. (1997). Avoidance Achievement Motivation: A Personal Goal Analysis. *Journal of Personality and Social Psychology, 73,* 1, 171–185.

Emmons, R. (1996). Abstract Versus Concrete Goals: Personal Striving Level, Physical Illness, and psychological Well-Being. *Journal of Personality and Social Psychology, 62,* 292–300.

Emmons, R. (1996). Striving and feeling: Personal goals and subjective well-being. In P. Gollwitzer & J. Bargh (Eds.), *The Psychology of Action: Linking Cognition and Motivation to Behaviour* (313–337). Guilford Press: New York.

Engelkamp, J. (1997). *Das Erinnern eigener Handlungen.* Hogrefe: Göttingen.

Engelkamp, J. (1998). *Memory for Actions.* Psychology Press: Hove.

Erickson, M. & Rossi, E. (1979). *Hypnotherapy: An Explanatory Casebook.* Irvington: New York.

Erikson, E.H. (1973). *Identität und Lebenszyklus.* Suhrkamp: Frankfurt am Main.

Fend, H. (2001). *Entwicklungspsychologie des Jugendalters. Ein Lehrbuch für psychologische und pädagogische Berufe.* Leske & Budrich: Opladen.

Flach, M.D. (1997). *Resilience. How to Bounce Back When the Going Gets Tough!* Hatherleigh: New York.

Flammer, A. (1990). *Erfahrung der eigenen Wirksamkeit: Eine Einführung in die Psychologie der Kontrollmeinung.* Huber: Bern.

Fonagy, P. (1999). Memory and Therapeutic Action. *International Journal of Psychoanalysis, 80,* 215–223.

Gendlin, E.T. (1998). *Focusing. Selbsthilfe bei der Lösung persönlicher Probleme.* Rowohlt: Reinbek/Hamburg.

Gergen, K.J. (1996). *Das übersättigte Selbst: Identitätsprobleme im heutigen Leben.* Auer: Heidelberg.

Geuter, U. & Schrauth, N. (2001). Emotionen und Emotionsabwehr als Körperprozess. *Psychotherapie Forum, 9,* 4–19.

Goller, H. (1992). *Emotionspsychologie und Leib-Seele-Problem.* Kohlhammer: Stuttgart.

Gollwitzer, P.M. (1987). Suchen, Finden und Festigen der eigenen Identität: Unstillbare Zielintentionen. In H.Heckhausen, P.M. Gollwitzer & F.E. Weinert (Hrsg.), *Jenseits des Rubikon. Der Wille in den Humanwissenschaften* (176–189). Springer: Berlin.

Gollwitzer, P.M. (1990). Action Phases and Mind-Sets. In E.T. Higgins & R.M. Sorrentino (Eds.), *Handbook of Motivation and Cognition. Foundations of Social Behaviour* (Vol.II, 53–92). Guilford Press: New York.

Gollwitzer, P.M. (1991). *Abwägen und Planen.* Hogrefe: Göttingen.

Gollwitzer, P.M. (1993). Goal achievement: The role of intentions. In W. Stroebe & M. Hewstone (Eds.), *European Review of Social Psychology* (Vol.4, 141–185). Wiley: Chichester.

Gollwitzer, P. M. (1999). Implementation Intentions. Strong Effects of Simple Plans. *American Psychologist, 54,* 493–503.

Gollwitzer, P. & Moskowitz, G. (1996). Goal Effects on Action and Cognition. In E. Higgins u. A. Kruglanski (Eds.), *Social Psychology. Handbook of Basic Principles* (361–399). Guilford Press: New York.

Grawe, K. (1998). *Psychologische Psychotherapie.* Hogrefe: Göttingen.

Grossarth-Maticek, R. (2000). *Autonomietraining. Gesundheit und Problemlösung durch Anregen der Selbstregulation.* De Gruyter: Berlin.

Gubelmann, H. (1998). Geistiges Probehandeln und motorische Fertigkeiten. Eine quasi-experimentelle Felduntersuchung zum Mentalen Training mit Jugendlichen im Schulturnen. *GFS-Schriftenreihe Sportwissenschaften, Band 18,* ETH Zürich: Zürich.

Gugutzer, R. (2002). *Leib, Körper und Identität. Eine phänomenologisch-soziologische Untersuchung zur personalen Identität.* Westdeutscher Verlag: Wiesbaden.

Gutscher, H., Hornung, R. & Flury-Kleuber, P. (1998). Das Transaktionspotentialmodell: Eine Brücke zwischen salutogenetischer und pathogenetischer Sichtweise. In J. Margraf, J. Siegrist & S. Neuner (Hrsg.), *Gesundheits- oder Krankheitstheorie? Saluto- versus pathogenetische Ansätze im Gesundheitswesen* (49–72). Springer: Heidelberg.

Hannover, B. (1997). *Das dynamische Selbst. Die Kontextabhängigkeit selbstbezogenen Wissens.* Huber: Bern.

Hartung, J. & Schulte, D. (1994). Action and State Orientation During the Therapy of Phobic Disorders. In J. Kuhl & J. Beckmann (Hrsg.), *Volition and Personality: Action versus State Orientation* (217–231). Hogrefe: Seattle.

Hautzinger, M. (1994). Action Control in the Context of Psychopathological Disorders. In J. Kuhl & J. Beckmann (Hrsg.), *Volition and Personality: Action versus State Orientation* (209–215). Hogrefe: Seattle.

Hebb, D. (1949). *The Organisation of Behavior.* Wiley: New York

Heckhausen, H. (1989). *Motivation und Handeln.* Springer: Berlin.

Higgins, E. T. (1996). Knowledge Activation: Accessibility; Applicability, and Salience. In E.T. Higgins & A.W. Kruglanski (Eds.), *Social Psychology. Handbook of Principles* (133–168). Guilford: New York.

Hornung, R. & Gutscher, H. (1994). Gesundheitspsychologie: Die sozialpsychologische Perspektive. In P. Schwenkmezger & L. Schmidt (Hrsg.), *Lehrbuch der Gesundheitspsychologie* (65–87). Enke: Stuttgart.

Hurrelmann, U. (1991). *Neues Handbuch der Sozialisationsforschung.* Beltz: Weinheim.

Hüther, G. (1997). *Biologie der Angst. Wie aus Stress Gefühle werden.* Vandenhoeck & Ruprecht: Göttingen.

Hüther, G. (2001). *Bedienungsanleitung für ein menschliches Gehirn.* Vandenhoeck & Ruprecht: Göttingen.

James, W. (1890). *Principles of Psychology. Vol. II.* Holt: New York.

Kanfer, F.H., Reinecker, H. & Schmelzer, D. (1990). *Selbstmanagement-Therapie.* Springer: Berlin.

Keupp, H. (1997). Diskursarena Identität: Lernprozesse in der Identitätsforschung. In H. Keupp & R. Höfer (Hrsg.). *Identitätsarbeit heute. Klassische und aktuelle Perspektiven der Identitätsforschung* (11–39). Suhrkamp: Frankfurt am Main.

Keupp, H. (1999). *Identitätskonstruktionen. Das Patchwork der Identitäten in der Spätmoderne.* Rororo: Reinbek bei Hamburg.

Klinger, E. (1977). *Meaning and Void: Inner Experience and the Incentives in People's Lives.* University of Minnesota Press: Minneapolis.

Kobasa, S.C. (1979). Stressfull Live Events, Personality and Health: An Inquiriy into Hardiness. *Journal of Personality and Social Psychology, 37,* 1–11.

Koemeda-Lutz, M. & Peter, H. (2001). Der Körper als Informationsträger. *Psychotherapie Forum, 9,* 51–61.

Kossak, H.Ch. (1989). *Hypnose. Ein Lehrbuch.* Psychologie Verlags Union: München.

Koukkou, M. & Lehmann, D. (1998a). Ein systemtheoretisch orientiertes Modell der Funktionen des menschlichen Gehirns und die Ontogenese des Verhaltens. In M. Leuzinger-Bohleber, W. Mertens und M. Koukkou (Hrsg.), *Erinnerungen von Wirklichkeiten. Psychoanalyse und Neurowissenschaften im Dialog,* (Band 1, 287–415). Verlag Internationale Psychoanalyse: Stuttgart.

Koukkou, M. & Lehmann, D. (1998b). Die Pathogenese der Neurose und der Wirkungsweg der psychoanalytischen Behandlung aus der Sicht des «Zustandswechsel-Modells» der Hirnfunktionen. In M. Leuzinger-Bohleber, W. Mertens und M. Koukkou (Hrsg.), Erinnerungen von Wirklichkeiten. *Psychoanalyse und Neurowissenschaften im Dialog,* (Band 2, 162–195). Verlag Internationale Psychoanalyse: Stuttgart.

Krappmann, L. (1997). Die Identitätsproblematik nach Erikson aus einer interaktionistischen Perspektive. In H. Keupp & R. Höfer (Hrsg.), *Identitätsarbeit heute* (66–92). Suhrkamp: Frankfurt am Main.

Krause, F. (1982). Vorschlag zu einer handlungstheoretisch gestützten Erfassung subjektiver Theorien und der Bedingung ihrer Handlungswirksamkeit. In H.-D. Dann, W. Humpert, F. Krause & K.-Ch. Tennstädt (Hrsg.), *Analyse und Modifikation subjektiver Theorien von Lehrern. Forschungsbericht 43.* Nürnberg: Universität, Erziehungswissenschaftliche Fakultät.

Krause, F. (1986). Subjective Theories of Teachers: Reconstruction Through Stimulated Recall, Interview and Graphic Representation of Teacher Thinking. In M. Benperetz, R. Bromme & R. Halkes (Eds.), *Advances of Research on Teacher Thinking* (159–171). Swets & Zeitlinger: Lisse.

Kuhl, J. (1996). Who Controls Whom When ‹I Control Myself›? *Psychological Inquiry, 7,* 61–68.

Kuhl, J. (1998). Wille und Persönlichkeit: Funktionsanalyse der Selbststeuerung. *Psychologische Rundschau, 49,* 61–77.

Kuhl, J. (2001). *Motivation und Persönlichkeit. Interaktionen psychischer Systeme.* Hogrefe: Göttingen.

Laireiter, A. (1993). (Hrsg.). *Soziales Netzwerk und soziale Unterstützung.* Huber: Bern.

Lazarus, R.S. (1966). *Psychological Stress and the Coping Process.* McGraw Hill: New York.

Lazarus, R.S. (1981). Stress und Stressbewältigung. – Ein Paradigma. In S.H. Filipp (Hrsg.), *Kritische Lebensereignisse* (198–232). Urban & Schwarzenberg: München.

LeDoux, J. (2001). *Das Netz der Gefühle. Wie Emotionen entstehen.* Deutscher Taschenbuch Verlag: München.

Lemke, S.G. (1995). *Transfermanagement.* Verlag für Angewandte Psychologie: Göttingen.

Leuzinger-Bohleber, M. (2001). «... und dann – mit einem Male – war die Erinnerung da...» (Proust). Aus dem interdisziplinären Dialog zwischen Psychoanalyse und Cognitive Science zum Gedächtnis. *Psychotherapie Forum, 9,* 71–85.

Levenson, R., Ekman, P. & Friesen, W. (1990). Voluntary Facial Action Generates Emotion-Specific Autonomic Nervous System Activity. *Psychophysiology, 27,* 363–384.

Marlatt, G.A., Baer, J.S. & Quigley, L.A. (1995). Self-Efficacy and Addictive Behaviour. In A. Bandura (Ed.), *Self-Efficacy in Changing Societies* (289–315). Cambridge University Press: New York.

Maturana, H.R. & Varela, F. J. (1987). *Der Baum der Erkenntnis.* Scherz: München.

McAdams, D. (1997). The Case for Unity in the (Post)Modern Self: A Modest Proposal. In R. Ashmore & J. Lussim (Eds.), *Self and Identity* (46–80). Oxford University Press: Oxford.

McClelland, D.C., Koestner, R. & Weinberger, J. (1989). How Do Self-Attributed and Implicit Motives Differ? *Psychological Review, 96,* 690–702.

Mead, G.H. (1934). *Mind, Self, and the Society from the Standpoint of a Social Behaviorist.* The University of Chicago Press: Chicago.

Meichenbaum, D.W. (1979). *Kognitive Verhaltensmodifikation.* Urban & Schwarzenberg: München.

Messner, H. & Reusser, K. (2000). Berufliches Lernen als lebenslanger Prozess. *Beiträge zur Lehrerbildung, 18,* 277–294.

Michotte, A. & Prüm, E. (1910). Etude éxperimentale sur le choix volontaire et ses antecédents immediats. *Archives de Psychologie, 10,* 119–299.

Neisser, U. (1974). *Kognitive Psychologie.* Klett: Stuttgart.

Neisser, U. (1976). *Cognition and Reality. Principles and Implications of Cognitive Psychology.* Freemann: San Francisco.

Neumann, R. & Strack, F. (2000). Approach and Avoidance: The Influence of Proprioceptive and Exterceptive Cues on Encoding of Affective Information. *Journal of Personality and Social Psychology, 79,* 39–48.

Nisbett, R.E. & Wilson, T.D. (1977). Telling More than We Know: Verbal Reports on Mental Processes. *Psychological Review, 84,* 231–259.

Novaco, R.W. (2000). Stressimpfung. In M. Linden und M. Hautzinger (Hrsg.), *Verhaltenstherapiemanual* (329–332). Springer: Heidelberg.

Oettingen, G., Pak, H. & Schnetter, K. (2001). Self-Regulation of Goal-Setting: Turning Free Fantasies About the Future Into Binding Goals. *Journal of Personality and Social Psychology, 80,* 736–753.

Pascual-Leone, A., Dang, N., Cohen, L.G., Brasil-Neto, J.P., Cammarota, A. & Hallett, M. (1995). Modulation of Muscle Responses Evoked by Transcranial Magnetic Stimulation During the Acquisition of New Fine Motor Skills. *Journal of Neuorphysiology, 74,* 1037–1045.

Pasquarelli, B. & Bull, N. (1951). Experimental Investigations of the Body-Mind Continuum in Affective States. *Journal of Nervous and Mental Disease, 113,* 512–521.

Pfeifer, R. (1995). Cognition – Perspectives from Autonomous Agents. *Robotics and Autonomous Systems, 15,* 47–70.

Piaget, J. (1976): *Die Äquilibration der kognitiven Strukturen.* Klett: Stuttgart.

Powers, W.T. (1973). *Behavior: The Control of Perception.* Aldine: New York.

Prinz (1998). Die Reaktion als Willenshandlung. *Psychologische Rundschau, 49,* 10–20.

Ratey, J.J. (2001). *Das menschliche Gehirn. Eine Gebrauchsanweisung.* Walter: Düsseldorf.

Reinecker, H. (1999). *Lehrbuch der Verhaltenstherapie.* Deutsche Gesellschaft für Verhaltenstherapie: Tübingen.

Renner, B. & Schwarzer, R. (2000). Gesundheit: Selbstschädigendes Handeln trotz Wissen. In H. Mandl & J. Gerstenmaier (Hrsg.), *Die Kluft zwischen Wissen und Handeln* (26–51). Hogrefe: Göttingen.

Riskind, J.H. (1984). They Stoop to Conquer: Guiding and Self-Regulatory Functions of Physical Posture after Success and Failure. *Journal of Personality and Social Psychology, 3,* 479–493.

Riskind, J.H. & Gotay, C.C. (1982). Physical Posture: Could It Have Regulatory or Feedback Effects on Motivation and Emotion? *Motivation and Emotion, 6,* 273–298.

Röhricht, F. (2000). *Körperorientierte Psychotherapie psychischer Störungen.* Hogrefe: Göttingen.

Röhrle, B. (1994). *Soziale Netzwerke und soziale Unterstützung.* Beltz: Weinheim.

Roth, G. (1996). *Das Gehirn und seine Wirklichkeit. Kognitive Neurobiologie und ihre philosophischen Konsequenzen.* Suhrkamp: Frankfurt am Main.

Roth, G. (2001). *Fühlen, Denken, Handeln. Wie das Gehirn unser Verhalten steuert.* Suhrkamp: Frankfurt am Main.

Rotter, J.B. (1954). *Social Learning and Clinical Psychology.* Prentice Hall: Englewood Cliffs.

Ryan, R.M. & Deci, E.L. (2000). Self-Determination Theory and the Facilitation of Intrinsic Motivation, Social Development, and Well-Being. *American Psychologist, 55,* 68–78.

Sachse, R. (1992). *Zielorientierte Gesprächstherapie.* Hogrefe: Göttingen.

Schachter, S. & Singer, J.E. (1962). Cognitive, Social, and Physiological Determinants of Emotional States. *Psychological Review, 69,* 379–399.

Schacter, D.L. (1987). Critical Review: Implicit Memory, History and Current Status. *Journal of Experimental Psychology: Learning, Memory, and Cognition, 13,* 501–518.

Schaipp, Ch. (2001). Neuere Entwicklungen bei den «projektiven» Techniken. *Report Psychologie, 26,* 2, 94–102.

Schiepek, G. (1999). *Die Grundlagen der Systemischen Therapie. Theorie-Praxis-Forschung.* Vandenhoeck & Ruprecht: Göttingen.

Schiepek, G. & Cremers, S. (2002). Ressourcenorientierung und Ressourcendiagnostik in der Psychotherapie. In H. Schemmel & I. Schaller (Hrsg.), *Ressourcen. Ein Hand- und Lesebuch.* (in Vorbereitung)

Schlottke, P.F. & Wahl, D. (1983). *Stress und Entspannung im Unterricht.* Max Hueber: München.

Schmidt, E.M. (2001). *Mit Social Support vom Wissen zum Handeln. Die Wirkung «Kommunikativer Praxisbewältigung in Gruppen» (KOPING) auf den Lernprozess von Erwachsenenbildnern.* Shaker: Aachen.

Schmidt, S.J. (1987). *Der Diskurs des Radikalen Konstruktivismus.* Suhrkamp: Frankfurt am Main.

Schönberg, H. (1987). *Great Pianists.* Fireside Books: St. Louis.

Schönberg, H. (1988). *The Virtuosi.* Vintage-Random House: New York.

Schwarzer, R. (1998). Self-Science: Das Trainingsprogramm zur Selbstführung von Lehrern. *Unterrichtswissenschaft, 26,* 158–172.

Schwenkmezger, P. & Schmidt, L. (1994). *Lehrbuch der Gesundheitspsychologie.* Enke: Stuttgart.

Seeger, C.A. (1994). Implicit Learning. *Psychological Bulletin, 115,* 163–196.

Seligman, M.E.P. (1975). *Helplessness: On Depression, Development and Death.* Freeman: San Francisco.

Seligman, M.E.P. (1991). *Learned Optimism.* Knopf: New York.

Seligman, M.E.P. (1999) *Kinder brauchen Optimismus.* Rowohlt: Frankfurt.

Sheldon, K.M. & Kasser, T. (1995). Coherence and Congruence: Two Aspects of Personality Integration. *Journal of Personality and Social Psychology, 68,* 531–543.

Sheldon, K.M. & Kasser, T. (1998). Pursuing Personal Goals: Skills Enable Progress, but Not All Progress Is Beneficial. *Personality and Social psychology Bulletin, 24,* 1319–1331.

Slipp, S. (2000). Introduction to Neuroscience and Psychoanalysis. *Journal of American Academic Psychoanalysis, 28,* 191–201.

Squire, L.R. (1987). *Memory and Brain.* Oxford University Press: Oxford.

Stepper, S. (1992). *Der Einfluss der Körperhaltung auf die Emotion «Stolz». Experimentelle Untersuchungen zur «Körper-Feedback»-Hypothese.* Unveröffentlichte Dissertation, Universität Mannheim.

Stepper, S. & Strack, F. (1993). Proprioceptive Determinants of Emotional and Nonemotional Feeling. *Journal of Personality and Social Psychology, 64,* 211–220.

Stierlin, H. (1994). *Ich und die anderen. Psychotherapie in einer sich wandelnden Gesellschaft.* Klett-Cotta: Stuttgart.

Storch, M. (1994). *Entwicklung im Jugendalter. Eine empirische Längsschnittstudie.* Juventa: Weinheim.

Storch, M. (1999). Identität in der Postmoderne – mögliche Fragen und mögliche Antworten. In H. Dohrenbusch & J. Blickenstorfer (Hrsg.), *Allgemeine Heilpädagogik. Eine interdisziplinäre Einführung, Band II* (70–84). Edition SZH: Luzern.

Storch, M. (2000). Das Zürcher Ressourcen Modell ZRM. *Beiträge zur Lehrerbildung, 18,* 307–323.

Tennstädt, K.-Ch., Krause, F., Humpert, W. & Dann, H.-D. (1987). *Das Konstanzer Trainingsmodell (KTM): Ein integratives Selbsthilfeprogramm für Lehrkräfte zur Bewältigung von Aggressionen und Störungen im Unterricht.* Huber: Bern.

Toleti, R. & Storch, M. (1996). Neue Wege zu Zufriedenheit, Wohlbefinden und Gesundheit im Lehrberuf. *Schweizerische Lehrerinnen- und Lehrerzeitung, 12,* 51–33.

Tschacher, W. (1997). *Prozessgestalten.* Hogrefe: Göttingen.

Tschacher, W. & Scheier, Ch. (2001). Embodied Cognitive Science: Concepts, Methods and Implications for Psychology. In M. Matthies, M. Malchow und J. Kriz (Eds.), *Integrative Systems Approaches to Natural and Social Dynamics* (551–567). Springer: Berlin.

Udris, I. (1992). (Hrsg.). Arbeit und Gesundheit. *Psychosozial, Band 52.* Psychologie Verlags Union: Weinheim.

Wahl, D. (1991). *Handeln unter Druck. Der weite Weg vom Wissen zum Handeln bei Lehrern, Hochschullehrern und Erwachsenenbildnern.* Deutscher Studien Verlag: Weinheim.

Wahl, D., Wölfing, W., Rapp, G. & Heger, D. (1991). (Hrsg.). *Erwachsenenbildung konkret. Mehrphasiges Dozententraining. Eine neue Form erwachsenendidaktischer Ausbildung von Referenten und Dozenten.* Deutscher Studien Verlag: Weinheim.

Wahl, D. (2001). Nachhaltige Wege vom Wissen zum Handeln. *Beiträge zur Lehrerbildung, 19,* 157–174.

Waldow, M. (2001). Zur grundlagentheoretischen Kategorie der Spontaneität von J.L. Moreno. *Gruppenpsychotherapie und Gruppendynamik, 37,* 1–28.

Walsh, F. (1998). *Strengthening Family Resilience.* Guilford: New York.

Walter, H. (1997). *Neurophilosophie der Willensfreiheit.* mentis: Paderborn.

Walter, J.L. & Peller, J.E. (1994). *Lösungs-orientierte Kurztherapie. Ein Lehr- und Lernbuch.* Verlag Modernes Lernen: Dortmund.

Wegner, D.M. (1994). Ironic Processes of Mental Control. *Psychological Review, 101,* 34–52.

Wegner, D.M. & Wheatley, T. (1999). Apparent Mental Causation: Sources of Experience of Will. *American Psychologist, 54,* 480–492

Verzeichnisse

Verzeichnis der Abbildungen

Verzeichnis der Flipchartblätter

Register

AutorInnenverzeichnis

Schlagwortverzeichnis